Música informal brasileira

FUNDAÇÃO EDITORA DA UNESP

Presidente do Conselho Curador
Herman Jacobus Cornelis Voorwald

Diretor-Presidente
José Castilho Marques Neto

Editor Executivo
Jézio Hernani Bomfim Gutierre

Assessor Editorial
Antonio Celso Ferreira

Conselho Editorial Acadêmico
Alberto Tsuyoshi Ikeda
Célia Aparecida Ferreira Tolentino
Eda Maria Góes
Elisabeth Criscuolo Urbinati
Ildeberto Muniz de Almeida
Luiz Gonzaga Marchezan
Nilson Ghirardello
Paulo César Corrêa Borges
Sérgio Vicente Motta
Vicente Pleitez

Editores Assistentes
Anderson Nobara
Arlete Zebber

PAULO CELSO MOURA

Música informal brasileira
Estudo analítico e catálogo de obras

© 2011 Editora UNESP

Direitos de publicação reservados à:
Fundação Editora da UNESP (FEU)

Praça da Sé, 108
01001-900 – São Paulo – SP
Tel.: (0xx11) 3242-7171
Fax: (0xx11) 3242-7172
www.editoraunesp.com.br
www.livraria.unesp.com.br
feu@editora.unesp.br

CIP – BRASIL. Catalogação na fonte
Sindicato Nacional dos Editores de Livros, RJ

M884m

Moura, Paulo Celso
  Música informal brasileira : estudo analítico e catálogo de obras / Paulo Celso Moura. – São Paulo : Ed. UNESP, 2011.
  il.
  Inclui bibliografia e índice
  Catálogo da música informal brasileira
  ISBN 978-85-393-0100-3
  1. Musicologia. 2. Música – Brasil – História e crítica. I. Título.

11-1301.
CDD: 780.72
CDU: 78.01

Este livro é publicado pelo projeto *Edição de Textos de Docentes e Pós-Graduados da UNESP* – Pró-Reitoria de Pós-Graduação da UNESP (PROPG) / Fundação Editora da UNESP (FEU)

Editora afiliada:

Asociación de Editoriales Universitarias
de América Latina y el Caribe

Associação Brasileira de
Editoras Universitárias

Sumário

Prefácio 7
Introdução 11

Parte I
1 Origens, influências e principais personagens 23
2 As subcategorias dos elementos informais e suas qualificações 51

Parte II
3 Catálogo da música informal brasileira: categoria vocal 83

Conclusão 241
Referências bibliográficas 249
Índice remissivo 255

Prefácio

Este livro de Paulo Moura é resultado de um trabalho de fôlego, envolvendo atividades de pesquisa bibliográfica e de acervos, leitura, análise, classificação, seleção e organização de dados em um universo de peças muito superior ao oferecido finalmente aqui.

Música informal brasileira apresenta informações sobre um conjunto de 249 obras de setenta compositores brasileiros, produzidas entre 1960 e 1985, cobrindo um dos "quarto de século" mais férteis e efervescentes da história da música ocidental.

Na óptica desse tema originalíssimo, são comentados, de maneira fundamentada e objetiva, autores, obras, tendências estéticas, conceitos e problemáticas da criação musical do século XX. Não se restringe, entretanto, aos fatos em sua condição histórica particular, mas se amplia perspectivas de entendimento face ao potencial latente das músicas de hoje.

Nesse sentido, não é apenas um trabalho interessante, rico e bem subsidiado, mas também pode tornar-se instigante pela pergunta sutil que possibilita aflorar no leitor: "O que é do movimento que deu origem e existência a essas criações, movimento que elas, por sua vez, reimprimiram em seu próprio momento?" Ou, em outras palavras: "Onde estão essas músicas e suas contribuições nas músicas de nossa escuta de hoje?"

Como sabemos, uma cultura se define por aquilo que cria, processa e preserva, o que, de modo inverso, significa também dizer, por aquilo que ignora, esquece, desatenta. Possibilitar que essa base de experiências complexas pela modalidade, diversidade e extensão se enriqueça atualizadamente é, na minha opinião, um dos pontos fortes que fundamenta a importância do presente trabalho.

Como se verá nos capítulos adiante, a grande maioria das obras enfocadas aqui foram geradas fora da "música-linguagem" e da retórica historicamente constituída (modal-tonal), inventando-se a si mesmas por meio de diferenciadas formas de expressão e de apresentação.

Ao abdicarem conscientemente de recursos de linguagem, de suportes materiais e expressivos correntes, optaram por abrir mão da segurança que toda filiação à tradição e ao conhecido em geral propicia. Contrapuseram-se às convenções da música de concerto vigente e criaram referências próprias, alimentando-se da intenção de resgatar a essência da música e do fato musical, isto é, a força primordial da experiência viva. Datam de uma época onde se acreditou sinceramente que era possível uma *nova-e-outra* música em sintonia coerente com uma *outra-e-nova* visão de mundo, radicalmente modificado.

Testemunhos e memória de uma condição cultural potente, elas romperam fronteiras, transgrediram e reinventaram normas, projetando conceitos radicais de música, arte e expressão, numa dinâmica necessária a todo tempo e sociedade.

Música inquieta e tentacular, de pesquisa, experimento, improvisação, transbordou os limites de prática e definições da época e foi, em seu conjunto, aventura intensa, ousada, revolucionária, passo adiante para nos situar onde dialogamos hoje dentro da cultura de nosso próprio tempo.

Muitas delas reconstruíram diferentes emergências da contemporaneidade junto às salas de concerto, num compromisso intenso de atualização entre *dentro* e *fora*, *ser* e *estar*, *passado* e *presente*, inaugurando insuspeitas sínteses de realidade do fato sonoro-musical.

Durante aquele momento não foi mais possível o "apenas cantar", o "apenas tocar", nem mesmo, o "apenas ouvir". A consciência de que fazer música poderia ser um fenômeno pleno, vivo e integrado, onde linguagens diversas atuam e interagem organicamente, estava instalada.

E a música se fez então visível, corpórea, multiperceptível... "Silêncios grávidos de sons" somaram-se aos sons férteis de luz, movimento, ação, imagem, com desdobramentos simbólicos múltiplos e infinitos.

Essas obras transitaram entre categorias, colocaram em jogo com ênfase característica procedimentos aleatórios, improvisações, estruturas modulares, permutáveis ou livres, utilização de recursos extra-musicais, inscrevendo-se por códigos e escrevendo-se por caligrafias jamais vistos anteriormente.

Mapas e territórios foram assim refeitos, criados, descobertos, transfigurados...

A profusão de propostas notacionais originais, garimpando e gerando musicalidade gráfica, plástica, visual, performática, pode ser parcialmente observada em algumas das ilustrações oferecidas mais adiante.

Criações de uma época na qual tudo pareceu ser possível, onde a percepção do mundo e, conforme sinceramente se acreditou, o próprio mundo mereciam ser inventados à cada obra, a cada instante.

Arte de ampliar os ouvidos mas também de abrir os olhos, música de invenção mas também de alerta, com estratégias múltiplas, sutis ou panfletárias, reivindicou e insistiu radicalmente na importância do movimento interativo e do momento por inteiro, no estar atento ao único tempo onde realmente se habita, o presente.

Se as portas que muitas dessas experiências abriram para seus primeiros participantes puderem se oferecer novamente àqueles que as revisitarem, não apenas a musicologia e a história da cultura brasileira serão beneficiadas, como seguramente também a educação musical.

Pois será sempre essencial acrescentar aos territórios expressivos já fixados no repertório musical tradicional ou popular praticados em geral nas escolas, novos continentes de poesia, entendimento, experimento, improvisação, criação.

É com essa interação deliberada entre assimilado e diferente, tradição e inovação, limites e transgressões que construímos o que há de mais genuíno nos processos culturais, artísticos e educativos, tanto quanto naqueles de ordem interior e pessoal.

A importância de *Música informal brasileira* reside justamente em proporcionar, em especial, a musicólogos, músicos e educadores – não só musicais –, uma chave de acesso ao conjunto de invenções e originalidades que caracteriza essas produções que veremos a seguir.

E isso possibilitará enfim que cumpram seu justo papel na totalidade do patrimônio criativo em geral – e brasileiro em particular –, nesse conjunto de expressões legitimas que toda época, para se manter viva e saudável, necessita conscientemente se apropriar.

C. Kater

Introdução

Quando, sob orientação de Carlos Kater, iniciei o estudo sobre o que nomeamos "música informal brasileira", a ideia era organizar a edição de uma antologia de composições que representasse um determinado segmento da produção musical em nosso país: interessavam-nos sobremaneira as experimentações com a linguagem musical que apontavam, por meio da utilização dos mais diversos recursos e procedimentos composicionais e interpretativos, para novos modos de pensamento, audição e realização musicais. Logo percebemos a magnitude da empreitada, pois as tarefas de organizar e reunir um número razoável de peças representativas dessa vertente da música brasileira implicava já em seu cerne um desafio muito mais amplo.

Ao iniciar as atividades para sistematizar os critérios de inclusão e a partir deles relacionar as composições em uma antologia, constatamos que uma simples coleção já não fazia tanto sentido. Foram identificadas importantes variações e desenvolvimentos de propostas estéticas originadas em diferentes centros mundiais de produção musical que, adaptados ao contexto brasileiro à época, resultaram em criações originais e merecedoras de figurar neste livro. Além do mais (e como consequência direta), o número de peças que apresentavam de forma consistente essas possibilidades de exploração da linguagem mostrou-se muito acima de nossa previsão inicial.

Assim, o que era para ser uma antologia transformou-se rapidamente em um catálogo: *A produção de música informal brasileira (1960-85): catálogo de obras*, realizado com apoio da Fundação de Amparo à Pesquisa do Estado de São Paulo (Fapesp) por meio de bolsa de Iniciação Científica. Este trabalho foi realizado entre 1987 e 1989 no âmbito das atividades do Centro Paulista de Pesquisas Musicais (CePPeM)[1], e realizado por mim em conjunto com Sérgio Pinto durante o curso de graduação (bacharelado em Composição e Regência do Instituto de Artes da Unesp). Apesar da escassez de edições e da pouca divulgação de que este tipo de produção ainda dispõe em nosso país, foi possível, a partir do trabalho de levantamento e catalogação, chegar a um número expressivo de obras: foram registradas mais de seiscentas partituras de peças vocais e instrumentais, abrangendo desde experimentos com poucos elementos informais até projetos compositivos totalmente engajados em estéticas aleatórias ou indeterministas.

Uma nova etapa, então, teve início. A partir do contato mais estreito e direto com esse acervo, a percepção da importância e do papel significativos dessa produção no ambiente musical brasileiro tornou-se cada vez mais clara, explicitando para mim a necessidade de um estudo muito mais amplo sobre o contexto histórico e artístico no qual essas peças surgiram, seus autores e as correntes de pensamento musical prevalentes que orientaram, subsidiaram ou influenciaram sua criação. Em uma via de mão dupla, a elaboração deste estudo propiciaria também sistematizar a categorização dos elementos composicionais e interpretativos denominados "informais", determinando e justificando de forma mais abrangente e completa a presença ou ausência desta ou daquela peça, deste ou daquele compositor.

Dado o enorme volume de material a ser analisado e também a grande diversidade de meios expressivos utilizados, constatei a inviabilidade da realização de um estudo mais particular de cada peça e a necessidade de estabelecer um recorte expressivo, visando

---

[1] Esse centro foi ligado à ATRAVEZ, Associação Artístico-Cultural.

a melhor adequação e viabilização do projeto. Dessa forma a abordagem concentrou-se sobre a produção vocal, considerando como tais: a) as peças para solista(s) vocal(is) acompanhado(s) ou não, b) as peças corais *a capella* ou acompanhadas por instrumentos ou outras fontes sonoras, c) peças em que os próprios instrumentistas utilizam também recursos vocais e d) peças em que a expressão vocal encontra-se registrada por diversos processos de gravação.

A partir dos dados levantados junto ao acervo constituído foi realizado então o estudo analítico-musicológico da produção de *música informal brasileira* contemporânea[2], nesta fase, então já como dissertação de mestrado desenvolvida no Instituto de Artes da Unesp sob orientação da professora Dorotéa Kerr com coorientação do professor Sílvio Ferraz (PUC/Unicamp) e importante apoio da Capes sob forma de bolsa de estudo. Como resultado, apresentei em 1999 a dissertação intitulada *Música informal brasileira (categoria vocal): estudo analítico e catálogo de obras*.

Os objetos de estudo foram as obras de compositores brasileiros e estrangeiros, residentes e atuantes no País, em um total geral de 249 peças selecionadas. Foram consideradas especificamente como foco de interesse aquelas empregando os seguintes recursos:

a) Meios extramusicais: cenografia, iluminação, ação cênico-teatral, projeção de *slides*, filmes, vídeos e instrumentos não convencionais (sucata, eletrodomésticos etc.);

b) Princípios composicionais aleatórios ou de estéticas indeterministas: improvisação, estruturas abertas ou modulares, criações coletivas etc.;

c) Notação não convencional: grafismos, esquemas, gráficos, roteiros verbais, notações estimulativas etc.

O material foi pesquisado no âmbito do estado de São Paulo, nos seguintes acervos:

---

2 Encontram-se, no capítulo 1, as informações sobre a qualificação do termo, sua origem e sua abrangência no que se refere às obras pesquisadas, catalogadas e aqui divulgadas.

1) Bibliotecas e fonotecas:
   Biblioteca da Faculdade de Artes Santa Marcelina
   Biblioteca do Conservatório Musical Brooklin Paulista
   Biblioteca do Instituto de Artes/Unesp
   Biblioteca do Instituto de Artes/Unicamp
   Biblioteca do Museu Lasar Segall
   Biblioteca e fonoteca do Instituto Goethe
   Biblioteca Municipal Mário de Andrade
   Divisão de Música – Centro Cultural São Paulo (CCSP)
   Divisão de Pesquisa – Arquivo Multimeios do CCSP
   Fonoteca da Escola de Comunicações e Artes (ECA)/USP
   Serviço de difusão de partituras – ECA/USP
   Setor de documentação/Oficina Cultural Oswald de Andrade

2) Arquivos
   Arquivo Municipal – Secretaria Municipal de Cultura de São Paulo
   Associação Filarmônica Jovem de São Paulo
   Festival Música Nova/1988
   Festival Música Nova/1989
   Grupo de Percussão do Instituto de Artes/Unesp
   Núcleo Música Nova
   Orquestra Sinfônica Jovem do Estado de São Paulo
   Orquestra Sinfônica Jovem do Litoral
   Orquestra Sinfônica Jovem Municipal

3) Acervos particulares
   Carlos Kater
   Conrado Silva
   John Boudler
   Marco Antonio Silva Ramos
   Martha Herr

4) Editoras
   Editora Novas Metas

5) Catálogos
Catálogo geral – Irmãos Vitalle Editores s. d.
Catálogo geral – Musas Editora e Distribuidora 1988
Catálogo geral – Musimed Editora e Distribuidora 1988
Catálogo geral da Funarte – 1988
Guia prático e temático, vols. I/II – Editora Ricordi s. d.

Como resultado final, o leitor encontra aqui um estudo analítico-musicológico da produção vocal brasileira e um catálogo com informações pertinentes sobre cada uma das peças, visando fornecer ao interessado dados que facilitem sua consulta e possibilitem uma aproximação mais completa à proposta musical. As peças estão dispostas por autor em ordem alfabética. Os verbetes constantes no catálogo foram organizados de maneira a oferecer todas as informações possíveis sobre a obra e estão apresentados da seguinte forma:

SOBRENOME e Nome do autor
_____ (número de catálogo). *Nome da obra* (local e data da composição)*
Dedicatória:
Meio expressivo:
Edição: local: editora, data (número de páginas)
Anexo: (texto explicativo, bulas, instruções verbais, número de páginas)
Gravação:
Duração:
Estreia: local, data, intérpretes, evento (quando disponível)
Local de obtenção: (arquivo em que foi coletada, com indicação catalográfica particular de cada arquivo)

(Segue-se análise sucinta da peça em relação à presença de elementos informais.)

*As peças que tiveram originalmente seus dados levantados e sua pré-análise realizada por Sérgio Pinto (ver acima, nesta introdução) estão assinaladas com (SP) após seu título, sua data e local de composição (quando disponíveis).

A partir de consultas a catálogos já existentes foram estruturados os verbetes, com o objetivo de abarcar todas as informações pertinentes e possibilitar ao usuário uma consulta fácil e ao mesmo tempo o mais completa possível. Assim, além dos dados básicos (data da composição, meio expressivo, edição e estreia), constam em cada verbete também o arquivo de origem no qual foi localizada a partitura (com sua respectiva indicação catalográfica, se existente) e um comentário analítico sobre a presença de elementos considerados informais, seja no âmbito da estruturação, da representação ou mesmo da realização de cada peça.

Este livro foi organizado em duas partes. A primeira apresenta o estudo analítico-musicológico e se subdivide em dois capítulos. No capítulo 1 são abordadas algumas das vertentes estéticas que influenciaram a criação musical no sentido do que aqui se considera música informal, com destaque para a obra de John Cage enquanto seu principal precursor. É apresentado também um retrospecto histórico que engloba o contexto da produção musical internacional a partir de 1950, suas personagens principais, sua influência e seus desdobramentos em nosso país, relacionando também alguns dos compositores mais atuantes em cada núcleo composicional relevante no Brasil na década de 1960. Salienta-se a atuação de professores estrangeiros como H. J. Koellreutter, Walter Smetak, Ernst Widmer e Ernst Mahle para a formação de intérpretes e compositores em nosso país, e faz-se referência à intensa relação existente entre o movimento da Poesia Concreta e o Movimento Música Nova de São Paulo, um dos mais instigantes e revolucionários grupos de composição do Brasil. No capítulo 2 são apresentadas as subcategorias pertinentes à produção de música informal, relacionando-as ao *corpus* catalográfico por meio de exemplos e comentários sobre sua ocorrência em determinadas peças. É também discutida e justificada a adoção dos termos específicos para sua nomenclatura, no âmbito da estruturação, representação e realização musicais.

A segunda parte dispõe em seus dois capítulos o catálogo propriamente dito e o índice remissivo. O capítulo 3 apresenta o catálogo de obras em sua íntegra, com a reunião das informações sobre a coleção das 249 peças levantadas e aqui organizadas em verbetes a partir de sua classificação. Eles se encontram numerados e ordenados alfabeticamente por autor e, após, também alfabeticamente pelo título de cada peça. O capítulo 4 traz o índice remissivo contendo todas as informações necessárias à localização de qualquer obra presente no livro a partir de diferentes parâmetros: meio expressivo, incidência de elementos informais e nível geral de informalidade. Esse índice permite, também, uma análise quantitativa de todo o material organizado, buscando ressaltar as características do conjunto de obras relativamente ao informal, como por exemplo, os principais elementos desenvolvidos, as técnicas mais utilizadas, as formações musicais preferidas etc.

A terceira parte - conclusão, apresenta os resultados gerais e as considerações finais.

A bibliografia geral encontra-se organizada da seguinte forma: a) catálogos de bibliotecas, editoras, centros de documentação e trabalhos específicos de pesquisadores ou compositores (sobre obras de sua autoria); b) obras de referência teórico-conceitual, tratando de questões relativas às problemáticas aqui enfocadas (subcategorias informais) e seus correlatos; c) obras de referência histórica, de forma especial as que se referem à música brasileira. Há também um anexo bibliográfico constituído por indicações de periódicos especializados que, pelo conjunto dos trabalhos veiculados, constituem-se em fonte permanente de pesquisa e consulta. Espera-se, dessa forma, complementar o conjunto de informações disponíveis para os leitores.

Sobre a abrangência e amplitude da pesquisa, bem como sobre o recorte das datas de composição das obras, merece menção o fato de que, das 249 peças selecionadas, 11 foram compostas em período posterior – mais exatamente até 1989. Quando da coleta e seleção do material e à época da organização e elaboração da dissertação de mestrado que deu origem a este livro, optou-se por manter disponíveis as informações referentes a essas obras, porém sem as incluir no corpo do trabalho nem nas estatísticas levantadas. Após a apresentação e aprovação da dissertação e passado algum tempo, a ideia de inseri-las na listagem pareceu coerente, primeiro porque de certa maneira corrobora a escolha que limitou inicialmente a pesquisa até 1985: passados quatro anos e localizadas apenas 11 peças passíveis de figurarem no catálogo (graças ao envio pelos próprios compositores, diga-se de passagem), a data limite inicial se justifica. Segundo, porque mesmo não apresentando grande produção, pode-se ter uma ideia das transformações pelas quais passaram as propostas estéticas por elas expressas.

A compreensão dos princípios composicionais que nortearam a criação de algumas das peças mais representativas dessa produção poderá contribuir para a determinação das influências recebidas por seus autores. Possibilitará também evidenciar as recriações e transformações estético-musicais nelas operadas. Estas últimas geraram novas propostas estéticas que, por sua vez, serviram de referência às novas gerações de compositores brasileiros. Espera-se, assim, contribuir para a percepção possível de um "painel expressivo" desse momento tão importante na história da música brasileira.

Devo ainda ressaltar que um dos objetivos principais deste livro é que ele tenha utilidade prática, servindo como fonte de consulta a compositores, regentes e outros intérpretes, bem como a estudantes e criadores de outras áreas artísticas. Dada a grande zona de intersecção gerada pelo uso de recursos e meios expressivos em obras que se utilizam de iluminação, ações cênicas, instrumentos não convencionais e os mais diversos recursos extramusicais, espero que o material aqui publicado venha também a servir como estímulo à concepção de novas propostas.

Não poderia terminar sem agradecer a algumas pessoas e instituições que estiveram envolvidas nesta jornada, nos mais diversos níveis e momentos. Ao ex-orientador e sempre amigo Carlos Kater, por horizontes e exemplos (e mais que estímulo, orientação e apoio); à professora Dorotéa Kerr pela abertura, indubitável competência e capacidade de orientar – sempre no melhor sentido da palavra; ao professor Sílvio Ferraz, por uma coorientação especial, advinda da convivência e da amizade; a Sérgio Pinto, parceiro inicial das pesquisas; à Fapesp e à Capes pelo reconhecimento das intenções e da seriedade deste trabalho, que se traduziu em bolsa de iniciação científica e, após, de mestrado; trabalho feito mediante enriquecedoras colaborações, sou grato em especial a todos os compositores que enviaram suas obras e forneceram informações preciosas sobre elas quando a pesquisa nos acervos existentes se mostrou esgotada.

Por fim, a Rita e Beatriz, pois desde antes do início já partilhavam das angústias e esperanças deste projeto: Rita sempre apoiando de todas as formas possíveis e impossíveis, Beatriz dando-nos alegria, esperança no futuro e fazendo-nos acreditar que valia a pena.

Parte 1

PARTE 1

1
ORIGENS, INFLUÊNCIAS E PRINCIPAIS PERSONAGENS

A partir da década de 1950 intensificaram-se, nos grandes centros mundiais de produção artística, experimentações com a linguagem musical. Foram empreendidas de forma mais sistemática iniciativas transformadoras abarcando a estruturação formal, o tratamento dado ao material sonoro e sua representação. Do ponto de vista formal, foram abertas novas possibilidades de agenciamento e organização, resultando em formas abertas, modulares ou com grande espaço para a improvisação e a aleatoriedade. Além disso, o tratamento dado a esse material sofreu também grandes transformações. Já a partir do desenvolvimento da técnica serial a expressividade musical era buscada não apenas por meio dos procedimentos tradicionais como variação da dinâmica, do fraseado ou mesmo dos ritmos e encadeamentos harmônicos, mas também agregando outros conceitos como texturas, massas sonoras, explorações tímbricas e densidades instrumentais. Esses e outros novos processos, como manipulação eletrônica, preparação dos instrumentos e novas fontes sonoras, ganharam, então, importância significativa.

Nas três décadas anteriores (1920 a 1940) diversos compositores envolveram-se em maior ou menor grau com a técnica dodecafônica decorrente da Segunda Escola de Viena. A partir do círculo de influência de Schoenberg, Berg e Webern, eles entraram em contato com o dodecafonismo, adotando-o como possibilidade expressiva – caso de Ernst Krenek e Luigi Dallapiccola. Na década seguinte à Segunda Grande Guerra, jovens estudantes como Milton Babbit, Luciano Berio, Luigi Nono, Karlheinz Stockhausen e Pierre Boulez enveredaram com grande entusiasmo por esse caminho, produzindo suas primeiras obras utilizando essa técnica.

Cabe lembrar que não apenas os jovens compositores foram sensibilizados pelo dodecafonismo, mas este também chamou a atenção de compositores já então estabelecidos. Igor Stravinsky valeu-se da técnica serial em peças como *Agon* (balé para orquestra, 1956-57), *Movements* (para piano e orquestra, 1958-59) e *Variations* (para orquestra, 1963-64). Olivier Messiaen, por sua vez, teve papel muito importante no estabelecimento de parâmetros composicionais desenvolvidos a partir do dodecafonismo, sendo reconhecido como um dos pioneiros na prática do serialismo integral. Em seu *Modes de valeurs e d'intensités* (terceira peça dos *Quatre études de rythme*, 1949), quatro "modos" organizam o material sonoro: um contém 36 alturas; outro, 24 durações; um terceiro, 12 tipos de ataque; e um quarto sete níveis de dinâmica. Sua forma de organização estrutural e a interdependência entre os quatro "modos" fizeram com que a peça fosse considerada um verdadeiro arquétipo do serialismo integral (Boucourechliev, 1990, p.207). Além disso, há que se ressaltar sua atuação como professor, tendo orientado Boulez, Stockhausen e Xenaxis, entre tantos outros jovens serialistas que contribuíram decisivamente para a criação do movimento musical europeu de vanguarda.

Concebida no início dos anos 1920 por Schoenberg, adotada prontamente por seus discípulos Anton Webern e Alban Berg e levada a um grande desenvolvimento por alguns dos citados acima, a prática serial buscava, por meio da manipulação de quatro parâmetros básicos do som – duração, altura, intensidade e timbre –, um controle estrito, por parte do compositor, sobre todos os elementos composicionais, estruturando-os sistematicamente. O que se observou, a partir da década de 1950, foi o surgimento de um movimento que, em contraponto às concepções estruturais formalizadas, ao total domínio do compositor sobre o material e à extrema determinância sobre os procedimentos interpretativos característicos do serialismo integral, se oferecia como porta-voz de uma nova concepção musical e artística. Uma ruptura, uma busca de novas fontes e formas expressivas que pudessem, de forma abrangente e libertária, tornar presente no universo musical todas as transformações pelas quais passava o pensamento artístico e, em última análise, a sociedade ocidental naquela época.

Já no final dos anos 1930, John Cage realizava experiências na ampliação de possibilidades expressivas, transformando o piano em um instrumento de percussão de diversos timbres pela inserção de diversos objetos por entre as cordas – o piano preparado[1] – e aproveitava fontes sonoras não tradicionais como toca-discos e gravadores (como em *Imaginary Landscape nº 1*, de 1939). Cage esteve envolvido também, desde essa época, com a criação musical dirigida a grupos de dança, trabalhando com alguns dos grupos mais importantes de dança contemporânea, e sua atuação junto à companhia de Merce Cunningham (um dos mais importantes coreógrafos americanos dedicados à dança contemporânea) foi duradoura e profícua. Seu grande interesse pela percussão e suas possibilidades (sua primeira peça para essa formação, *First Construction (in Metal)*, data de 1939) contribuiu para um considerável desenvolvimento do repertório contemporâneo para esse naipe. No entanto, talvez sua maior contribuição para a transformação dos processos criativos e sua organização ainda estava por vir. A partir de estudos de filosofias orientais realizados nos anos 1940 – em particular do zen budismo e dos cursos que seguiu com Daisetz Suzuki – ele iniciou, em 1951,

> uma série de peças usando vários métodos de composição nos quais elementos aleatórios eram introduzidos no processo de criação ou *performance*, trabalhos nos quais Cage, como compositor, abdicava

---

1 *Bacchanale*, de 1938, foi sua primeira obra para esse tipo de instrumento.

de uma parte do controle sobre o resultado sonoro final da peça. Em *Music of Changes* (1951) [...] as alturas, durações e timbres eram determinados não por uma decisão consciente da parte do compositor, mas pelo uso de cartas derivadas do *I-Ching* e pelo lançamento de moedas. (Hamm, 1990, p.597-603)

Se Cage realizou, desde o final da década de 1930, muitas e diversas experimentações musicais, seu desdobramento em uma vertente estética com a participação de outros compositores alinhados a essas propostas criativas e posicionamentos estético-filosóficos firmou-se mais consistentemente na segunda metade dos anos 1950. Uma de suas consequências foi o questionamento da função da notação tradicional. Instrumentistas e cantores passaram a ser solicitados a executar procedimentos que não estavam mais contidos no sistema tradicional de representação musical. Os instrumentos, por sua vez, expandiram-se em suas possibilidades expressivas. O resultado foi que a relação intérprete/compositor, e mesmo deste com sua obra, foi subvertida.

Segundo H. J. Koellreutter, uma das principais características da música produzida principalmente na segunda metade desse século é o fato de ser uma "música concebida em termos de relatividade, do impreciso e do paradoxal", denotando certa identificação com as proposições de Cage. Tal mudança na abordagem do processo de concepção e comunicação

> ocorre simultaneamente com a transformação do material sonoro, da matéria-prima com a qual o compositor compõe: a linguagem musical deixa de ser baseada nos 12 sons da escala cromática e passa a incluir, em seu repertório, todo o universo, praticamente inesgotável, de ruídos e de elementos sonoros naturais e artificialmente produzidos, transformação essa que é o resultado de uma mutação da consciência humana... (Koellreutter, 1982, p.4-5)

Inaugurava-se um período de intensa exploração tanto no campo notacional, que a partir de então não podia mais se contentar com sua organização e repertório de signos tradicionais para a representação das novas estruturas formais e de objetos sonoros, quanto no das práticas de execução e na própria estruturação das peças, com a participação de diversos e importantes compositores. A lista é enorme e variada. Apenas para citar alguns exemplos representativos desse pensamento, temos a *Piano Sonata nº 3* (1956-7), de Boulez, dividida em cinco partes que podem ser executadas em qualquer das muitas permutações possíveis, cada parte contendo seções que podem ser ordenadas variadamente ou mesmo omitidas, e *Structures II* (1956--61) para dois pianos, em forma-móbile com a ordenação livre dos eventos sonoros e a variação das notações e dinâmicas; *Klavierstück IX* (1956), de Stockhausen, apresenta certa liberdade ao intérprete na ordenação de seções, e *Zeitmasse* (1955-6) considera a capacidade física de cada instrumentista de sopro na organização dos andamentos e durações dos eventos sonoros. Ainda de Cage, *Imaginary Landscape nº 4* (1951) utiliza rádios como fontes sonoras, tornando seu resultado totalmente fora do controle tanto do compositor quanto dos intérpretes (dependendo das estações sintonizadas). Além desses, diversos outros compositores enveredaram pelos caminhos do acaso, da pesquisa de novas sonoridades e da utilização de outros elementos que não apenas os musicais em suas obras.[2]

Com relação aos processos notacionais, a ampliação e diversificação das fontes sonoras utilizadas, bem como a exploração tímbrica dos instrumentos e as novas propostas de organização formal, permitiram e ao mesmo tempo exigiram a utilização de recursos visuais e gráficos em suas mais variadas formas, assim como o uso cada vez mais frequente de comandos verbais – tanto no sentido de complementar as informações sobre procedimentos e/ou resultados sonoros quanto substituindo muitas vezes qualquer outro tipo de escrita musical. Quanto às práticas interpretativas e de estruturação,

---

2 Vale lembrar que, nessa época, a vertente do serialismo integral se mantém ainda como uma opção para muitos compositores, ao mesmo tempo em que novas correntes se inserem no panorama da música contemporânea: a música eletrônica, inicialmente de base serial em sua estrutura, e a música concreta, ambas classificadas por Pierre Schaeffer como "música sobre suporte".

novas e por vezes revolucionárias proposições subverteram a maneira pela qual tradicionalmente tanto público quanto autores e intérpretes se posicionavam frente a uma peça musical: ações teatrais, jogos improvisatórios, incorporação do acaso, participação ativa da plateia, exploração de novos recursos tímbricos, uso de novas tecnologias e utilização de recursos extramusicais foram alguns dos procedimentos empregados.

No Brasil os reflexos dessas mudanças começaram a ser sentidos de forma mais intensa na década de 1960, a partir de contatos entre alguns compositores brasileiros e os movimentos de renovação musical já existentes, quer pela atuação de músicos e professores vindos de outros países – como foi o caso de H. J. Koellreutter, Ernst Widmer, Walter Smetak, Ernst Mahle e outros –, quer pela presença de compositores brasileiros em centros de estudos ou cursos internacionais destinados à divulgação do que então se chamava *Nouvelle Musique*, ou *Neue Musik*. A partir de 1952, Reginaldo de Carvalho desenvolveu estudos em Paris, participando do Groupe de Recherches Musicales sob orientação de Pierre Schaeffer e compondo as primeiras obras eletroacústicas do Brasil (*Sibemol*, de 1956, e *Caleidoscópio III*, de 1957). Segundo José Maria Neves, a peça *Sistática* composta por H. J. Koellreutter[3] em 1955 foi "a pioneira no Brasil como utilização de forma variável, a primeira experiência de introdução dos princípios da aleatoriedade" (Neves, 1981, p.88). Neves salienta também a simultaneidade dessa proposta com as de Boulez – particularmente em sua *Terceira sonata* – e de Stockhausen – no *Klavierstück XI* –, com a diferença que estes viviam em ambientes musicais "que fervilhavam de novas ideias". Em 1962 Gilberto Mendes, Willy Correa de Oliveira e Rogério Duprat, três dos principais compositores do então ainda embrionário movimento Música Nova, participaram dos cursos de Darmstadt, recebendo diretamente orientações e influên-

---

3 No *Catálogo de obras de H. J. Koellreutter* organizado por Carlos Kater essa obra aparece como *Quatro sistáticas* e consta que, em sua estreia, foi dançada pelo grupo de dança moderna da Escola de Dança da Universidade da Bahia, com coreografia de Yanka Ruzka (Kater, 1997, p.32).

cias dos principais pensadores e criadores ligados às novas correntes estético-musicais (Stockhausen, Boulez e Cage).[4]

Influências das mais variadas origens incidiram sobre esses compositores, de conceitos oriundos de filosofias orientais a avanços tecnológicos como a utilização de sistemas eletrônicos e computacionais. Esse fator, aliado à profunda interação com o contexto sociocultural da época, desencadeou novas propostas que alteraram substancialmente o modo de encarar o pensar e o fazer musicais de uma forma talvez nunca antes igualada em toda a história da música ocidental.

Mesmo nos países em que esses movimentos surgiram, a aceitação dos novos processos de organização sonora e suas consequentes transformações no papel destinado aos compositores, intérpretes e do público sempre foi circunscrita a um público pequeno. Em nosso país, essa música de caráter experimental enfrentou desde o início, e enfrenta até hoje em dia, dificuldades ainda maiores para sua divulgação. Sua prática e produtos permaneceram, na maioria das vezes, confinados a um pequeno número de pessoas, quase sempre ligadas a algum centro de ensino. Além disso, a inexistência de registros, particularmente de edições, dificultou, se não inviabilizou, o acesso a esse material por parte de interessados, sejam intérpretes, regentes, estudiosos, amadores etc.

* * *

---

4 Segundo Neves, os principais grupos de composição na década de 1960 eram assim constituídos:
Em São Paulo: Grupo Música Nova: Damiano Cozzella, Rogério Duprat, Régis Duprat, Sandino Hohagen, Júlio Medaglia, Gilberto Mendes, Willy Correa de Oliveira e Alexandre Pascoal.
Em Salvador: Grupo de Compositores da Bahia: Ernst Widmer, Walter Smetak, Milton Gomes, Rufo Herrera, Nicolau Kokron, Lindenbergue Cardoso, Fernando Cerqueira, Jamary Oliveira, Rinaldo Rossi, Marco Antonio Guimarães, Lucemar de Alcântara Ferreira e Agnaldo dos Santos.
No Rio de Janeiro: Grupo Música Nova: Edino Krieger, Marlos Nobre, Guerra-Peixe; Grupo de Compositores do Instituto Villa-Lobos: Reginaldo Carvalho, Emílio Terraza, Marlene Fernandes, Jaceguay Lins, José Maria Neves, Aylton Escobar.
Em Brasília: Claudio Santoro, Jorge Antunes em torno da Universidade de Brasília, contando também com Régis e Rogério Duprat e Damiano Cozzella.
No Rio Grande do Sul: Bruno Kiefer, Breno Blauth, Luis Carlos Vinholes.

Mais intensamente a partir da década de 1960, muitas das experimentações musicais acima citadas tiveram sua correspondente exploração em nosso país. Segundo Neves (1981), naquele que talvez seja o único trabalho que trata de forma abrangente a questão da produção musical brasileira da segunda metade do século XX,

a moderna música brasileira se interessará cada vez mais pelos problemas da estruturação espacial dos sons, substituindo o critério tradicional que era essencialmente temporal. Como na música de Varèse, os desenvolvimentos à maneira tradicional perderão sua importância, dando lugar a transformações que não tendem para nada de determinado e final, mas existem simplesmente. O caráter sintético deste novo estilo, a utilização dos espaços contínuos e descontínuos, as superposições não gradativas do material sonoro, a presença de certos processos seriais de composição [...], tudo isto leva a uma visão nova do fato musical [...] não há dúvida de que a descoberta de sonoridades inabituais no instrumental de percussão e nos demais instrumentos de orquestra, na voz, nos instrumentos informais, assim como no emprego dos recursos eletroacústicos enriquecerá sensivelmente o vocabulário sonoro destes compositores, que irão cada vez mais longe e sempre com maior segurança, à cata de novos sons e de novas maneiras de combiná-los em estruturas musicais.

Completa ainda dizendo que "as experiências da música aleatória, do *happening* musical e do teatro instrumental representam a resposta mais cabal à necessidade de emprego singularizado do código musical com vistas ao processo de desautomatização que deve caracterizar a atividade artística" (op. cit., p.153-4).

No seu entender (à época da elaboração do livro, na segunda metade da década de 1970), a música eletroacústica não havia encontrado muitos adeptos no Brasil. Isso se justificava pelas dificuldades de acesso a equipamentos até então aqui inexistentes, determinando uma grande defasagem técnica entre os centros de estudo, localizados em sua maioria na Europa e nos Estados Unidos, e as precárias condições que se apresentavam no País. Essa precariedade teria, então, levado os compositores a uma opção consciente de buscar "maneiras de adaptar seu pensamento musical aos recursos materiais disponíveis, desenvolvendo uma técnica composicional que bem poderia ser chamada de intencionalmente 'pobre'" (idem, p.160).

Essa observação parece ser extremamente importante, pois aborda uma questão sempre presente: a influência exercida pelas correntes vanguardistas europeias e norte-americanas sobre a produção musical brasileira contemporânea e, principalmente, a germinação de processos de assimilação e transformação desses elementos. Não foi o caso, aqui, de tecer um panorama dessa teia de relações e influências nem de emitir ou sustentar juízo de valor; busquei apenas realizar uma reflexão que pudesse subsidiar, no âmbito deste livro, a fundamentação da escolha do termo que designa o conjunto de peças aqui apresentado: música informal brasileira.

Não só na obra de Neves, mas também em outras obras de referência, observa-se uma correspondência entre as propostas expressivas realizadas no exterior e as que foram desenvolvidas no Brasil. No livro *A música moderna*, de Paul Griffiths, a diversidade das correntes musicais contemporâneas é organizada em capítulos intitulados *Eletrônica*, *Música aleatória*, *Teatro e política* e *Multiplicidade*; em *New Directions in Music*, de David Cope, a atenção concentra-se sobre os procedimentos composicionais ou expressivos, com capítulos intitulados *Instrument explorations*, *Electronic and computer music*, *Media forms*, *Improvisation*, *Indeterminacy* e *Antimusic*. Todas essas possibilidades foram, com maior ou menor intensidade, experimentadas em nosso país. Em face dessa identificação, surgem então alguns questionamentos: haveria um traço comum que poderia distinguir uma vertente da produção musical brasileira daquela realizada em outros países? Qual seria ele?

Se a produção dessa categoria de obras no período mencionado foi crivada pela ampliação de uma expressão mais diferenciada, por uma "ousadia criativa" múltipla, revolucionária, inovadora e diruptiva, em síntese, por uma "música liberta", como se comportou justamente essa liberdade criativa brasileira, que aqui se chama *informalidade*?

O encaminhamento dessas questões iniciou-se com a realização de uma pesquisa bibliográfica que teve entre seus objetivos a definição de um termo ou do estabelecimento de uma categoria que pudesse designar de forma pertinente todas as propostas artísticas e estéticas presentes no conjunto de peças catalogadas. Ao seu término, não se encontrou uma designação convincente, uma vez que as categorizações normalmente utilizadas se reportam a propostas mais específicas e a elementos distintos da organização musical como a notação ou processos composicionais específicos envolvidos. Além disso, outros termos sugeriam uma generalização muito ampla, que acabava por não delinear de modo satisfatório os limites de sua aplicação.[5]

Assim, a busca foi por um termo que, mesmo não sendo correntemente utilizado em obras de referência sobre a produção musical do período, pudesse dar uma ideia a mais próxima possível do contexto estético e artístico no qual as peças catalogadas se inseriram. Da bibliografia consultada, duas obras subsidiaram de forma mais consistente essa determinação:

1) o artigo de T. W. Adorno, *Vers une musique informelle*, na obra *Quasi una fantasia*;
2) o livro de José Maria Neves, *Música contemporânea brasileira*.

O trabalho de Adorno foi apresentado pela primeira vez durante o Curso de Verão de Darmstadt no ano de 1961. Nele, o autor propõe, a partir de uma reflexão sobre a produção recente de compositores como Stockhausen, Boulez e Cage, alguns parâmetros do que consi-

---

5 No *New grove dictionary of music and musicians*, por exemplo, não foi encontrado o termo "informal". As entradas são mais genéricas, tais como *aesthethics of music, aleatory, notation*, ou específicas sobre alguns procedimentos utilizados (*prepared piano, cluster, texture*) ou sobre determinados compositores. Igualmente em outras obras de referência, como o livro de Paul Grifths *A música moderna*, ou o de David Cope, *New directions in music*, não se encontra o termo. No primeiro, a diversidade das correntes musicais é organizada em capítulos intitulados *Eletrônica, Música aleatória, Teatro e política* e *Multiplicidade*; no segundo, a atenção concentra-se sobre os procedimentos composicionais ou expressivos, com capítulos intitulados *Instrument explorations, Electronic and computer music, Media forms, Improvisation, Indeterminacy* e *Antimusic*.

derava "uma música informal ou, para empregar a expressão de Metzger, uma música *a-serial*".[6] Segundo Adorno, estava em processo uma transformação estética que, abandonando os dogmas rígidos do dodecafonismo e do serialismo integral, tão em voga na produção de vanguarda na segunda metade da década de 1950, reconhecia que "as tendências atuais da composição parecem elas mesmas convergir com esta inquietação que me é cara, a de uma *libertação* da música". Ele ressalta o caráter dinâmico da produção musical, salientando que "o material sonoro de que dispõe o compositor muda com cada época; e a imagem concreta da música não é separável de seus diferentes estados". Para Adorno, música informal seria aquela

> liberta de todas as formas abstratas e fixas que lhe eram impostas de fora, mas que, não estando submissa a qualquer lei exterior estranha à sua própria lógica, se constituirá entretanto com uma necessidade objetiva sobre o próprio fenômeno (*musical*). Uma tal libertação lhe supõe uma outra, uma vez que ela só será possível sem uma nova opressão – a eliminação, do fenômeno musical, dos sedimentos que lhe proprocionam todo sistema de coordenadas.[7]

É interessante notar como o próprio autor se exime de uma definição mais estrita, preferindo com essa colocação apenas "delimitar o horizonte deste conceito", talvez antevendo a enorme variedade de propostas musicais que vieram à tona naquela década como resultado de um processo transformador mais amplo, que buscava a expressão de novas ideias por novos meios, com novos recursos, para um público também novo.

Já na obra de Neves encontram-se diversas citações do termo *informal* e suas derivações, porém sem que o autor tenha determinado sua significação. Não fica clara ainda a origem de sua utilização – se o autor o tomou a partir do trabalho de Adorno ou mesmo se seu uso

---

6 Os realces em itálico dos termos a partir daqui apresentados são de minha autoria.
7 A tradução destes trechos para o português foi por mim realizada, a partir da versão francesa.

era comum. De toda forma, pode-se observar também uma grande abrangência em seu emprego, uma vez que Neves o aplica desde às pesquisas sobre novas possibilidades sonoras até a propostas estético-filosóficas:

a) Sobre a utilização e a criação de novos instrumentos:

> a descoberta de sonoridades inabituais no instrumental de percussão e nos demais instrumentos de orquestra, na voz, *nos instrumentos informais*, assim como no emprego dos recursos eletroacústicos enriquecerá sensivelmente o vocabulário sonoro destes compositores, que irão cada vez mais longe e sempre com maior segurança, à cata de novos sons e de novas maneiras de combiná-los em estruturas musicais. (op. cit., p.153)

b) Sobre a influência da obra de John Cage, faz referência ao *informalismo musical* como uma opção estético-filosófica: "Talvez a busca de refúgio no Zen por parte de muitos dos compositores adeptos *do informalismo musical* seja uma explicação a mais para este desejo de fuga da hierarquização social do ocidente e da tirania tecnocrata" (idem, p.155).

c) Sobre *compositores informais* e *informalidade*:

> A partir da ideia central da aleatoriedade ou da presença do acaso como elemento integrante ou essencial da obra, três caminhos diferentes se apresentavam, distinguindo-se pela maior ou menor rigidez da construção formal e pela função dada ao acaso na recriação da obra. Em primeiro lugar, há a solução adotada pelos *compositores informais*, que empregam as estruturas aleatórias como base única para a formação de inúmeras variantes permutáveis [...] os compositores entregaram-se às duas primeiras correntes de pensamento aleatório, algumas vezes propondo múltiplos caminhos à escolha do intérprete, ou combinando estruturas fixas a *fragmentos informais*, ou ainda aplicando-se *à informalidade absoluta* e às formas abertas. (idem, p.158)

Tendo em vista os pressupostos que Adorno considera para uma aproximação à produção musical que no final dos anos 1950 se distanciava do rigor formal do serialismo e também sua utilização muito genérica utilizada por Neves, o termo *música informal* é apresentado aqui delimitando um conjunto de obras que, por seus elementos constitutivos, busca novas formas de expressão, organização e representação, levando em conta as vertentes musicais atuantes no País durante o período abordado. Outros parâmetros pertinentes são a utilização de recursos não usuais na música tradicional para a expressão musical, o aproveitamento de outras linguagens conjuntamente à musical e a proposição de novas relações entre o material musical e seus intérpretes e mesmo ouvintes, muitas vezes com a relativização desses papéis.

Considero importante complementar a fundamentação para a aplicação desse conceito a esse conjunto particular dentro da nossa produção musical contemporânea a partir da seguinte reflexão: como aconteceu ao longo de praticamente toda nossa história musical, a música contemporânea brasileira baseou-se em grande medida em tendências e estilos desenvolvidos no exterior, sendo natural que, em seus processos criativos, os parâmetros técnicos e estéticos estabelecidos em sua origem prevaleçam. No entanto, a partir de sua utilização por compositores brasileiros, ocorre com grande frequência uma "conversão para o português", uma adaptação das propostas originais nas quais a própria experiência pessoal de cada autor e o seu contexto histórico-social, de produção e veiculação contribuem decisivamente para sua modificação – amalgamadas a procedimentos específicos usualmente utilizados por cada compositor e muitas vezes aproveitando materiais sonoros caracteristicamente brasileiros, inclusive empobrecidas, simplificadas, apresentadas apenas em seus elementos ou efeitos principais (ou mesmo mais aparentes). Quase sempre, porém, o que se observa é a não utilização do mesmo rigor estético ou formal das proposições originais.

Assim, pode-se constatar que poucas peças, dentre as presentes no catálogo, empregam unicamente recursos e procedimentos aqui classificados como informais, prevalecendo em sua grande maioria uma interação com as práticas interpretativas, a notação e principalmente a organização formal consideradas tradicionais. Observa-se, em um conjunto de obras de um determinado autor, ou mesmo em peças específicas, um interesse particular por alguma questão musical relacionada a um âmbito mais restrito: exploração tímbrica, novas práticas de execução, interatividade com o público, utilização de recursos extramusicais, ação cênica etc. No que se refere ao emprego de notações diferenciadas, na maioria das vezes este é decorrente da função primeira do sistema de representação musical – expressar da forma mais fiel possível a ideia do compositor – aplicado àqueles procedimentos acima citados. Em poucas oportunidades encontra-se na notação a gênese da proposta criadora.[8]

Essa liberdade poderia então ser entendida também como o resultado do processo de apropriação, assimilação, transformação e reapresentação de elementos, procedimentos e materiais aplicados à produção musical contemporânea – um processo protagonizado por compositores que, vivenciando um cotidiano e contexto diferentes daqueles em que essas iniciativas surgiram, tenderiam a uma flexibilização estético-formal e uma releitura por vezes extremamente aberta e consequentemente distinta.

* * *

As ideias e experimentações que se intensificaram na Europa e nos Estados Unidos a partir de 1950 começaram a surtir efeito no Brasil ainda em meados daquela década. Tomaram verdadeiro impulso ao seu final e no decorrer da década seguinte, e o contexto histórico em que se insere todo esse processo tem características também marcadamente inovadoras.

---

8 No índice remissivo serão apresentados e comentados de forma mais completa os dados sobre a incidência de elementos e procedimentos informais no conjunto das obras apresentadas.

Os anos que se seguiram ao término da Segunda Guerra determinaram uma nova ordem mundial na qual a polarização Leste-Oeste instalou-se com uma magnitude suficiente para influenciar os destinos de praticamente todos os países do planeta, inclusive (e com grande ênfase) o Brasil. Na Europa, a organização fechada do bloco socialista simbolizada pela Cortina de Ferro possibilitou, por exemplo, que um compositor contemporâneo importante como o húngaro György Ligeti realizasse toda sua formação musical praticamente sem nenhuma informação das novas correntes estabelecidas ou em evolução. Algumas recepções clandestinas de programas de rádios alemãs e a audição esporádica e também clandestina de gravações de obras dodecafônicas eram sua única ligação com o mundo ocidental em uma condição no mínimo singular, pois justamente esse seu isolamento inicial forçado foi um dos fatores determinantes em seu desenvolvimento como compositor (Michel, 1985). As zonas de influência de cada bloco nem sempre estavam bem definidas, e cada um procurava, à sua maneira e por muitas vezes utilizando os mesmos procedimentos, garanti-las e, sempre que possível, aumentá-las.

No Brasil, além das condições e circunstâncias mais diretamente envolvidas nas atividades musicais, há que se ressaltar a influência talvez mais difusa, porém não menos presente, do ambiente social e político na segunda metade da década de 1950. O surto desenvolvimentista que irrompeu com o governo de Juscelino Kubitscheck, no bojo de uma política internacional norte-americana de ampliação de sua influência junto aos seus países "satélites" e que tinha como lema "Cinquenta anos em cinco", refletia, com grande transparência, a urgente necessidade de transformação do País de forma a integrar, no menor prazo possível, o rol dos países "modernos" e industrializados, reforçando a identificação com os ideais de uma organização social baseada no vertiginoso crescimento de um mercado de consumo.

Não apenas na política ou na economia o País se transformava: a década de 1950 viu surgir, em nosso país, movimentos artísticos relevantes e intensamente produtivos. Na área da música popular, a bossa nova, festejada como uma sofisticada evolução musical por uns e detratada como um desvirtuamento das tradições musicais brasileiras por outros, inicia sua fase mais importante, transformando-se de um "clubinho" de amigos de classe média-alta da zona sul carioca em um movimento que contava com a aglutinação de diversos e importantes instrumentistas e compositores da época. Na literatura, a inquietação e a busca por novas possibilidades expressivas que culminaram com o lançamento do "plano piloto para poesia concreta", em 1958, também foram um processo crucial para a ruptura com antigas e pouco inovadoras tradições, como bem deveria acontecer em um mundo em transformação. Sua influência se fez sentir não apenas no âmbito literário, mas também no musical: sob sua ascendência direta surgiu outro movimento radicalmente transformador, o Movimento Música Nova, em São Paulo. É Gilberto Mendes (um dos principais compositores nele engajados) quem afirma:

> A Poesia Concreta já tinha chamado a minha atenção nos anos 1950, quando a revista *O cruzeiro* publicou aquela reportagem famosa sobre os novos poetas e sua tomada de posição corajosa, sua disposição de mudar tudo. Como sempre me interessei pelo novo, guardei a reportagem e fiquei aguardando a oportunidade de encontrar em algum livro ou revista uma quantidade maior e mais expressiva de poemas concretos. Agradava-me muito sua inusitada sintaxe, telegráfica, os vocábulos secos, diretos, cortantes. Não imaginava que um dia viria a ter uma grande intimidade com aquele mundo novo das palavras, ganhar livros dos próprios poetas. (Mendes, 1994, p.72-5)

Realmente, a identificação entre os compositores engajados no Movimento Música Nova com as ideias originadas do grupo da Poesia Concreta é muito grande. Ainda nas palavras de Mendes:

> Como que em resposta a nossos anseios, apareceu a poesia concreta em nossas vidas, providencialmente, no momento certo, oferecendo-nos a matéria concreta de que necessitávamos para a

construção de uma nova música brasileira, original, jamais escrita na Europa ou nos Estados Unidos [...] Estou sempre falando no plural, em "nós", porque a essa altura já tínhamos a consciência de grupo, eu, Willy (Correa de Oliveira), Rogério (Duprat) e depois Damiano Cozzella, quando ele chegou da Europa; e decidimos lançar um Manifesto Música Nova, *seguindo os passos dos poetas concretos*, agora nossos aliados, que haviam lançado seu manifesto quase dez anos antes. (idem, p.70-2)[9]

Nas figuras 1 e 2 são reproduzidos, em sequência, o "plano piloto para poesia concreta" lançado em 1958[10] e o *Manifesto Música Nova*, de 1963, entre os quais se pode notar, claramente, essa influência. Não apenas a organização visual e a organização dos parágrafos são as mesmas, mas também muitas premissas e postulados encontram-se reapresentados, com a citação de diversos nomes de poetas e escritores considerados importantes tanto em um quanto em outro texto. Há mesmo uma remissão explícita do segundo ao primeiro, e ambos terminam com um *post scriptum* comum, uma citação do poeta russo Maiakowski: "sem forma revolucionária não há arte revolucionária".[11]

---

9 Apenas como observação lembre-se aqui que o prazo é de cinco anos entre uma publicação e outra, e não de quase dez. Talvez Mendes possa estar se referindo aos manifestos individuais lançados pelos "concretos" no ano de 1956, na revista *ad – arquitetura e decoração* n.20, quando da primeira exposição organizada com obras concretas. Para maiores detalhes sobre o movimento da Poesia Concreta, ver: Campos, A., Campos, H. e Pignatari, D. *Teoria da Poesia Concreta*. São Paulo: Livraria Duas Cidades, 1975.

10 *Revista Noigrandes* 4, 1958. Note-se, também, que não se trata de um "manifesto" de lançamento (outros manifestos, individualmente, já haviam sido lançados antes por Haroldo e Augusto de Campos e Décio Pignatari), mas sim de um "plano piloto", uma organização já bem mais estruturada emprestando mesmo da arquitetura um termo para sua qualificação (impossível não lembrar aqui do "Plano Piloto" de Brasília, por Lúcio Costa e Oscar Niemmayer).

11 As transcrições desses dois documentos preservaram a diagramação utilizada em cada um.

plano-piloto para poesia concreta

poesia concreta: produto de uma evolução crítica de formas. dando por encerrado o ciclo histórico do verso (unidade rítmico-formal), a poesia concreta começa por tomar conhecimento do espaço gráfico como agente estrutural. espaço qualificado: estrutura espácio-temporal, em vez de desenvolvimento meramente temporístico-linear. daí a importância da idéia de ideograma, desde o seu sentido geral de sintaxe espacial ou visual, até o seu sentido específico (fenollosa/pound) de método de compor baseado na justaposição direta – analógica, não lógico-discursiva – de elementos. "il faut que notre intelligence s'habitue à comprendre synthético-idéographiquement au lieu de analytico-discursivement" (apollinaire). einsenstein: ideograma e montagem.

precursores: mallarmé (un coup de dés, 1897): o primeiro salto qualitativo: "subdivisions prismatiques de l'idée"; espaço ("blancs") e recursos tipográficos como elementos substantivos da composição. pound (the cantos): método ideogrâmico. joyce (ulisses e finnegans wake): palavra-ideograma; interpretação orgânica de tempo e espaço. cummings: atomização de palavras, tipografia fisiognômica; valorização expressionista do espaço. apollinaire (calligrammes): como visão, mais do que como relização. futurismo, dadaísmo: contribuições para a vida do problema. no brasil: oswald de andrade (1890-1954): "em comprimidos, minutos de poesia". joão cabral de melo neto (n. 1920 – o engenheiro e a psicologia da composição mais anti-ode): linguagem direta, economia e arquitetura funcional do verso.

poesia concreta: tensão de palavras-coisas no espaço-tempo. estrutura dinâmica: multiplicidade de movimentos concomitantes. também na música – por definição, uma arte do tempo – intervém o espaço (webern e seus seguidores: boulez e stockhausen; música concreta e eletrônica); nas artes visuais – espaciais, por definição – intervém o tempo (mondrian e a série boogie-wogie; max bill; albers e a ambivalência perceptiva; arte concreta em geral).

ideograma: apelo à comunicação não-verbal. o poema concreto comunica a sua própria estrutura: estrutura-conteúdo. o poema concreto é um objeto em e por si mesmo, não um intérprete de objetos exteriores e/ou sensações mais ou menos subjetivas. seu material: a palavra (som, forma visual, carga semântica). seu problema: um problema de funções-relações desse material. fatores de proximidade e semelhança, psicologia da gestalt. ritmo: força relacional. o poema concreto, usando o sistema fonético (dígitos) e uma sintaxe analógica, cria uma área lingüística especifica – "verbivocovisual" – que participa das vantagens da comunicação não-verbal, sem abdicar das virtualidades da palavra.

com o poema concreto ocorre o fenômeno da metacomunicação: coincidência e simultaneidade da comunicação verbal e não-verbal, com a nota de que se trata de uma comunicação de formas, de uma estrutura-conteúdo, não da usual comunicação de mensagens.

a poesia concreta visa ao mínimo múltiplo comum da linguagem. daí a sua tendência à substantivação e à verbificação: "a moeda concreta da fala" (sapir). daí suas afinidades com as chamadas "língua isolantes" (chinês): "quanto menos gramática exterior possui a língua chinesa, tanto mais gramática interior lhe é inerente" (humboldt via cassirer). o chinês oferece um exemplo de sintaxe puramente relacional baseada exclusivamente na ordem das palavras (ver fenollosa, sapir e cassirer).

ao conflito de fundo-e-forma em busca de identificação, chamamos de isomorfismo. paralelamente ao isomorfismo fundo-forma, se desenvolve o isomorfismo espaço-tempo, que gera o movimento. o isomorfismo, num primeiro momento da pragmática poética concreta, tende a fisiognomia, a um movimento imitativo do real (motion); predomina a forma orgânica e a fenomenologia da composição. num estágio mais avançado, o isomorfismo tende a resolver-se em puro movimento estrutural (movement); nesta fase, predomina a forma geométrica e a matemática da composição (racionalismo sensível).

renunciando à disputa do "absoluto", a poesia concreta permanece no campo magnético do relativo perene. cronomicrometragem do acaso. controle. cibernética. o poema como um mecanismo, regulando-se a si próprio: "feed-back". a comunicação mais rápida (implícito um problema de funcionalidade e de estrutura) confere ao poema um valor positivo e guia a sua própria confecção.

poesia concreta: uma responsabilidade integral perante a linguagem. realismo total. contra uma poesia de expressão, subjetiva e hedonística. criar problemas exatos e resolvê-los em termos de linguagem sensível. uma arte geral da palavra. o poema-produto: um objeto útil.

augusto de campos
décio pignatari
haroldo de campos

post scriptum 1961: "sem uma forma revolucionária não há arte revolucionária" (maiacóvski)

Figura 1 – "plano piloto para poesia concreta". Revista *noigrandes* 4. São Paulo, 1958 (reprodução) música nova:

compromisso total com o mundo contemporâneo:

desenvolvimento interno da linguagem musical (impressionismo, politonalismo, atonalismo, músicas experimentais, serialismo, processos fono-mecânicos e eletro acústicos em geral), com a contribuição de debussy, ravel, stravinsky, schoenberg, webern, varèse, messiaen, schaeffer, cage, boulez, stockhausen.

atual etapa das artes: concretismo: 1) como posição generalizada frente ao idealismo; 2) como processo criativo partindo de dados concretos; 3) como superação da antiga oposição matéria-forma; 4) como resultado de, pelo menos, 60 anos de trabalhos legados ao construtivismo (klee, kandinsky, mondrian, van doesburg, suprematismo e construtivismo, max bill, mallarmé, eisenstein, joyce, pound, cummings) – colateralmente, ubicação de elementos extra-morfológicos, sensíveis: concreção no informal.

reavaliação dos meios de informação: importância do cinema, do desenho industrial, das telecomunicações, da máquina como instrumento e como objeto: cibernética (estudo global do sistema por seu comportamento).

comunicação: mister da pisco-fisiologia da percepção auxiliada pelas outras ciências, e mais recentemente, pela teoria da informação.

exata colocação do realismo: real = homem global; alienação está na contradição entre o estágio do homem total e seu próprio conhecimento do mundo. música não pode abandonar suas próprias conquistas para se colocar ao nível dessa alienação, que deve ser resolvida, mas é um problema psico-sócio-político-cultural.

geometria não-euclidiana, mecânica não-newtoniana, relatividade, teoria dos "quanta", probabilidade (estocástica), lógica polivalente, cibernética: aspectos de uma nova realidade.

levantamento do passado musical à base dos novos conhecimentos do homem (topologia, estatística, computadores e tôdas as ciências adequadas), e naquilo que êsse passado possa ter apresentado de contribuição aos atuais problemas.

como conseqüência do nôvo conceito de execução-criação coletiva, resultado de uma programação (o projeto, ou plano escrito): transformação das relações na prática musical pela anulação dos resíduos românticos nas atribuições individuais e nas formas exteriores da criação, que se cristalizaram numa visão idealista e superada do mundo e do homem (elementos extra-musicais: "sedução" dos regentes, solistas e compositores, suas carreiras e seus públicos – o mito da personalidade, enfim). redução a esquemas racionais – logo, técnicos – de tôda comunicação entre músicos. música: arte coletiva por excelência, já na produção, já no consumo.

educação musical: colocação do estudante no atual estágio da linguagem musical; liquidação dos processos prelecionais e levantamento dos métodos científicos da pedagogia e da didática. educação não como transmissão de conhecimentos mas como integração na pesquisa.

superação definitiva da freqüência (altura das notas) como único elemento importante do som. som: fenômeno auditivo complexo em que estão comprometidos a natureza e o homem. música nova: procura de uma linguagem direta, utilizando os vários aspectos da realidade (física, fisiológica, psicológica, social, política, cultural) em que a máquina está incluída, extensão ao mundo objetivo do processo criativo (indeterminação, inclusão de elementos "alea", acaso controlado). reformulação da questão estrutural: ao edifício lógico-dedutivo da organização tradicional (micro-estrutura: célula, motivos, frase, semi-período, período, tema; macro-estrutura: danças diversas, rondó, variações, invenção, suite, sonata, sinfonia, divertimento etc. ... os chamados "estilos" fugado, contrapontístico, harmônico, assim com os conceitos e as regras que envolvem: cadência, modulação, encadeamento, elipses, acentuação, rima, métricas, simetrias diversas, fraseio, desenvolvimento, dinâmicas, durações, timbre, etc.) deve-se substituir uma posição analógico-sintética refletindo a nova visão dialética do homem e do mundo: construção concebida dinâmicamente integrando o processo criativo (vide conceito de isomorfismo, in "plano pilôto para poesia concreta", grupo noigandres).

elaboração de uma "teoria dos afetos" (semântica musical) em face das novas condições do binômio criação-consumo (música no rádio, na televisão, no teatro literário, no cinema, no "jingle" de propaganda, no "stand" de feira, no estéreo doméstico, na vida cotidiana do homem), tendo em vista um equilíbrio informação semântica – informação estética. ação sôbre o real como "bloco": por uma arte participante.

cultura brasileira: tradição de atualização internacionalista (p. ex. atual estado das artes plásticas, da arquitectura, da poesia), apesar do subdesenvolvimento econômico, estrutura agrária retrógrada e condição de subordinação semi-colonial. participar significa libertar a cultura dêsses entraves (infra-estruturais) e das super-estruturas ideológico-culturais que cristalizaram um passado cultural imediato alheio à realidade global (logo, provinciano) e insensível ao domínio da natureza atingido pelo homem.

maiacóvski: sem forma revolucionária não há arte revolucionária.

são paulo, março 1963.

damiano cozzella
rogério duprat
régis duprat
sandino hohagen
júlio medaglia
gilberto mendes
willy correia de oliveira
alexandre pascoal

Figura 2 – *Manifesto Música Nova*. Revista *Invenção* n.3. São Paulo, 1963 (reprodução)

Cabe aqui uma atenção especial ao *post scriptum* comum aos dois documentos. Segundo Paulo Franchetti, em seu livro *Alguns aspectos da teoria da Poesia Concreta*, na edição de 1958 do *plano piloto* não constava esse trecho, acrescentado à mão posteriormente, em 1961, no exemplar da revista *Noigrandes 4* hoje pertencente ao acervo da Biblioteca Municipal de São Paulo. Franchetti indica uma intensificação das posições políticas, notadamente de esquerda, adotadas pelos três poetas paulistas, "reforçando a ideia de revolução artística que, como já se deve ter observado, existia anteriormente em seus textos teóricos [...] por volta de 1960, Décio Pignatari e Haroldo de Campos começam a citar Marx e Engels nos seus trabalhos" (1989, p.75-6).

Esse direcionamento político do movimento dá-se em um contexto não muito ortodoxo, pois os mesmos poetas haviam assumido anteriormente uma postura não participativa, preferindo a experimentação linguística pura à sua utilização ideológica. Além disso, pregavam a utilização dos meios de comunicação – na época os chamados *mass media* – para a veiculação da sua produção, assim como aceitavam a influência da linguagem publicitária sobre ela e chegaram mesmo a realizar atividades nessa área. A mudança de rota propiciou, no entanto, o surgimento de uma série de poemas que seria posteriormente utilizada pelos compositores do Grupo Música Nova em suas obras musicais, caso de *Nasce morre*, *Cidade* e, de forma especial, *Beba Coca Cola,* caso típico em que uma ideia publicitária é usada para sua própria crítica em um processo metalinguístico dos mais criativos.

Aqui, novamente, pode-se constatar a identidade entre esses dois movimentos. Os integrantes do Grupo Música Nova, assim como seus amigos poetas concretos, buscaram não se envolver com as orientações do "realismo socialista" que preconizava a oposição novo *versus* povo, mas sim se apoderar de todos os elementos e meios disponíveis em sua experimentação criativa, não descartando inclusive toda a possibilidade de utilização de quaisquer novos equipamentos, acessórios e outras "modernidades" tão características do modo de produção capitalista.¹² Ainda segundo Gilberto Mendes, os integrantes do Grupo Música Nova foram os primeiros

a fazer música aleatória, microtonal, música estruturada parâmetro por parâmetro segundo os princípios do serialismo integral, não periódica, não discursiva, música com a introdução do ruído no contexto sonoro (o ruído elevado à categoria de som, de objeto musical, vale dizer, música concreta e/ou eletrônica), com a utilização dos *mixed media* (como eram chamados, então, liquidificadores, aspiradores de pó, televisores etc.), do gesto e da ação musical como teatro (a serem encarados e desenvolvidos como tal, como teatro musical), de novos grafismos, abolindo a notação musical tradicional (falávamos em *design* para nossas obras), música com a participação do ouvinte na sua execução, e música "programada"em computador (ordenador eletrônico ou cérebro eletrônico, como era conhecido na época)... (op. cit., p.80)¹³

Porém, não foi apenas este desejo de transformação socioeconômica-cultural o único fator desencadeador da renovação da lin-

---

12 Este envolvimento com o ideário esquerdista teve, entre os compositores, diversos graus de intensidade. Damiano Cozzela, por exemplo, ao mesmo tempo em que compunha *Ruidismo dos pobres*, havia montado uma produtora de *jingles* com seu amigo Rogério Duprat, atuando em dupla também na produção de arranjos para o então nascente grupo tropicalista liderado por Caetano Veloso, Gilberto Gil e Tom Zé. Gilberto Mendes, por sua vez, manteve uma posição não muito agressiva, mas sempre atenta às questões sociais. Quanto a Willy Correa de Oliveira, outro importante compositor do período, até aproximadamente 1977 suas posições estéticas estavam muito mais próximas do formalismo musical, fortemente influenciado por Webern; a partir de 1978 ocorre uma mudança radical em suas posições estéticas (revalorizando a obra de Hans Eisler, por exemplo) e também políticas, sustentando a partir daí, e por muito tempo, um discurso marcadamente influenciado pelo marxismo.
13 Há que se lembrar também da realização dos Cursos Internacionais de Férias de Teresópolis, outra iniciativa de Koellreutter que repercutiu intensamente na formação de diversos intérpretes e compositores cariocas (e mesmo de outros estados) que os frequentaram. Ficaram famosas as "leituras criativas" de poemas concretos realizadas por seus autores juntamente com músicos participantes desses cursos.

guagem musical no Brasil. Até mesmo interagindo com todo esse processo (ora mais, ora menos intensamente, porém sempre de forma crítica), já a partir do final dos anos 1930, durante toda a década de 1940 e mesmo no início dos anos 1950, a atuação do Movimento Música Viva havia contribuído de forma decisiva na ampliação dos horizontes musicais por meio de edições, concertos, programas de rádio e a criação de escolas e centros musicais fundados não só por H. J. Koellreutter, mas também por outros participantes do movimento.

Mesmo quando não diretamente vinculado à formação de determinados compositores ou à afirmação de propostas musicais, o estabelecimento de um ambiente cultural propício ao surgimento de novas ideias foi, sem dúvida, uma de suas mais importantes contribuições. Nas palavras de Neves, a atuação dos alunos e ex-alunos de Koellreutter,

> dentro da mesma linha de inconformismo que caracterizara o Música Viva, estará na origem de quase todos os movimentos de renovação musical que se desenvolverão no Brasil a partir de 1960. As ideias defendidas pelos discípulos e companheiros de Koellreutter (citem-se especialmente as atividades de Cláudio Santoro na Universidade de Brasília, as de Ernst Widmer – que veio para o Brasil pelas mãos de Koellreutter – na Universidade da Bahia, as dos compositores paulistas derivados do Música Viva) darão origem a uma nova visão do ato composicional, que perde a função estrita de refletir uma cultura definida (pela retomada de seus elementos mais marcantes e mais aparentes), mas volta-se para a expressão universalizada desta cultura em evolução. (op. cit., p.146)

Aliás, além de Koellreutter outros professores estrangeiros radicados no País contribuíram para arejar o ambiente musical tão direcionado à época pelas orientações estéticas do nacionalismo musical. Ernst Widmer, Walter Smetak e Ernst Mahle, entre outros, atuaram intensamente não apenas como professores, mas, com igual afinco e interesse, como compositores. Mahle (que foi aluno de Messiaen, Krenek, Kubelík e outros) radicou-se no interior de São Paulo, onde até hoje se encontra, tendo lá fundado a também importante Escola de Música de Piracicaba, enquanto Widmer e Smetak instalaram-se em Salvador, onde por muitos anos trabalharam intensamente junto à Universidade Federal da Bahia, e influíram decisivamente na organização do Grupo de Compositores da Bahia.[14] Deve-se também ressaltar a grande relevância desse outro polo composicional no panorama da música brasileira. A partir da instalação dos Seminários Internacionais de Música na Universidade da Bahia, por iniciativa (novamente) de H. J. Koellreutter em 1954, foram reunidos periodicamente professores convidados de vários países do mundo. Com o tempo, já na década de 1960, os seminários transformaram-se em um centro de estudo e pesquisa ligado à Universidade, porém ainda sem se organizar pedagogicamente em uma instituição oficial. Com sua ligação à Escola de Teatro e à Escola de Dança, fundou-se a Escola de Música e Artes Cênicas da Universidade da Bahia. Sua origem heterodoxa, não vinculada aos trâmites administrativos e pedagógicos de uma instituição universitária, permitiu uma grande liberdade na organização dos cursos.

Segundo Neves, "muitos jovens instrumentistas e compositores instalavam-se em Salvador para aí fazerem sua formação musical, que era mais eficaz e mais rápida por seguir caminho de maior valorização da prática musical que de longo aprendizado teórico" (op. cit., p.168). Com sua oficialização, manteve-se, pelo menos em parte, a dinâmica de organização de eventos e cursos, persistindo um caráter de experimentação e liberdade criativa. Contando com um grupo coral, uma orquestra sinfônica, um madrigal, um trio e um conjunto de metais, um conjunto de flautas doces e o riquíssimo instrumental construído por Smetak, seus alunos tinham à disposição meios concretos para se dedicarem à pesquisa composicional.

Para Neves, a existência desse grupo de compositores revela a importância da proposta pedagógica instaurada por Koellreutter em Salvador naquele momento:

---

14 Há que se ressaltar, entretanto, o diferencial estético que distingue a atuação como compositor de Ernst Mahle – muito mais próximo da linguagem musical tradicional – das de Ernst Widmer e Walter Smetak.

Pelo conjunto das obras apresentadas, pode-se afirmar que o Grupo de Compositores da Bahia representa o núcleo mais ativo de toda a moderna música brasileira. Sua posição estética o distingue de todos os outros grupos brasileiros, especialmente do vanguardismo extremo do Grupo Música Nova, de São Paulo. Os jovens compositores baianos pretendem manter o equilíbrio entre a renovação e a tradição, como tentam conciliar o nacional e o internacional. E sua influência sobre toda a moderna música brasileira, se não foi tão violenta como a do vanguardismo paulista, não foi menos marcante e profunda. (idem, p.173)

Como já foi dito anteriormente, a presença de então jovens compositores brasileiros em cursos de férias organizados na Europa, principalmente os de Darmstadt, foi também de grande impacto não apenas sobre eles, mas, com seu retorno, sobre o ambiente musical brasileiro. Curiosas e reveladoras, nesse sentido, são as palavras de Mendes sobre sua primeira "peregrinação" a Darmstadt entre julho e agosto de 1962:

a seus famosos cursos de férias destinados a divulgar a *neue Musik* da segunda metade do século. Estava combinado que nos encontraríamos lá: eu, Willy Correa de Oliveira e Rogério Duprat, todos nós compositores ávidos de beber, na fonte original, os ensinamentos de Boulez, Stockhausen, Pousseur, Ligeti, Berio e Nono. A surpresa que nos esperava era grande. Uns dois anos antes, o compositor norte-americano John Cage passara por Darmstadt e balançara o coreto da *neue Musik*, estremecera os alicerces do estruturalismo musical com seu indeterminismo "zen", com sua conferência sobre o nada, com um recado musical que não tinha coisa alguma a ver com a filosofia estética daquele verdadeiro "santuário" de celebridades europeias [...] Apesar de ter ido a Darmstadt buscar outro tipo de informação,[15]

---

15 Por diversas ocasiões o compositor Gilberto Mendes ressaltou o fato de, tanto ele quanto seus colegas, ter ido à Europa em busca de ensinamentos especificamente sobre as técnicas seriais.

não fiquei nem um pouco frustrado. Sempre me interessaram muito as novidades e logo me pareceu que ali me colocaria finalmente em dia com todas elas, com todos os aspectos até conflitantes da música de vanguarda daquele momento. (op. cit., p.69-70)

É esse contato inusitado que serviria, no entanto, como diferencial entre as posições do grupo de compositores paulistas frente às outras dos outros então atuantes. A aproximação do pensamento de Cage abriria espaço para uma prática musical em que o acaso, a improvisação, a experimentação e a importância da ideia de *material sonoro* (e não apenas musical) dariam consistência à concepção de uma música informal brasileira.

2
As subcategorias dos elementos informais e suas qualificações

As tranformações pelas quais passaram as diversas linguagens artísticas – e mais especificamente a musical – a partir da década de 1950 alteraram e expandiram, de forma radical, as possibilidades expressivas à disposição do autor e do intérprete. Como já foi dito no capítulo 1, a busca pela ampliação do repertório de procedimentos composicionais e interpretativos e, principalmente, o desejo de oferecê-los não como orientações técnicas, mas como possibilidades simultâneas e igualmente válidas, ocorreram como contraponto à rigidez formal e ao controle total do material a ser alcançado em cada peça preconizados pelas escolas dodecafônica e serial. Para ter uma ideia do alcance desse desejado controle sobre a realização – e também sobre a percepção do resultado sonoro – observe-se a opinião, em 1958, de Milton Babbit, um dos expoentes norte-americanos do serialismo integral e da música composta eletronicamente:

> Nas condições mais simples, cada tal evento "atômico (ou: particular)" é localizado em um espaço musical "pentadimensional", determinado pela classe de nota, registro, dinâmica, duração e timbre. Esses cinco componentes não apenas definem juntos um único evento: no curso de uma obra, os valores sucessivos de cada componente criam uma estrutura individualmente coerente, frequentemente

em paralelo às estruturas correspondentes criadas pela organização de cada um dos outros componentes. A inabilidade em perceber e memorizar precisamente os valores de qualquer desses componentes resulta em um deslocamento do evento no espaço musical da obra, uma alternância de sua relação com todos os outros eventos na obra e, assim, uma falsificação da estrutura total da composição. Por exemplo, uma dinâmica executada ou percebida de forma incorreta resulta não só na destruição do padrão de dinâmicas da obra, mas também em uma falsa identificação de outros componentes do evento (dos quais o valor da dinâmica é uma parte) com componentes correspondentes de outros eventos, criando então falsas associações de alturas, registros, timbres e durações. (Babbit apud Cope, 1978, p.7)[1]

Pode-se observar a extrema determinação e organização desse sistema composicional. Nele, todas as variações de interpretação normalmente encontradas na execução musical ao longo de praticamente todos os períodos históricos, como certa liberdade na realização de dinâmicas, fraseados, andamentos, acentos e articulações, tendem a ser severamente controladas e, mesmo, por vezes, abolidas.

Na verdade, trata-se de outro universo possível de elementos expressivos, apresentados de uma forma particular. Enquanto o formalismo musical apresenta técnicas de organização e estruturação altamente complexas e determinadas, o foco de interesse da produção informal concentra-se não apenas no resultado artístico obtido, mas também, e às vezes principalmente, em seu processo de criação e realização. A abertura à atuação do intérprete e mesmo do público, o convite à participação ativa não só na realização (mas também na recriação da obra), a apropriação de elementos e procedimentos oriundos de outras linguagens e a exploração de sons não usuais na música tradicional refletem não apenas um posicionamento artístico, mas também social e filosófico.

---

1 Tradução de minha autoria. Mesmo não sendo senso comum entre os praticantes do serialismo um posicionamento tão assertivo como o de Babbit, suas opiniões com certeza influenciaram um grande número de estudantes e jovens compositores, não apenas na Universidade de Princeton (onde lecionava), mas também em seus cursos dados em Darmstadt.

É desse ponto de vista que a produção de música informal se apresenta como representante de uma vertente do pensamento moderno caracterizado pela aceitação do acaso e sua incorporação à linguagem artística e pela possibilidade contínua de transformação da realidade sonora, concebidos aqui menos como parâmetros a serem delimitados em sua incidência e mais como geradores de estímulos e materiais a serem percebidos, trabalhados e transformados de forma absolutamente pessoal por todos os envolvidos no ato criativo.

Nessa nova realidade, diversos foram os recursos empregados com o objetivo de traduzir os conceitos em matéria sonora (e não apenas sonora...) a ser então verdadeiramente compartilhada (e não apenas apresentada). Eles contemplam o estágio de concepção e estruturação da peça, a escolha e organização do material sonoro a ser trabalhado, sua manipulação por meio de procedimentos técnicos de realização, a agregação de elementos de outras linguagens, e também sua representação na forma de notações alternativas àquela tradicionalmente empregada na música ocidental.

Esses novos caminhos foram percorridos de forma particular por diversos compositores, acentuando muitas vezes esta ou aquela faceta. Neste livro, as diversas possibilidades foram organizadas como subcategorias, em função de uma maior especificidade presente em cada uma delas. Cabe lembrar que a particularização de algumas delas se faz presente pela necessidade de organizar e sistematizar todas as possibilidades de incidência da informalidade na produção enfocada. Após seu estudo, observou-se com grande frequência a presença de dois ou mais elementos distintos como responsáveis pelo caráter informal em uma única peça, muitas vezes um deles derivado da utilização ou aplicação de outro: por exemplo, a utilização de notações alternativas prescrevendo explorações tímbricas ou ações cênicas.

São apresentadas a seguir as subcategorias nas quais foi observada a incidência de elementos informais, e em cada uma delas, seus elementos constitutivos que se tornaram chamadas no índice remissivo. Acompanha também o número de obras sobre o qual cada um dos elementos incide.

A incidência da informalidade pela utilização de recursos extramusicais

Ação cênica (50 obras)
Teatro musical (32 obras)
Peças que apresentam interatividade com a plateia (10 obras)
Peças com caráter humorístico (6 obras)
Elementos cênicos (iluminação, cenografia, expressão corporal, adereços) (28 obras)
Outros equipamentos (*slides*, vídeos, sistemas de amplificação) (20 obras)
Outras fontes sonoras (eletrodomésticos, sucata, rádios, metrônomos, papéis, plásticos) (18 obras)

Um primeiro grupo de elementos informais surge da radical revisão e transformação das possibilidades interpretativas e das fontes de expressão junto ao texto musical, gerando novos procedimentos na execução de obras musicais. Por vezes, a intensa utilização de elementos originários de outras linguagens torna mesmo imprecisa a qualificação de uma ou outra peça apenas como "musical". É oportuno recordar que a utilização da música junto a outras linguagens já havia sido muito experimentada: o gênero operístico como espetáculo já havia incorporado, ao longo de mais de trezentos anos como gênero musical, iluminação, figurinos, cenografia, roteiro, coreografia e interpretação teatral; partituras escritas especialmente para balés também levaram em consideração características do roteiro e uma ambiência rítmica adequada à dança.[2]

Pode-se, aqui, delinear uma diferença básica entre esses tipos de produção artística e aquela concebida nos moldes deste livro. Tanto

---

2 Stravinsky, com *A sagração da primavera (1911-13)*, escrita para os *Ballets Russes*, encarregou-se magistralmente de demonstrar como essa ambiência rítmica poderia ir muito além de características melódicas e rítmicas baseadas na previsibilidade e na utilização de fórmulas de compasso tradicionalmente aplicadas aos passos do balé clássico. No entanto, preserva ainda a característica de obra independente, com variadíssimas gravações e muitos estudos analíticos sobre ela.

na ópera tradicional como nos balés, a parte musical pode muitas vezes ser considerada como uma entidade independente, com organização e discurso próprios – como atestam as inúmeras execuções em concerto e gravações desses dois gêneros. No entanto, é muito difícil imaginar uma obra como *Cidade City Cité*, do compositor paulista Gilberto Mendes, sendo apreciada apenas em sua dimensão sonora: sua concepção é a de um espetáculo no qual a música comporta-se como um dos diversos elementos expressivos indissociáveis. Além das atuações teatrais por vezes improvisadas e da veiculação de gravações junto à atuação vocal ao vivo, é solicitada a participação direta do público sob forma de uma "espirração geral", devido à aspersão, com um aspirador de pó ligado ao contrário, de rapé por entre a plateia!

A utilização de recursos como a simultaneidade entre a atuação vocal ao vivo e a veiculação de gravações, a *performance* teatral dos intérpretes conferindo nuanças expressivas à sua realização vocal e a utilização de eletrodomésticos como um aspirador para provocar uma reação do público presente torna esse tipo de obra intensamente dependente da realização de todos os seus elementos constitutivos. Além disso, há que se considerar a extrema dificuldade (se não a impossibilidade) de registrar de forma completa obras como essa: volta-se aqui à importância dada pelo criador ao processo de montagem e à *performance* ao vivo, caracterizada não pela exibição de um virtuosismo técnico ou apuro estilístico, mas como um exercício de interação, improvisação e mesmo criação coletivas.

Diversos compositores dirigiram sua atenção à integração da música a outras linguagens, criando um conjunto de obras que se caracteriza pela heterogeneidade de meios expressivos e uma sempre presente experimentação. Sob influência do teatro musical e do teatro instrumental – desenvolvido principalmente por compositores como Luigi Nono, Luciano Berio e Mauricio Kagel – eles procuraram, por meio da expressão corporal, da criação de personagens (quase sempre em atuações estereotipadas) e da ação cênica dos intérpretes, romper os limites do convencional, instalar no bem-comportado assento da poltrona do espectador algumas farpas que o fizessem sentir incomodado, que o instigassem mesmo a pensar, por vezes, o que ele estaria fazendo ali, qual o sentido daquilo. Os parâmetros da conceituação artística nunca mais foram os mesmos, abrigando as mais inusitadas experiências – como, por exemplo, os *happenings*, intervenções no espaço social e público, deslocando o ambiente da criação para o dia a dia das pessoas, da vida cotidiana: a vida tornava-se arte (Neves, op. cit., p.156).

É proposta aqui uma distinção entre as peças que explicitamente se caracterizam como teatro musical e aquelas que apresentam algum nível de ação cênica. Nas primeiras, o termo refere-se à ampla utilização da linguagem teatral para estabelecer sua estrutura discursiva quase sempre com a criação de personagens, com ou sem diálogos, resultando em uma *performance* em que a música muitas vezes não representa o maior foco de atenção. Seu peso relativo na obra encontra-se em equilíbrio com os elementos teatrais, chegando a um ponto em que a realização musical se torna como uma trilha sonora para os acontecimentos em cena. Como ação cênica são consideradas todas as atuações que, mesmo influenciadas pelo teatro musical e estabelecendo procedimentos de interpretação teatral, se inserem em um contexto em que a *performance* sonora ainda se mantém preponderante. Marcações de palco e de movimentação, alguns diálogos, distribuição dos intérpretes pelo espaço cênico e expressões corporais e faciais são alguns dos procedimentos utilizados, porém sem o estabelecimento de personagens e mantendo-se como complemento à atuação musical.

Outra característica pode ser atribuída a essa produção: a irreverência, muitas vezes chegando ao humor explícito. Em diversas peças encontra-se presente uma boa dose de crítica satírica aos papéis tradicionalmente delegados aos virtuoses e regentes em sua *performance* de concerto, assim como à sua relação com o público e também com a própria matéria musical.

Como forma de sublinhar essa crítica, alguns compositores propõem uma realização caricatural para as execuções musicais, muitas vezes também com gestuais exagerados retratando situações inusitadas. Um bom exemplo é a peça de teatro musical *Ópera aberta*, também de Gilberto Mendes, para cantora e halterofilista. Nela, a cantora como que se enamora de sua própria voz, enquanto realiza diversos trechos musicais entremeados com vocalises. De forma surreal, sua atuação é comparada à de um halterofilista, que igualmente enamorado de seus músculos e de sua *performance* física termina por arrebatar a cantora do palco, carregando-a para fora em meio às palmas de um grupo que faz as vezes de público, também sobre o palco. Em diversas outras obras o caráter humorístico/satírico apresenta-se, em maior ou menor intensidade, por vezes entremeado a realizações musicais totalmente tradicionais como um episódio, em contraponto à apresentação de materiais e tratamento formal mais comumente empregado.

Assim como o emprego de elementos teatrais, o uso de novas fontes sonoras foi também um recurso utilizado com certa frequência. Ao alargamento das possibilidades expressivas pela inclusão de procedimentos de outras linguagens e à utilização de aparatos técnicos e tecnológicos correspondeu também uma abertura à utilização de outras fontes de produção sonora simultaneamente ao instrumental tradicional e à voz. Papéis amassados, lâmpadas quebradas, metrônomos, rádios ligados e os ruídos de diversos eletrodomésticos são alguns exemplos de sonoridades não usuais incluídas em diversas peças. Essa liberdade na apropriação musical de objetos tradicionalmente concebidos como não musicais reflete, também, o anseio pela quebra de alguns tabus estabelecidos durante o desenvolvimento da linguagem musical e que determinavam (ou lutavam para determinar) muito estritamente o que seria e o que não seria música, rompendo dicotomias como afinado *versus* desafinado, belo *versus* feio, musical *versus* não musical, música *versus* ruído.[3]

---

[3] Paradoxalmente essa verdadeira revolução estabeleceu também, em alguns momentos, outra dicotomia, bravamente defendida por muitos dos novos compositores. Ao lutar pelo alargamento do conceito de música e pela ampliação de suas possibilidades expressivas, chegou-se muitas vezes a oposições como velho *versus* novo, tradicional *versus* inovador, o que chega a ser compreensível em um contexto de extrema intensidade de mudanças comportamentais, estéticas, sociais e políticas.

Há, ainda, outro elemento importante a ser lembrado quando se fala da utilização de recursos extramusicais. A utilização de tecnologias cada vez mais sofisticadas foi também uma vertente importante dentro desse processo de renovação da linguagem musical. Na verdade, já em 1910 o compositor Alexander Scriabin havia composto uma obra utilizando o que hoje em dia convencionou-se chamar de multimídia: seu *Prometheus – The Poem of Fire* é um dos primeiros exemplos de composição utilizando outras mídias não relacionadas à ópera e ao balé. A partitura pede grande orquestra, coro, piano, órgão e um teclado de luzes, um instrumento não existente com um console de controle luminoso por teclas. Curioso foi também o emprego de notação tradicional para esse instrumento inusitado, em que cada tecla era associada a uma determinada coloração – o compositor determinou explicitamente tons e regiões tonais em associação a cores específicas. Além disso, Scriabin propôs ainda incorporar aos fachos luminosos movimentos por todo o espaço de apresentação e prescreveu a cor e o tipo de vestimenta dos integrantes do coro.

A partir do final da Segunda Grande Guerra, novos aparatos técnicos foram colocados à disposição dos criadores com possibilidades de experimentação cada vez maiores. Em um ritmo crescente, a apropriação do universo expressivo advindo dos equipamentos eletrônicos mostrou-se uma possibilidade real ao longo das quatro últimas décadas. Desde o surgimento do gravador em fita magnética, no final da década de 1930, muitos outros dispositivos despertaram por vezes a curiosidade, por vezes um interesse mais profundo por parte de compositores e intérpretes. Sistemas de gravação, amplificação, manipulação e geração de materiais sonoros multiplicaram-se em número e mais recentemente tiveram sua capacidade de atuação incomensuravelmente ampliada com o emprego de ferramentas computacionais de controle dos eventos sonoros e sua manipulação, além do desenvolvimento de *softwares* específicos para a composição musical. De outra parte, equipamentos visuais como projetores de *slides* e filmes, videocassetes e ultimamente a interface gráfica dos computadores permitiram a expansão de seu uso simultaneamente à emissão sonora.

Como observou José Maria Neves em seu livro *Música contemporânea brasileira*, no âmbito da criação musical eletrônica[4] os compositores brasileiros que, desde meados dos anos 1950, puderam "sair do país e seguir cursos e estágios em centros de pesquisas musicais no exterior", ao regressarem "se viram na impossibilidade de aprofundar as pesquisas iniciadas, ao menos no nível técnico, sendo bem forçados a procurar maneiras de adaptar seu pensamento musical aos recursos materiais disponíveis..." (op. cit., p.160-1). Como é sobejamente conhecido, a defasagem tecnológica presente nas últimas décadas entre os centros de pesquisa em música eletrônica e computacional existentes em países da Europa e nos Estados Unidos e as pesquisas realizadas no Brasil mostrou-se gigantesca. Essa circunstância determinou, por um lado, uma procura sempre intensa por cursos, estágios e outras atividades oferecidas nos centros internacionais de excelência por parte de compositores e estudantes brasileiros; por outro lado, o regresso às condições quase sempre precárias das instituições brasileiras incentivou ainda mais sua criatividade na busca de alternativas não apenas técnicas, mas também estéticas, pela impossibilidade de usufruir dos mesmos recursos tecnológicos.

Hoje em dia, o acesso às ferramentas computacionais para gravação e manipulação de materiais e aos diversos *softwares* de notação, sequenciamento e composição encontra-se muito mais franqueado, sendo relativamente muito mais fácil e economicamente viável a gravação e a confecção de um lote de CDs do que há 15 ou vinte anos o lançamento de um LP em vinil de forma independente. Se, naquela época, os recursos tecnológicos se encontravam menos acessíveis, com certeza o impacto de sua influência sobre a produção musical brasileira fez-se sentir de outra forma. Um novo repertório de procedimentos composicionais e estruturais passava a integrar o universo de possibilidades criativas, mesmo que não expressas pelos meios técnicos mais sofisticados. Ainda citando Neves, "o vasto material

---

4 É considerada aqui não apenas a produção artística realizada por meio de equipamentos de gravação e manipulação de materiais gravados, mas também com o uso de geradores de sinais e, a partir do final dos anos 1970, dos sintetizadores e dos primeiros programas de composição via computadores.

sonoro que vinha enriquecer-lhes o vocabulário dirigia seus esforços para a construção de uma nova sintaxe musical" (idem, p.160).

No que se refere à produção musical brasileira, as características peculiares em sua concepção diferem das da produção europeia que serviu como parte das referências conceituais em seu desenvolvimento no Brasil.[5] A liberalidade na escolha dos procedimentos, a desobrigação de seguir todos os preceitos desta ou daquela corrente e a utilização desses elementos em peças juntamente a realizações totalmente tradicionais conferem a essa produção um caráter híbrido – o que, por seu turno, torna ainda mais pertinente sua qualificação como parte da produção de música informal brasileira.

A incidência da informalidade pela adoção de princípios composicionais e de realização aleatórios ou de estéticas indeterministas

Processos de indeterminância (209 obras)
Exploração e proposição de técnicas estendidas (131 obras)
Processos de improvisação (45 obras)
Peças com estrutura aberta ou livre (12 obras)
Peças com estrutura modular (14 obras)
Peças de criação coletiva (uma obra)

A utilização do acaso e a abertura à participação do(s) intérprete(s) por meio da liberdade de escolha na concepção, organização e realização musicais é talvez um dos procedimentos mais inovadores para o desenvolvimento da linguagem musical do ocidente no século XX. Porém, desde há muito a interpretação de uma obra musical comporta uma participação intensa e ativa do intérprete, notadamente na forma de improvisação: muito antes de ser reconhecido como grande compositor, J. S. Bach era um afamado improvisador ao órgão. Assim também, Mozart chegava a improvisar durante uma hora ao teclado. As cadências no trecho final de alguns movimentos de concertos

---

5 Ver capítulo 1.

para diversos instrumentos constituíam-se originalmente na livre expressão, por parte do intérprete, de uma "opinião musical", uma contribuição quase sempre virtuosística à composição de que se fazia portador. Também no *jazz* a improvisação é um dos elementos constitutivos mais importantes, caracterizador mesmo desse estilo.

Há ainda notícia de jogos musicais publicados em fins do século XVIII que poderiam ser organizados livremente a partir de um jogo de dados gerando pequenas e simples peças. Alguns deles foram atribuídos a Haydn e Mozart, e eram vistos como simples passatempo, sem maiores consequências ou qualquer real importância musical.

No entanto, todos esses exemplos referem-se a um idioma musical específico no âmbito da tonalidade (mesmo considerando a ampliação do conceito presente em algumas correntes jazzísticas), e no caso dos jogos musicais do século XVIII, seu objetivo parece ter sido a mera distração, como uma curiosidade. O que se observa na concepção musical de vanguarda a partir da década de 1950 é o fato de que, *a priori*, não há como prever, ainda que vagamente, o resultado sonoro: a música não obedece mais às mais tradicionais regras, quer gramaticais, quer sintáticas, e sua função passa a ser também questionada. Não se trata mais de utilizar elementos estruturantes como sequências harmônicas, transformação de melodias e estilo *fugato*. De certo momento em diante, cada vez menos se tem ideia do que se ouvirá – e, em se tratando de Cage, se é que ouvirá algo...

Segundo Paul Griffths:

> A introdução do acaso em uma obra de arte mina a noção de que a criação requer, a cada momento e em todos os níveis, uma escolha definitiva por parte do artista. Uma implicação do poema *Un coup de dès*, de Mallarmé – uma obra que teve uma grande influência sobre os compositores de orientação aleatória na Europa – é que cada decisão criativa gera uma multiplicidade de continuações possíveis [...] em geral uma obra de arte ocidental, até a metade do século XX, supunha a existência de uma identidade ideal e, no caso das artes performáticas, uma *performance* deveria ser julgada pela extensão com que ela conseguisse manter a correspondência entre si e essa identidade. (op. cit., p.242)

As variadas possibilidades quanto à presença desses elementos foram organizadas em algumas subcategorias, fazendo referência à sua incidência: a) na estruturação formal das peças (estruturas livres ou modulares, ou mesmo de criação coletiva); b) em sua realização, com a presença de processos de indeterminância ou de improvisação; c) também pela exploração tímbrica e proposições de técnicas estendidas (vocais e instrumentais).

Cabe aqui uma distinção entre processos de indeterminância, presentes em muitas das peças constantes do catálogo (mais precisamente em 219, ou 88% das peças catalogadas), e processos de improvisação, utilizados em número significativamente menor de peças (em 48 peças, ou cerca de 19% do total – ressalte-se que, em algumas peças, ambos procedimentos são encontrados). Como processos de indeterminância foram consideradas as ações decorrentes de notações que abrigam significativo grau de variabilidade em sua leitura, gerando resultados sonoros não controlados antecipadamente (as instruções e os roteiros verbais estão aqui incluídos); uma vez "decifrada" a notação, o resultado – então já conhecido – poderá ser fixado ou não, dependendo da vontade do compositor ou (muitas vezes) do intérprete. Nos processos de improvisação, a ideia é que a música esteja sempre em transformação: a cada realização, um novo resultado é alcançado, a partir da existência ou da ausência de instruções para sua realização ou de material de base sobre o qual improvisar. A peça será sempre recriada, a cada vez, pelos intérpretes, em uma composição imediata e em tempo real.

O compositor americano Charles Ives foi o primeiro compositor a utilizar, de forma mais significativa, procedimentos caracterizados como aleatórios em suas composições incentivando a atuação criativa dos intérpretes por meio de novas notações que, por sua enorme complexidade e dificuldade na leitura, sutilmente os levavam a encontrar soluções pessoais para sua realização. Sob sua influência, Henry Cowell também realizou experiências nas quais o controle do resultado sonoro não era mais prerrogativa única do compositor, transferindo-a em parte para o intérprete: em seu *Quarteto de cordas nº 3 "Mosaic"* (1934), os executantes podem montar a sequência musical a partir de fragmentos dados.

Porém, quando se aborda a questão da incidência do acaso e da presença da aleatoriedade em música, sem dúvida a figura mais importante é a de John Cage. Aluno irregular de Cowell, ele iniciou com suas *chance operations* uma série de composições em que a aleatoriedade age intensamente. Em *Music of changes* (1951) para piano, as alturas, durações e mudanças tímbricas são determinadas pelo sorteio de cartas do *I-Ching*; *Music for piano* (1952), por sua vez, é composta somente de semibreves, cabendo ao executante a organização rítmica; com *4'33"* (1952) para qualquer instrumento ou grupo de instrumentos, Cage vai bem mais longe: a resultante sonora é única em cada apresentação por conta da atuação do público – que se transforma, involuntariamente, em seu verdadeiro intérprete!

Se nos Estados Unidos Cage e outros compositores a ele ligados promoviam uma verdadeira revolução musical, até a primeira metade dos anos 1950 na Europa as manifestações nessa direção mostraram-se mais modestas. Em 1956-7, dois dos mais representativos jovens compositores europeus, Boulez e Stockhausen, iniciaram experimentos na transferência ao intérprete do controle sobre sua criação. Porém nem Stockhausen, com *Klavierstück IX* (1956), e muito menos Boulez, com a *Terceira sonata* (1956/7), chegaram perto de onde Cage já havia ido com *4'33"*, uma proposta de quatro anos antes. Essas peças permitem ao executante não mais que uma limitada liberdade na ordenação de seções já anteriormente compostas. Ao final da década de 1950 e durante a de 1960, esses e outros compositores europeus desenvolveram, então, novas experiências que, se não se caracterizaram pela agressividade e contundência de certas obras de Cage, foram certamente responsáveis pelo estabelecimento de novas vertentes do pensamento musical de vanguarda nas últimas décadas.[6]

---

6 Porém, ele mesmo complementa: "A música aleatória na Europa pode, em geral, ser considerada como uma questão de escolha mais do que de acaso, e as mais significativas escolhas têm permanecido usualmente com o compositor, quer ele as exerça na notação de uma partitura quer na direção de uma interpretação. Em ambos os casos, o critério para julgamento do resultado como uma obra de arte é escassamente alterado". Do verbete *Aleatory*, op.cit., v.I, p.242. Tradução de minha autoria.

Seria demasiadamente simplista propor aqui uma oposição maniqueísta entre o serialismo integral e o informalismo musical. São obviamente duas correntes muito distintas, porém com alguns pontos de contato. Curiosamente, da busca pelo controle total dos processos composicionais presente no serialismo integral surgiu também a consciência da real impossibilidade de sua obtenção. A partir do estabelecimento de complexas formas de organização, o compositor chegava a abdicar de uma parcela significativa de sua autodeterminação sobre a estruturação das obras. "A partir do momento em que uma parte tão importante da composição dependia da manipulação numérica, o compositor perdia o controle dos detalhes de sua criação." (Griffiths, 1987, p.159) Além disso, o caráter de permutabilidade presente no universo serial foi também um fator que estimulou o surgimento das formas permutáveis. É também interessante lembrar que diversas peças de György Ligeti, como *Apparitions* (1958-9) e *Atmosphères* (1961), que apresentam uma escrita extremamente meticulosa e definida, ao mesmo tempo influenciaram o surgimento da ideia de massa sonora tão presente em inúmeras composições de caráter aleatório.

Também a música eletrônica mostrou-se suscetível à incidência do acaso em sua concepção. Com os equipamentos disponíveis à época, era impossível definir com precisão todos os componentes de sons mais complexos, mantendo uma faixa de incertezas em suas diversas formas de manipulação. Durante a década de 1960, surgiram peças que incluíram deliberadamente a aleatoriedade por meio da veiculação da fita magnética juntamente com a execução ao vivo.

Como já foi explanado no capítulo 1, os jovens compositores brasileiros que tiveram contato com as ideias de Cage nos cursos de Darmstadt em 1962 retornaram profundamente impressionados e dispostos a levar adiante novas experiências.[7] Gilberto Mendes, em seu livro *Uma odisseia musical – dos mares do sul à elegância pop-art-déco*, diz que: "De volta ao Brasil, sintetizou-se clara em minha cabeça, como fruto de meditação sobre as contradições

---

7 Nesse ano, participaram dos cursos de Darmstadt Gilberto Mendes, Willy Correa de Oliveira e Rogério Duprat.

observadas,[8] a ideia de que precisava construir a minha linguagem musical particular, e não seguir as linguagens dos outros, sobretudo do Velho Mundo".

A consciência de que todas essas novidades deveriam servir à transformação de uma realidade particular brasileira parece bem clara: "A lição da vanguarda foi aprendida, mas a aplicação deveria levar em conta o homem novo que éramos..." (Mendes, 1994, p.71).

Por conta dessa influência direta, e por conta da disseminação dessas informações a mais de uma geração de novos estudantes, principalmente durante as décadas de 1960 e 1970, a produção musical contemporânea brasileira fez uso constante de elementos de execução aleatórios e de princípios indeterministas. Propostas de improvisação, notações abertas com possibilidades várias de realização, estruturas abertas e mobilidade formal foram alguns dos procedimentos mais utilizados.

Além disso, esteve sempre presente também a exploração de sonoridades não usuais, quer seja por meio de novas fontes sonoras, quer seja pela transformação sonora dos instrumentos tradicionais seguindo a linha de Cage no que refere à "preparação" e adequação dos instrumentos tradicionais a essa nova demanda. Assim, o intérprete deveria não apenas decidir sobre o resultado sonoro mais pertinente à proposta do compositor, como também manipular seu instrumento ou sua voz de uma forma nova, estendendo e ampliando sua técnica a fim de alcançar sonoridades que não seriam possíveis de forma tradicional. Novamente, seu papel sofre transformações, solicitando também uma transformação pessoal. Se a habilidade técnica desenvolvida ao longo de anos de árduos estudos já não era mais suficiente, e o terreno já não se mostrava mais tão firme e seguro, o caráter explorador e muitas vezes aventureiro era agora um dos pré-requisitos: não se contentando com o estabelecido, era preciso buscar – por vezes por sua conta e risco – novas formas expressivas e um repertório cada vez mais amplo e diversificado de referências para sua atuação artística.

---

8 Mendes refere-se aqui à sua expectativa de obter, em Darmstadt, orientações seriais diretamente de seus maiores criadores, de forma alguma prevendo a brutal reviravolta provocada por Cage dois anos antes.

A incidência da informalidade pela utilização de notações não convencionais

Grafismos (6 obras)
Elementos iconográficos (10 obras)
Elementos plásticos/estimulativos (4 obras)
Elementos simbólicos (75 obras)
Elementos esquemáticos (33 obras)
Elementos gráficos (102 obras)
Notação verbal, com as seguintes subdivisões:
　Roteiro verbal (34 obras)
　Instruções verbais (44 obras)
　Verbal estimulativa (12 obras)

O conceito de notação pode ser tradicionalmente determinado como uma analogia visual de um acontecimento sonoro, seja para representar um som ouvido ou imaginado (descritiva), seja para fornecer informações sobre como realizar um determinado som (prescritiva).[9] Ao longo da história da música ocidental, os sistemas de notação desenvolveram-se paralelamente às transformações ocorridas nas variadas formas de manipulação dos materiais musicais. Seu objetivo mais expresso é garantir a comunicação de conteúdos relacionados à produção sonora e, na música tradicional, garantir também a perfeita correlação entre o que foi pensado/composto e o será, por seu intermédio, novamente realizado.

Alguns sistemas de notação foram organizados de modo a fornecer todas as informações necessárias à realização musical. Outros, ao contrário, instruíam de forma incompleta, principalmente para os não iniciados em seus segredos: ao mesmo tempo em que as informações omitidas não eram mais necessárias aos iniciados também garantiam o sigilo em torno de seu domínio. Sistemas de notação escrita são característicos de classes sociais literárias – na música ocidental, o sur-

---

9 Cf. Bent, 1980, p.333-4. A qualificação de "descritiva" e "prescritiva" foi proposta por Charles Seeger, citado por Zampronha, 1998, p.43.

gimento da notação neumática do cantochão ocorreu em mosteiros e abadias em um momento histórico em que praticamente toda a classe nobre era absolutamente analfabeta. Além disso, seu direcionamento é condicionado ao contexto histórico e social ao qual são subjacentes. Enquanto na música ocidental o gênero vocal foi o primeiro a ter uma notação, na Grécia e no Egito antigo foi a música instrumental.

A notação normalmente utilizada na música ocidental nos séculos XIX e XX não sofreu nenhuma alteração significativa e, mesmo conservando o objetivo de transmitir o mais fielmente possível todas as informações referentes a um som musical, comporta ainda algum nível de variabilidade em sua decodificação. A execução de trechos em diversos andamentos possíveis, a proporcionalidade de suas alterações como os *rubato, rallentando, affrettando* e os muitos acentos possíveis de conferir a uma ou muitas notas constituem-se em elementos interpretativos que, junto a outros, conferem individualidade a uma ou outra realização da mesma peça.

No século XX, a utilização da notação tradicional mostrou-se suficiente para muitos dos estilos musicais e técnicas composicionais surgidas. Quando se trata da incidência da aleatoriedade no discurso musical, entretanto, sua limitação revela-se de grandes proporções. Além da necessidade de utilizar novos elementos visuais que correspondessem aos novos procedimentos composicionais e técnicos de forma mais adequada, o surgimento de novas notações obedeceu também a preceitos estético-filosóficos que pregavam uma nova música para um mundo novo, com forma e notação também inéditas.

Deve-se entretanto lembrar aqui que, por si, a aleatoriedade não precisa necessariamente de algum tipo específico de notação indeterminada: até mesmo utilizando a notação tradicional sua maneira de aplicação pode ser indeterminada. O compositor pode propor novas interpretações de símbolos convencionais, especificando aspectos sonoros apenas em termos relativos. Porém, disso decorrem duas consequências: primeiro, há que se ter presente alguma instrução que esclareça o intérprete na nova modalidade de leitura dos símbolos tradicionais (o que por si só já determina a utilização de uma notação verbal não tradicional...) e, segundo, a atribuição de novos significados sonoros a elementos gráficos tradicionais também configura uma transformação da notação tradicional, subvertendo um de seus princípios básicos que é a manutenção clara e precisa de suas correspondências entre elementos visuais e sonoros. Para exemplificar, foi selecionada uma peça constante do catálogo (capítulo 3): um "ciclo" da peça *Fichas*, de José Luiz Martinez, ilustra bem a questão (figura 3). Antes da apresentação do material visual, há quatro páginas de instruções para leitura e montagem, além de um esquema para a montagem de cada trecho, com todos os dispositivos necessários à sua realização.

Figura 3 – Uma seção da peça *Fichas* (1984), de José Luiz Martinez (reprodução)

À multiplicidade de correntes musicais surgidas a partir da década de 1950 correspondeu também uma série de novas propostas notacionais. Algumas delas foram influenciadas também pelas artes visuais que, naquele período, encontravam-se também em verdadeira revolução, com as atuações de artistas como Andy Warhol (transformando as imagens da propaganda e das grandes celebridades em imagens artísticas) e Jackson Pollock (com sua *action painting*, próxima à ideia de *happening*). Muitos compositores introduziram novos elementos visuais abandonando os tradicionais por gráficos, textos, figuras, desenhos e outros, com variações em sua organização visual, seu significado e também modo de leitura. A organização visual em dois eixos de coordenadas (tempo x alturas) é um dos princípios da notação tradicional e permaneceu válida para diversos compositores contemporâneos que também se utilizaram de elementos aleatórios ou mesmo apenas deles, variando o grau de acuidade na determinação – ou indeterminação, no caso – dos dois parâmetros. A aleatoriedade, assim, pode agir de duas formas distintas: sobre o próprio material, fazendo com que cada evento sonoro tenha inúmeras possibilidades de realização, e sobre a organização do material, ordenando ou desordenando as relações entre cada evento ou grupo de eventos (que, por sua vez, podem ser ou não determinados).

A escolha pelo sistema de coordenadas, apesar de muitas vezes presente em diversas obras de caráter aleatório, foi também um dos elementos que sofreram maiores transformações nos experimentos notacionais das últimas décadas. Propostas de espacialização da leitura, sem qualquer indicação de ponto inicial ou final ou um sentido a ser observado resultaram em partituras como *Fontana mix* (1958), de Cage (figura 4), na verdade uma superposição de lâminas transparentes com diversos tipos de organizações gráficas sem qualquer correspondência com elementos tradicionais, e também sem qualquer indicação de sentido de leitura.

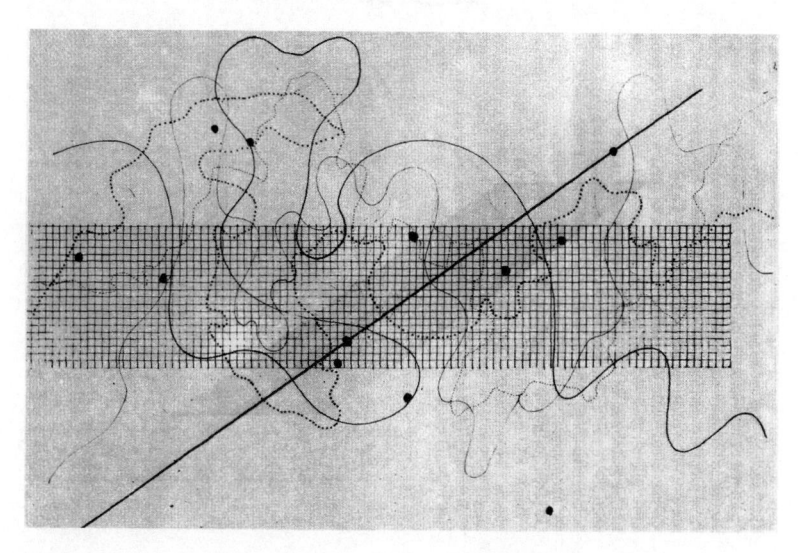

Figura 4 – Notação gráfica presente em *Fontana mix* (1958), de John Cage (reprodução)

Há ainda outra possibilidade na forma de decodificação do material visual oferecido pelo compositor ao intérprete para a realização musical. Servindo-se de textos ou figuras, o autor apresenta uma notação de caráter estimulativo, sem ensejar qualquer relação direta entre sua organização visual e o resultado sonoro. A partir dela o executante deverá estabelecer relações entre os estímulos recebidos e sua memória musical, evocando por meio das imagens ou textos uma dada realização. A interpretação torna-se intensamente subjetiva e dependente não apenas da individualidade de cada intérprete, mas até mesmo de seu estado emocional (figura 5).

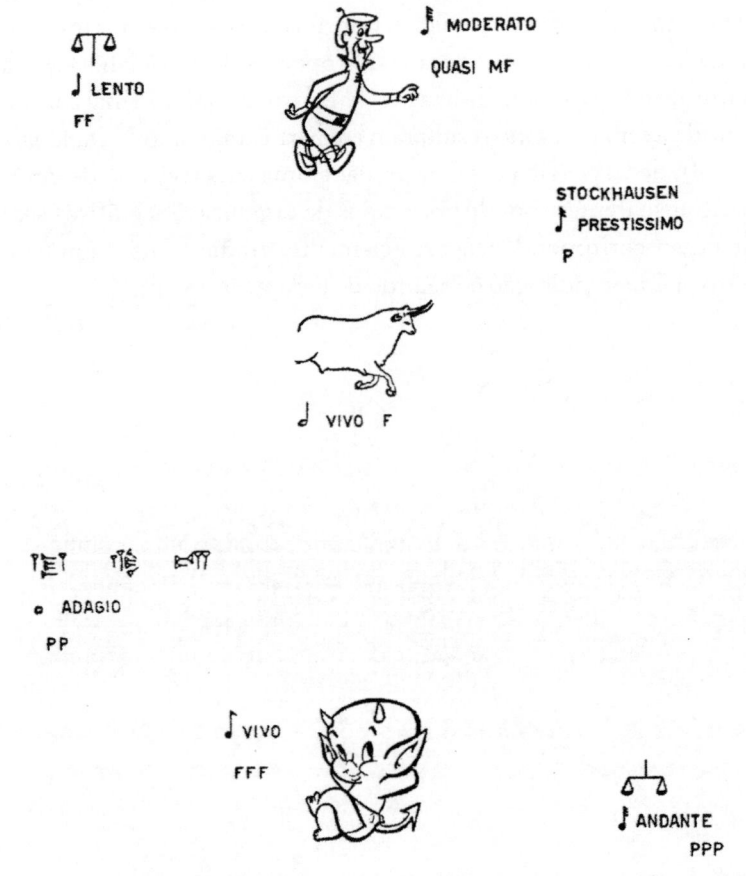

Figura 5 – Trecho da peça *Ouviver a música*, de Willy Correa de Oliveira (reprodução)

Segundo Ivanka Stoïanova, as pesquisas que resultaram na criação de novos parâmetros sonoros a partir da exploração instrumental e da manipulação eletroacústica do som determinaram também novos padrões notacionais com suas funções por vezes também alteradas. Permanecendo como mediador entre o compositor e o intérprete, a notação passa também a ser um ponto de partida, incitando a invenção dos eventos sonoros que constituirão o enunciado. Dessa forma, a notação deixa de ser apenas uma representação visual de um dado som ou da forma como obtê-lo, passando a ser corresponsável na criação de novos materiais (1978, p.80-97). Na música eletroacústica, Stoïanova classifica os vários tipos de notação existentes de acordo com sua função: a) partitura de realização, que fixa os resultados definitivos e uma produção sonora especificando grandezas frequenciais e sua organização, assim como os procedimentos precisos de trabalho em estúdio e a aparelhagem utilizada visando garantir novas realizações em fita magnética ou outro suporte; b) partitura de execução, que visa à sincronização da parte eletrônica com os outros instrumentistas por meio de uma apresentação gráfica mais esquemática; c) partitura de escuta, destinada apenas à audição/leitura/acompanhamento, procurando a transposição equivalente do enunciado em apresentação gráfica ou pictórica.

Diversos autores debruçaram-se sobre a questão da classificação da notação contemporânea, estabelecendo categorias a partir de enfoques funcionais, visuais e semiológicos. Serão apresentados a seguir os elementos informais referentes à notação, levantados a partir da análise de incidência no conjunto das obras pesquisadas. Os critérios para seu estabelecimento basearam-se tanto em sua função (elementos visuais estimulativos, por exemplo) quanto em sua caracterização visual (grafismos, por exemplo), prevalecendo a denominação que mais claramente exprimisse sua condição de utilização. Como em outros aspectos dessa produção (procedimentos composicionais aleatórios, utilização de recursos extramusicais), é frequente a presença de elementos informais de categorias diferentes em uma mesma obra, assim como a presença de elementos notacionais de diferentes naturezas, mesclando a notação tradicional com outros elementos informais ou estes entre si. Poucas peças apresentam um único tipo de notação.

Outra observação diz respeito ao conjunto de símbolos já convencionalmente utilizados na música contemporânea que, contudo, não comportam variabilidade suficiente em sua execução para ser incluídos como elementos informais. Assim, indicações de quartos de tom acima e abaixo, indicações de *acelerandos* e *rallentandos*, *clusters* com ritmos e amplitude definidos, sons harmônicos notados e obtidos de forma convencional e alguns outros procedimentos não serão contemplados nesta relação das possibilidades notacionais localizadas e sistematizadas apresentada abaixo.

a) *Grafismos*. No *Dicionário Aurélio*, refere-se ao modo de escrever peculiar de um indivíduo, ou o modo de escrever as palavras em uma determinada língua. Neste livro o termo será aplicado às explorações e manipulações visuais de letras e palavras que procuram, por sua variação no aspecto gráfico, induzir à variação sonora correspondente. (figura 6).

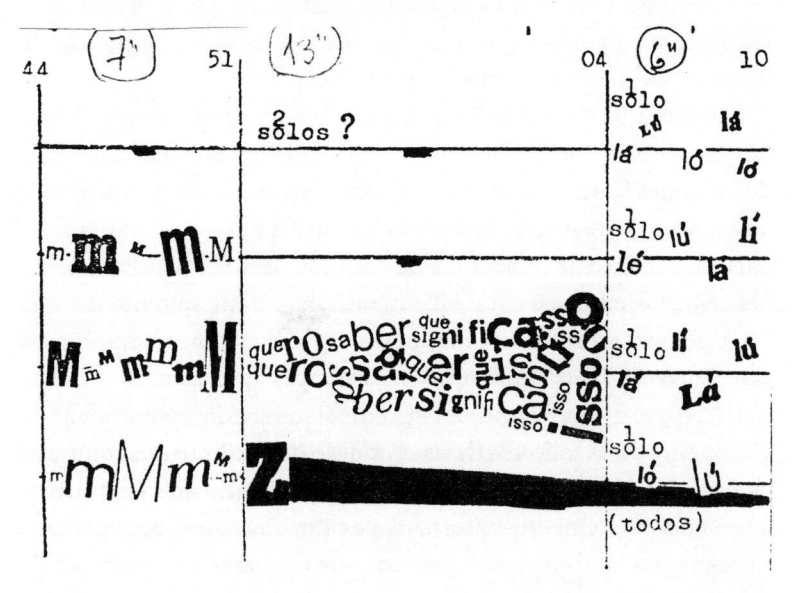

Figura 6 – Trecho da peça Ruidismo dos pobres (s.d.), de Damiano Cozzella (reprodução)

b) *Elementos iconográficos.* Desenhos que mostram diretamente, em sua visualização, como realizar um determinado som ou como um determinado procedimento deverá soar. Uma figura de uma mão frente à boca, ou dos lábios em determinado formato, por exemplo. (figura 7).

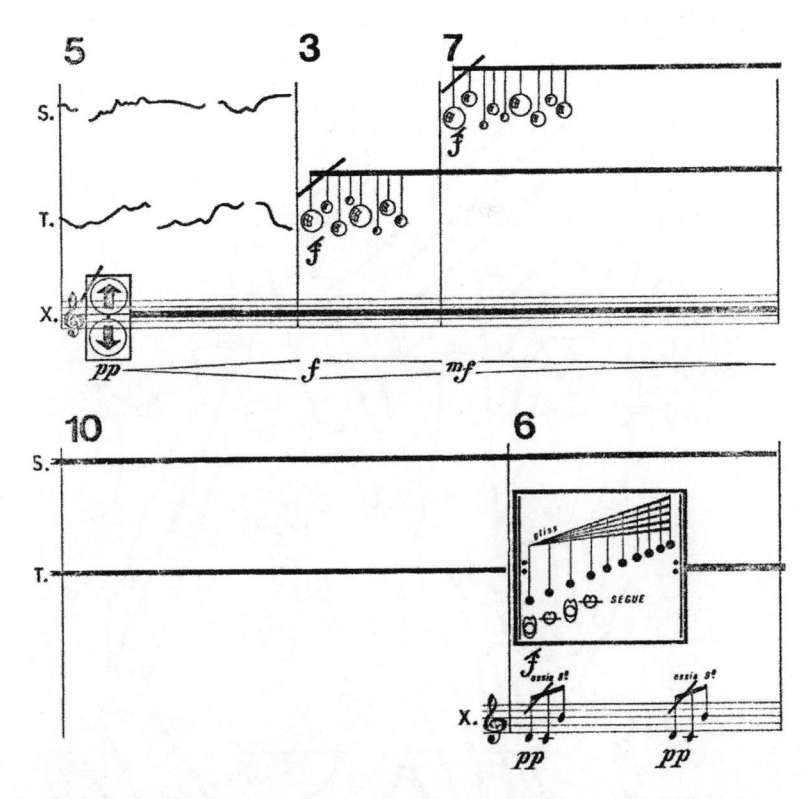

Figura 7 – Elementos visuais presentes na peça Mascara-bes-cos, de Jorge Antunes (reprodução)

c) *Elementos plástico/estimulativos.* Como já foi explicado anteriormente, trata-se de um recurso visual que não pretende estabelecer uma relação direta entre a proporcionalidade de suas formas e linhas com uma resultante sonora. Antes, busca sensibilizar o intérprete para que este, a partir do estímulo, realize sonoramente a correspondência que lhe aprouver. (figura 8).

Figura 8 – Trecho da peça *Fichas* (s.d.), de José Luiz Martinez (reprodução)

d) *Elementos simbólicos*. Sinais gráficos que não contenham, por sua configuração visual, informações sobre como deverá ser seu resultado sonoro. Esta determinação parte do autor, que atribui ao sinal uma correspondente sonora. Ocorre muitas vezes também que esse sinal marque o início de determinado procedimento ou a inserção de determinado material (figura 9).

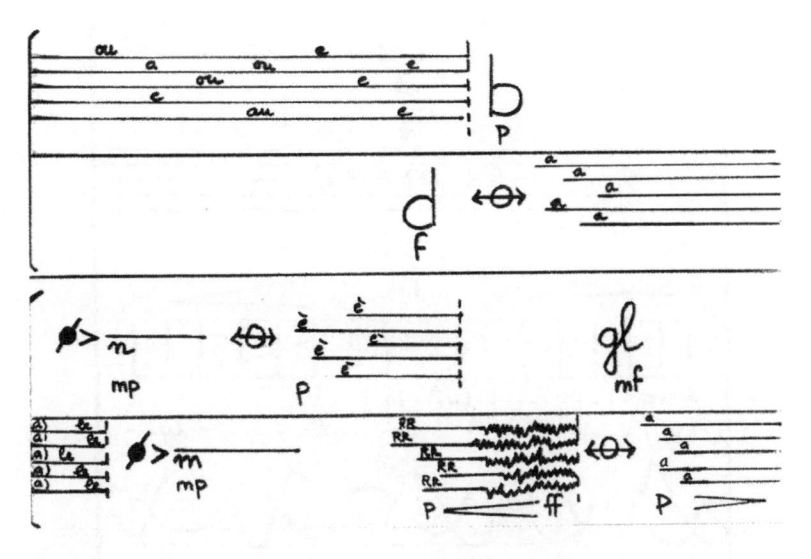

Figura 9 – Trecho de uma das *Dez minipeças*, para coro infantil, de Victor Flusser (reprodução)

e) *Elementos esquemáticos*. Organizações visuais que demonstrem como partes de uma peça ou agrupamentos sonoros em determinado trecho se relacionam entre si, delimitando sua ordem de realização (mesmo que apenas aproximada), simultaneidade, interdependência ou outras formas de agenciamento (figura 10).

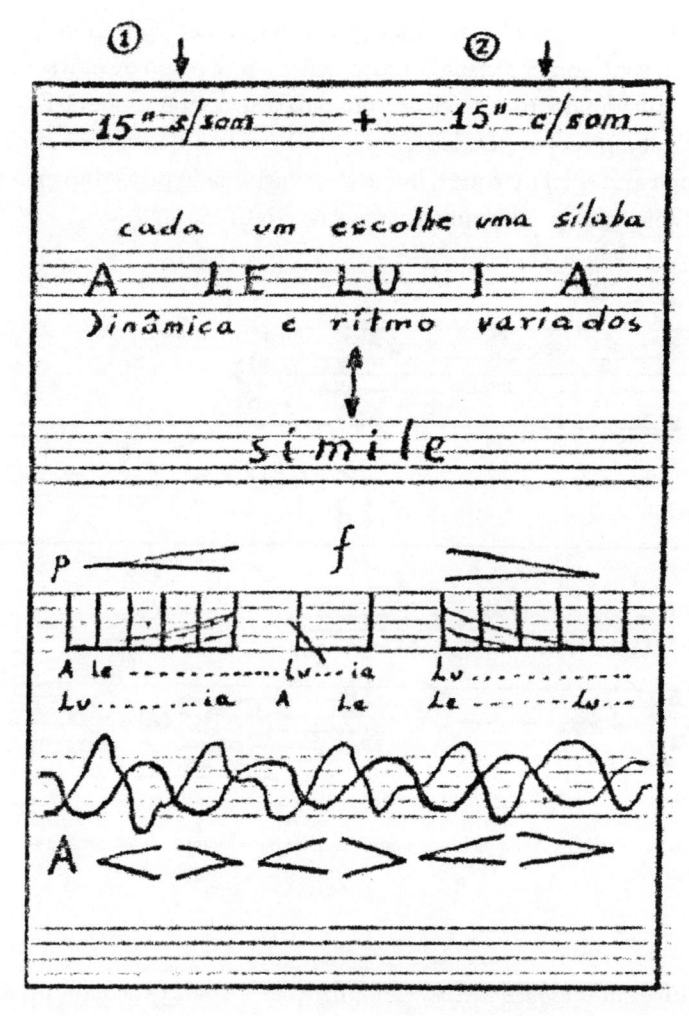

Figura 10 – Trecho (manuscrito) da peça *Aleluia*, de Lindenbergue Cardoso (reprodução).

f) *Elementos gráficos*. Trata-se da exploração das possibilidades notacionais do sistema de coordenadas em dois eixos (geralmente, alturas x tempo). Mesmo que relativizada em algumas de suas variáveis (campos de alturas ou marcações temporais aproximadas), a distribuição visual dos elementos neste sistema fornece informações sobre diversas das suas características (figura 11).

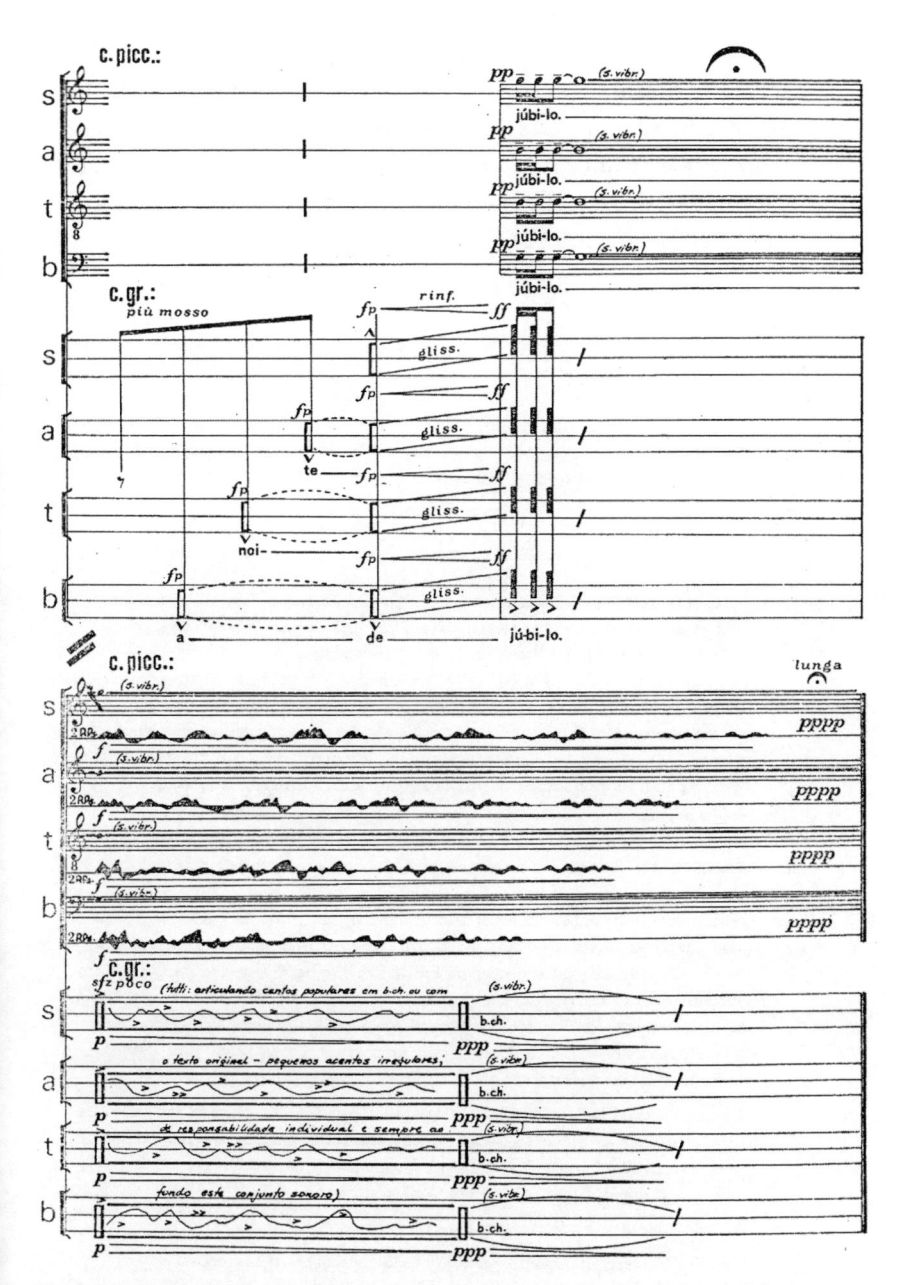

Figura 11 – Trecho da peça *Dois contornos sonoros* (1979), de Aylton Escobar, para dois coros (reprodução)

g) *Notação verbal/roteiro verbal*. Sob forma de texto, o autor instrui o(s) intérprete(s) sobre a estrutura da peça, a sequência de acontecimentos, a realização dos diversos procedimentos solicitados. Pode incluir ainda uma descrição das ações cênicas a serem executadas, seu encadeamento e outros dados necessários à sua interpretação (figura 12).

573
897

GILBERTO MENDES

DER KUSS - homenagem a Gustav Klimt
composta em maio de 1976

Cenário: um portal de folhas e flores, tendo ao centro um banco "art nouveau"; um espaço em branco acima do banco, para a projeção de um "slide" contendo a reprodução do quadro "Der Kuss", de Gustav Klimt.

Ação: entram em cena um homem e uma mulher, jovens e belos, nus ou quase nus, e se colocam um à direita, o outro à esquerda do portal; permanecem nessa posição, segurando, um com a mão esquerda, o outro com a mão direita, instrumentos de percussão, a escolher (pandeiro, maracas, reco-reco, crótalos, etc.)
entram em cena outro homem e outra mulher, também jovens e belos, vestidos à moda "belle époque"; o homem conduz delicadamente a mulher para o banco, onde os dois se sentam
o homem beija a mulher na boca; microfones captam todos os ruídos do beijo (esses ruídos devem ser trabalhados pelo homem e pela mulher com estalidos de superfície, estalidos dentro da boca, etc.) e os transmitem, amplificados através de dois canais, um para cada alto-falante, em cada lado do auditório simultaneamente com o ruído dos beijos são ouvidas as percussões, que procuram imitar os ritmos dos beijos. Jogar o som de um canal para outro, trabalhar dinâmica, etc.
4 vezes o homem beija a mulher, em poses diferentes; as 4 poses são cortadas por 3 momentos em silêncio e imobilidade absolutos de toda a cena, quando são "pontilhadas" projeções do "slide" contendo a reprodução de "Der Kuss", rápida e aperiodicamente, como que subliminarmente
os dois casais saem de cena em sereno cortejo
Duração: o tempo necessário para que tudo ocorra tranqüilamente.

Figura 12 – Roteiro verbal da peça *Der Kuss* (1976), de Gilberto Mendes (reprodução)

h) *Notação verbal/instruções verbais.* Também em forma textual, o autor explicita como realizar um ou mais procedimentos, solicita sua realização, ou ainda explica a significação de um ou mais elementos visuais presentes na obra, complementando as informações veiculadas diretamente pela partitura (figura 13).

VAI E VEM   INSTRUÇÕES :

A partitura em forma de grafico representa lo blocos sonoros constituidos por 15 acontecimentos musicais que se desenvolvem em meio a decrescendos e crescendos dos acordes de um coral misto. Um dos acontecimentos - ritmo gravado em fita magnetica - precede o bloco I e soa continuamente, inclusive entre os outros blocos e depois do ultimo, terminando a musica. Este fluxo constante de sons é interrompido somente nos pontos cortados pelas flechas, cujas letras indicam as partituras extras em notação tradicional - que então devem ser executadas.

Realizar os acontecimentos musicais em qualquer altura (tanto melhor quanto mais em dissonancia microtonal com o acorde coral), dentro da tessitura normal, pessoal de cada cantor ou da tessitura media melhor para o conjunto vocal executante.

Os acontecimentos musicais obedecem à dinamica do acorde coral em crescendo ou decrescendo, conforme o momento em que eles se situam. Excepcionalmente sobressaem, nos pontos indicados.

Alguns acontecimentos musicais são divididos em duas seções, indicadas na partitura por duas chaves sobre as notas: no grafico, a 1a. secção é representada pelo espaço cheio, a 2a. secção pelo espaço pontilhado.

Uma simultaneidade vertical de meios espaços cheios equivale a um rapido acorde de acontecimentos musicais, sempre em "ff".

Os acontecimentos musicais escritos em notação tradicional sempre na clave de Sol - estão numerados de 1 a 15 e registrados nos espaços igualmente numerados no grafico, contados de cima para baixo.

1 - Voz feminina, legato. Sobressair no final do bloco I e inicio do bloco II, em "mf". Entoar cada nota (frações de tom) foram da altura indicada, "desafinadamente".

2 - Voz masculina, como numa brincadeira de criança, imitando um trem. Sobressair no bloco VI, em "f".

3 - Flauta block soprano. Sobressair sempre em "f". Homenagem ao compositor Jones, da Renascença inglesa.

4 - Igual ao acontecimento nº 2, reforçando-o.

5 - 2 ou 3 vozes femininas, legato, flutuante, à maneira medieval. Sobressair no bloco VII, em "f".

6 - Imitar um apito de trem, vocal ou instrumentalmente.

7 - Voz masculina. 1a. chave: gritado, assustado, sempre em "f". 2a. chave: aspero, arrastado, com raiva, sempre de "mf" a "f".

8 - Toca-disco. Colocar a agulha sempre a partir da apresentação dos temas da grande fuga final da Sinfonia nº 41 (Jupiter) de Mozart. Sobressair no final do bloco V, em "f".

9 - Voz feminina, a mais meiga possivel, em tom amoroso, suplicante, ressentido. Sobressair sempre, entre "p" e "mf".

10 - Melodia assobiada, legato. Sobressair sempre em "f". Homenagem a Webern e a Raul Roulien.

11 - 3 sopranos cantam à maneira dos musicais da decada de 30, bem ritmado. Sobressair no inicio do bloco II, em "f".

12 - Voz masculina, exagerada, com portamentos e ornamentos. Sobressair no bloco IV, em "f". Homenagem a José Lino Grunewald.

13 - Voz masculina, como um "speaker" irradiando os passes entre jogadores de futebol até um "goal", em grande glissando.

Figura 13 – Parte das instruções constantes na peça *Vai e vem* (1969), de Gilberto Mendes (reprodução)

i) *Notação verbal/poética-estimulativa.* Por meio de um texto de caráter poético (obedecendo ou não a algum tipo de estruturação formal) o autor busca sensibilizar o(s) intérprete(s) para, a partir do estímulo, executar livremente um trecho ou, por vezes, toda a peça. Outra possibilidade é que o próprio conteúdo semântico do texto indique não apenas o caráter musical de sua interpretação, mas também determine a própria realização pelo estabelecimento de analogias livres

```
fungar                              bufar
gralhar              ∞              coaxar
gargulhar            o              grasnar
grugulejar           l              ganir
regougar             o              grunhir
ronronar             n              gemer
rosnar               o              vagir
relinchar            o              carpir
guinchar             c              BALIR
piar                 e              latir
pipilar                              rir
ciciar
```

Figura 14 – Trecho da peça *Estudo n.2* (1978), para vozes, de Rodolfo Coelho de Souza (reprodução)

Parte 2

PARTE 2

3
CATÁLOGO DA MÚSICA INFORMAL BRASILEIRA: CATEGORIA VOCAL

AGUIAR, Ernani

1. Plangi Quasi Virgo (s. l., s. d.)
MEIO EXPRESSIVO: coro misto a quatro vozes (SCTB)
EDIÇÃO: manuscrito (cinco páginas – uma página com bula)
LOCAL DE OBTENÇÃO: Fonoteca da ECA-USP (cód. 1.629)

Nesta peça não há propriamente linhas melódicas, mas sim sequências de *clusters*, além de trechos falados nos quais só o ritmo está grafado. Para a determinação de alturas o autor sugere (em ambas as situações) utilizar o pentagrama como um "gráfico imaginário". Há também um trecho a ser falado aleatoriamente em *tutti*, e o uso de alguns efeitos vocais (glissandos em *clusters*, trecho realizado afonicamente). A notação usada é preponderantemente a tradicional, com elementos simbólicos.

Obs.: com algumas variações, o autor utiliza esse mesmo material em outras duas peças: *O Sacrum Convivium* e *Quatro provérbios*, este um grupo de três peças da mesma natureza (texto sacro em latim).

2. O Sacrum Convivium (s. l., s. d.)
MEIO EXPRESSIVO: tenor solo e coro misto a quatro vozes (SCTB)

Edição: manuscrito (oito páginas)
Local de obtenção: Fonoteca da ECA-USP (cód. 268)

O autor utiliza *clusters* (em sequências e/ou em glissandos), sons sustentados, sons consonantais, alturas relativas, sons aspirados, palavras e frases em sussurros, murmúrios aleatórios com ritmos *ad libitum*. Há um solo de tenor, com alturas relativas, devendo ser conservadas as proporções intervalares dadas, apresentando também um trecho no qual apenas o ritmo está escrito. Como notação, utiliza balanceadamente a tradicional e simbólica.

Ver Obs.: peça 1.

3. *Quatro provérbios* (s. l., s. d)
Meio expressivo: coro misto a quatro vozes (SCTB)
Edição: manuscrito (oito páginas – uma página com instruções e bula)
Local de obtenção: Fonoteca da ECA-USP

A peça é dividida em quatro seções: 1) na primeira, há *clusters* em sequência e/ou glissando, sons consonantais, um trecho a ser falado afonicamente, outro de modo normal só com ritmo escrito; 2) apresenta um pedal em vibrato com base em uma nota, e *clusters* em sequências. O tempo de pausa na passagem da primeira para a segunda seção fica a cargo do regente; 3) aqui, há sequências de *clusters* e trechos só com ritmo escrito, além de outro em uníssono; 4) realização livre do texto falado e trechos só com ritmo escrito. Toda a peça apresenta notação tradicional e simbólica.

Ver Obs.: peça 1.

ALMEIDA PRADO, José A. R.

4. *Lettre de Jérusalem* (Paris, 10 de março de 1973)
Dedicatória: "A Emanuel von Lauenstein Massarani, com amizade e gratidão"

MEIO EXPRESSIVO: soprano, narrador e três percussionistas: 1º) tom-tom, prato suspenso, frusta (chicote), reco-reco, clave, piano (região grave); 2º) quatro tímpanos, três tom-tons (pequeno/médio/grande), gr.cassa, piano; 3º) vibrafone, xilofone, campana, piano (região aguda).
EDIÇÃO: Darmstadt, Tonos International, 1974 (26 páginas)
ANEXO: duas páginas com texto, prefácio e pequenos comentários.
DURAÇÃO: c.14'
ESTREIA: Genebra, maio de 1973. Bazia Retchinska (soprano) e Ensemble de Percussion de Genève. Pierre Metral, regente.
LOCAL DE OBTENÇÃO: Arquivo CK

A peça apresenta características atonais e é dividida em três seções. Na primeira, o piano é manipulado timbricamente de diferentes modos: com baquetas diretamente às cordas em glissandos, com os dedos e/ou as mãos sobre as cordas, uso de ressonâncias (pedal, mãos sobre teclas sem produção de som) etc. Em suas segunda e terceira seções, mantém-se apenas o trabalho com ressonâncias por meio do pedal. Pequenos trechos do texto (de caráter sacro, narrando a passagem bíblica da morte e ressurreição de Jesus) são inseridos, delimitando subseções, sendo acompanhados ou por sons sustentados (ressonâncias, fermatas) ou por *ostinatos* rítmico-melódicos. Em uma pequena passagem utiliza notação gráfica, apresentando quase exclusivamente notação tradicional.

5. *Três canções*
I – *Manhã molhada* (texto Vera de Mendonça), Genève-Paris 1973; II – *Bem-vinda* (texto José A. L.Vieira), Paris 1972; III – O *Luandê-Lua* (texto José A. L. Vieira), Paris 1973
DEDICATÓRIA: I e II – "Aos Amigos Sr. e Sra. Frans Köenig, com amizade e gratidão"; III – "À Maria D'Apparecida"
MEIO EXPRESSIVO: canto (voz feminina) e piano
EDIÇÃO: Darmstadt, Tonos International, 1973 (11 páginas)
ESTREIA: Museu de Arte de São Paulo (Masp), 1973; Victória Kerbaui, canto

LOCAL DE OBTENÇÃO: Arquivo CK

I – Apresenta notação tradicional, trechos com métrica livre e sem barras de compasso. Explora ressonâncias, aproximando-se e afastando-se melódica e harmonicamente de uma nota pedal (Sib).

II – Com métrica livre, durações aproximadas e exploração sistemática de ressonâncias – a cantora deve inclusive cantar bem perto do piano, este com o pedal sempre pressionado procurando (por meio de *staccatos*) um timbre próximo ao de um vibrafone. O canto é quase salmodiado.

III – Um moto-contínuo (baseado em colcheias e quintinas) ao piano, em contraste a uma atuação vocal mais fluida, com glissandos e algumas notas apenas com a região indicada (grave-aguda). Ambos os procedimentos baseiam-se em uma sequência de cinco notas.

Durante todas as três canções o autor utiliza notação tradicional. Nas duas primeiras o andamento é livre existindo apenas – na segunda – uma indicação de caráter ("sereno").

6. *Três episódios de animais*
   1) Sinimbú (São Paulo, 1973); 2) Tamanduá (Curitiba, 16 de janeiro de 1974); 3) Anta (Genève, outubro de 1974)
   DEDICATÓRIA: 1) "Victória Kerbaui"; 2) "A Eny Camargo"; 3) "A Basia Retchinska"
   MEIO EXPRESSIVO: canto solo (voz feminina)
   EDIÇÃO: Darmstadt, Tonos International, 1975 (cinco páginas)
   LOCAL DE OBTENÇÃO: Fonoteca da ECA-USP (cód. 1.103)

   Em seus três episódios são intercalados trechos com notação e realização tradicionais a vários procedimentos como sons chiados (regiões grave e aguda), alturas aproximadas, notas mais graves e agudas possíveis, glissandos, texto falado com ritmo escrito, sons consonantais, variação de um quarto de tom, timbre gutural, estalos de língua, bater de pés e mãos. Como notação utiliza escrita tradicional. Alguns dos procedimentos vocais utilizam notação simbólica.

ALVARENGA, Delamar

7. **Poética n.2 (Ah Vous dirai-je, maman)** (São Paulo, 1970) (SP)
   MEIO EXPRESSIVO: piano e voz (o próprio pianista)
   EDIÇÃO: São Paulo, ECA-USP, 1972 (quatro páginas)
   ANEXO: uma página com instruções
   LOCAL DE OBTENÇÃO: IA/Unesp (cód. P915)

   Peça de teatro musical dividida em três partes utilizando a melodia *Ah vous dirai-je, maman* e um contraponto criado pelo autor. Após a introdução, com a execução da melodia ao piano, o intérprete deve: a) na primeira parte representar um animal qualquer, intercalando sons de altura definida (as notas da mesma melodia) e indefinida, sendo ambas do mesmo animal escolhido; b) o mesmo procedimento anterior, porém chupando um pirulito ou sorvete, ou comendo uma fruta em vez de representar um animal; c) o mesmo procedimento da primeira parte, porém subindo no banco, no teclado e na tampa do piano, batendo os pés em cada um deles. Em todas as partes, a representação teatral é intercalada com a execução ao piano de partes já determinadas, escritas de forma tradicional. Os trechos vocais estão indicados por símbolos, e a última parte vale-se de um esquema gráfico para a ação do intérprete.

AMOROSINI, Wagner

8. **Secondes** – Brincadeira didática sobre a série usada por Berg no *Concerto para violino op.24* (São Paulo, 23 e 24 de setembro de 1985)
   TEXTO: Cristina Azuma
   MEIO EXPRESSIVO: voz feminina, voz masculina, três flautas-doces, violão e piano
   EDIÇÃO: manuscrito (três páginas)
   LOCAL DE OBTENÇÃO: autor

   Baseada na série dodecafônica utilizada por A. Berg em seu *Concerto para violino op.24*, as vozes realizam o texto falado, com ritmo escrito: a feminina em francês e a masculina em português, ora simultânea, ora alternadamente. São utilizados na parte instrumental *clusters* com regiões e extensões aproximadas, glissandos, notas sustentadas, repetições de materiais e sons harmônicos. Utiliza marcações cronométricas, apresentando preponderantemente notação tradicional e, em segundo plano, simbólica.

ANTUNES, Jorge

9. *Cromorfonética* (s. l., s. d.)
   MEIO EXPRESSIVO: coro misto (SSSS AAA TTT BBBB)
   EDIÇÃO: Milão, Edizioni Suvini-Zerboni, 1972 (11 páginas)
   ANEXO: duas páginas com instruções
   DURAÇÃO: 6'20"
   LOCAL DE OBTENÇÃO: Arquivo CK

   Nesta obra o autor utiliza vários efeitos: assobios, falsetes em *bocca chiusa*, sons sibilados, fonemas em glissandos, realização de inflexões em *bocca chiusa* de pequenas frases (segundo indicações), variação de densidades com sons pontuais (pequenos ataques, feitos com o polegar e o indicador nas narinas, com falsete alto em *bocca chiusa*), uso da palma da mão junto à boca para manipulação da emissão e algumas palavras emitidas afonicamente. O material melódico é baseado em tríades aumentadas (quatro tríades, de modo a completar o total cromático). Doze sílabas são distribuídas entre os naipes (três para cada um) e são trabalhadas simultaneamente à manipulação dos vários efeitos, até formarem a frase "Nosotros volveremos a las montañas". As dinâmicas e alturas estão grafadas de modo tradicional e o ritmo, de modo proporcional com marcações cronométricas. Além disso é empregada também notação simbólica e gráfica para alguns efeitos, sendo as variações de densidades representadas de forma gráfica.

10. *Mascara-bes-cos* (Brasília, 1975)
    MEIO EXPRESSIVO: soprano, tenor e pequeno xilofone Orff (ou piano de brinquedo)

EDIÇÃO: São Paulo, Musicália Cultura Musical, 1977 (sete páginas)
LOCAL DE OBTENÇÃO: Centro Cultural São Paulo (cód. P 11.525)

Esta peça faz parte de uma coleção de peças do mesmo autor destinadas à divulgação da técnica de emascaramento (ocultação do ataque de um som por outro – geralmente por meio de dinâmicas contrastantes –, modificando dessa forma seu timbre). São utilizados aqui procedimentos como glissandos em *bocca chiusa*, sons sustentados, contornos melódicos aproximados, pigarro, variação do timbre dos sons vocais (boca aberta, fechada, sons anasalados). Outros são apresentados de forma iconográfica, sem qualquer outro tipo de orientação (um saca-rolha, bolhas de sabão como notas em arpejo etc.). Tais procedimentos constituem o início e o final da obra, obedecendo a marcações cronométricas e sendo intercalados por um trecho notado e realizado de forma tradicional (tendo seu texto, porém, formado por palavras, sílabas e fonemas visando à exploração de ressonâncias).

11. *Mascaremos* (Brasília, 1975)
MEIO EXPRESSIVO: coro misto (SCTB)
EDIÇÃO: São Paulo, Musicália Cultura Musical, 1977 (oito páginas)
LOCAL DE OBTENÇÃO: Centro Cultural São Paulo

Esta peça faz parte de uma coleção de peças do mesmo autor destinadas à divulgação da técnica de emascaramento (ocultação do ataque de um som por outro – geralmente por meio de dinâmicas contrastantes –, modificando dessa forma seu timbre). O material apresentado constitui-se de perfis melódicos, glissandos, indicações intervalares entre as vozes, contraste entre ressonâncias (*bocca chiusa*) e ritmos bem articulados, indicações de ataques e contornos melódicos em diferentes regiões. Esses procedimentos estão notados de forma iconográfica e também gráfica, obedecendo a marcações cronométricas. Há ainda um trecho de caráter contrapontístico a três vozes (utilizando notação tradicional), em solos.

12. Plumbea Spes (Brasília, 1978)
Peça de confronto do 6º Concurso de Corais do Rio de Janeiro, categoria corais infantis.
MEIO EXPRESSIVO: coro infantil
EDIÇÃO: Rio de Janeiro, INM/Funarte, in: *Peças de confronto do 6º Concurso de Corais do Rio de Janeiro*, 1978 (três páginas)
ANEXO: uma página com instruções e comentários
DURAÇÃO: cc. 3'10"
ESTREIA: Rio de Janeiro, 1978
LOCAL DE OBTENÇÃO: Arquivo CK

A peça divide-se em duas seções, com estrutura fixa. Na primeira, vários fragmentos melódicos são repetidos acumulativamente formando uma "nuvem sonora" sobre a qual são executados dois *ostinatos* rítmicos; possui marcações cronométricas e grafia esquemática, enquanto que as dinâmicas estão escritas tradicionalmente. A segunda, a duas vozes, está grafada e é realizada de modo tradicional. O autor oferece dois finais diferentes, à escolha do regente.

13. Proudhonia (Paris, abril/junho de 1972)
DEDICATÓRIA: "Obra dedicada a cada homem que hoje em dia ainda é...", seguindo-se sessenta palavras de um poema de P. J. Proudhon
MEIO EXPRESSIVO: coro misto (SSS AAA TTT BBB) e fita magnética
EDIÇÃO: Milão, Edizioni Suvini Zerboni, 1973 (25 páginas)
GRAVAÇÃO: LP *No se mata la justicia*, Sistrum LPs 3002, 1981
DURAÇÃO: 10'
ESTREIA: *Rencontre International d'Art Contemporain 73*, no Oratoire de La Rochelle, Paris, 16 de abril de 1973. Les douze solistes des Choeurs de l'ORTF. Marcel Couraud, regente. Jorge Antunes, difusão eletrônica.
LOCAL DE OBTENÇÃO: Arquivo CK

As sessenta palavras do texto (extraídas de um poema de Proudhon) são divididas em 12 grupos de cinco, destinados a cada uma das

12 vozes do coro, e manipuladas de diversas formas: a) sussurrando, falando e\ou gritando, como em uma multidão, b) realizando pequenas células melódicas o mais rapidamente possível com uma ou mais palavras, podendo suas notas pertencer ou não ao sistema temperado, c) sons contínuos em *bocca chiusa*, com pequenas explosões realizadas com o polegar e o indicador apertando o nariz (aqui, como também em b, a disposição gráfica do símbolos indica densidades de ocorrência destes efeitos), e d) notas sustentadas (e grafadas de modo tradicional) com variações melódicas representadas graficamente sobre os pentagramas. O material vocal interage com sons eletrônicos em fita magnética, "ora os sons vocais surgindo de dentro dos sons eletrônicos, ora os sons eletrônicos, de caráter vocal, surgindo de dentro das vozes humanas". Como notação, utiliza a tradicional, grafia simbólica e gráfica, com as dinâmicas escritas de modo tradicional.

14. *Source Vers sp* (Brasília, 1975) (SP)
    MEIO EXPRESSIVO: diretor, dançarina, oboé, trompa, violoncelo, piano, contralto, flauta, sintetizador EMS Syntha, fita, além de equipamentos de áudio e iluminação descritos detalhadamente na partitura
    EDIÇÃO: texto datilografado do autor (17 páginas)
    ANEXO: cinco páginas de instruções e comentários
    DURAÇÃO: aproximadamente uma hora

    Teatro musical dividido em três partes (*Introito, Intermezzo* e *Finale*) apresentadas no saguão do teatro antes do início, durante o intervalo e imediatamente após o término de um concerto, espetáculo ou apresentação teatral qualquer. Algumas das intervenções instrumentais devem ser realizadas segundo instruções dadas, outras devem ser realizadas a partir de trechos indicados da obra *Source*, do mesmo autor. São utilizados dois instrumentos de criação do autor (um Latocórdio e um Molofone), com indicações para sua confecção, tendo seu som amplificado juntamente com o do piano – os outros instrumentos e a voz são manipulados por sintetizador. A parte da fita deve ser montada, segundo roteiro preestabelecido pelo autor, com trechos das obras *Source* e *Macrofórbiles I*. Na terceira parte (*Finale*) deve ser veiculada a fita completa de *Para nascer aqui* (também do mesmo autor). A segunda e terceira partes contam com a atuação da bailarina que realiza jogos cênicos com o "diretor" e alguns outros instrumentistas. O autor divide os intérpretes em grupos, dando também indicações para a localização de cada um deles. A peça é escrita totalmente de forma verbal, com a primeira e segunda partes (*Introito* e *Intermezzo*) utilizando apresentação esquemática com marcações cronométricas.

15. **Três impressões cancioneirígenas** (Brasília, 1977)
    I – Canção sem palavras; II – Canção com palavras; III – Palavras sem canção
    MEIO EXPRESSIVO: flauta,viola, violoncelo (utiliza também as vozes dos instrumentistas) e objetos sonoros diversos
    EDIÇÃO: Brasília, Sistrum, s. d. (17 páginas)
    LOCAL DE OBTENÇÃO: Arquivo ECA-USP (cod. 2.074)

    A obra é dividida em três peças, com estruturas próprias: 1) Na primeira inexistem elementos informais. 2) Na segunda, além da execução instrumental tradicional, os intérpretes realizam jogos de gestos, expressões faciais e posturas, além de pronunciar palavras, falando ou cantando. Além das palavras e gestos inclusos na partitura, os intérpretes deverão improvisar acrescentando outros, a partir de indicações de caráter dadas pelo autor. Além disso, o flautista deve em um determinado momento deixar seu instrumento e realizar uma nota (Si4 e/ou Si5) contínua e permanentemente com objetos e fontes sonoras exóticas. Essas fontes sonoras deverão ser colecionadas e determinadas previamente, sendo de dois tipos: de "arco" e de "sopro". O autor fornece algumas sugestões: gaitas, apitos, copos, taças de cristal, tampas de metal etc. O instrumentista deverá variar bastante timbricamente, superpondo o final de um som ao início de outro. 3) Na terceira peça os músicos falam um texto inicialmente notado sobre pentagramas com alturas aproximadas. A esse trecho segue uma passagem na qual apenas os ritmos permanecem escritos, passando-se então a uma exploração tímbrica de fonemas com marcações cronométricas. No final, textos corridos devem ser interpretados e repetidos individualmente, também com marcações cronométricas.

ARIANI, Fernando

16. *Desenlaço* (s. l., janeiro de 1986)
MEIO EXPRESSIVO: coro misto (SATB)
EDIÇÃO: Manuscrito (nove páginas)
LOCAL DE OBTENÇÃO: autor

    Escrita e realizada de modo preponderantemente tradicional, apresenta no final uma opção de escolha pessoal dos coralistas entre realizar o texto sugerido pelo autor (um texto único para todos) ou utilizar outras palavras quaisquer, desde que dentro do caráter proposto e que se encaixem no ritmo e melodia existentes.

17. *Devaneio* (s. l., janeiro de 1985)
MEIO EXPRESSIVO: coro misto (SATB)
EDIÇÃO: manuscrito (duas páginas)
LOCAL DE OBTENÇÃO: autor

    A peça é sempre executada a duas vozes, alternando entre os quatro naipes do coral. Os executantes da segunda voz devem permanecer sempre fora de cena. Em um trecho com solo de soprano, ela deverá cruzar o palco de um extremo a outro, "como em uma breve e sutil aparição".

18. *Tem tatú no Tahiti?* (s. l., s. d.)
Peça de confronto do 11º Concurso de Corais do Rio de Janeiro, categoria corais juvenis, realizado de 22 a 26 de novembro de 1988, na Sala Cecília Meirelles, RJ.
MEIO EXPRESSIVO: coral juvenil a vozes mistas (SCTB)

EDIÇÃO: Rio de Janeiro, Funarte, in: *Peças de confronto do 11º Concurso de Corais do Rio de Janeiro*, 1988 (seis páginas)
LOCAL DE OBTENÇÃO: autor

A peça apresenta, além da realização tradicional, estalos de dedos (com ritmo determinado), sons aspirados, onomatopeias rítmicas, utilizando também ação cênica em alguns momentos. No início, os cantores entram no palco já cantando e estalando dedos, com expressão corporal e facial. Em outro trecho, há a opção para a realização de um improviso cênico ou musical pelos cantores e/ou pelo regente. Utiliza algumas expressões em taitiano, que podem opcionalmente ser traduzidas para a plateia pelo regente e pelo coro antes ou depois da peça, realizando para isso outra intervenção cênica.

19. **Vida na lua** (São Paulo, janeiro de 1984)
    MEIO EXPRESSIVO: coro misto (SCTB), narrador e caixa-clara
    EDIÇÃO: São Paulo, S. D. P/ECA-USP (cód. 761) (sete páginas)
    LOCAL DE OBTENÇÃO: Fonoteca da ECA-USP

    Apresentando em sua maior parte realização e escrita tradicionais, algumas passagens da peça utilizam notação gráfica e esquemática, além de algumas instruções verbais em forma de roteiro, ao final. Em alguns trechos é livre o uso de quaisquer instrumentos ruidosos (apitos, cornetas de torcida de futebol etc.). Em outros, é pedido que se utilize expressão corporal, mímica, sussurros e risinhos. O autor sugere ainda o uso de equipamentos de iluminação (luz estroboscópica) e o escurecimento total da sala ao final da peça.

BLAUTH, Brenno

20. **Abôio** (s. l., 1970)
    MEIO EXPRESSIVO: coro misto (SCTB)
    DURAÇÃO: 4'03"
    EDIÇÃO: São Paulo, Novas Metas, 1978 (quatro páginas)
    LOCAL DE OBTENÇÃO: Arquivo CK

Peça de caráter aleatório, utilizando como notação vários símbolos para designar contornos melódicos e efeitos vocais de densidades. Fonemas, interjeições e pequenas frases servem de material para interpretação solista e/ou de conjunto, segundo marcações cronométricas. Figuram ainda na partitura instruções verbais para sua realização.

21. *Iaci-Uaruá* (T. 40) (s. l., 1972)
DEDICATÓRIA: "Dedicado ao Coral Villa-Lobos de Presidente Prudente"
MEIO EXPRESSIVO: coro misto (SCTB), quatro ou seis atabaques e matracas
EDIÇÃO: manuscrito (dez páginas)
LOCAL DE OBTENÇÃO: Marcos Júlio Sergl (regente do Coral Villa-Lobos)

Peça de caráter aleatório, utilizando em sua maior parte marcações cronométricas. As atuações vocais são apresentadas em notação gráfica, simbólica e verbal, acompanhadas de instruções para sua realização. Utiliza ainda notação esquemática (um trecho em jogral entre os naipes). Mesmo nos trechos notados tradicionalmente o autor ressalta a importância dos intervalos melódicos e harmônicos em detrimento das alturas absolutas. O material vocal constitui-se de vinte palavras em tupi-guarani (à escolha dos cantores), contornos melódicos (às vezes com fonemas determinados, às vezes não), ataques secos, gritos, além de fonemas manipulados como efeitos (x, z). Utiliza também outros efeitos como tapas na boca, gritando como índios. Em um trecho falado, sinais sobre as sílabas indicam direcionamentos melódicos. A parte instrumental deve ser realizada pelos próprios coralistas, constituindo-se ora em um moto-contínuo, ora em um *ostinato*, ora como intervenções de efeitos. Os materiais musicais são organizados em blocos (quadros), às vezes com pausas entre eles. Todas as marcações de dinâmicas são grafadas de modo tradicional, sendo totalmente precisas.

BRÍGIDO, Odemar

22. *Caipora* (s. l., s. d.)
Meio expressivo: coro infantil a três vozes
Edição: São Paulo, S. D. P/ECA-USP (cód. 1.038) (seis páginas)
Local de obtenção: Fonoteca da ECA-USP

Esta peça apresenta preponderantemente notação e realização tradicionais, porém são utilizados alguns procedimentos vocais distintos como sons consonantais (*ss*) com ritmo determinado e/ou com duração prolongada, notas na região aguda e gritadas, além de palmas (aguda e grave) indicadas simbolicamente. Em uma passagem utiliza notação gráfica para dois contornos melódicos.

23. *Embolada* (s. l., s. d.)
Meio expressivo: coro misto (SCTB)
Edição: São Paulo, S. D. P/ECA-USP (cód. 1.032) (nove páginas)
Local de obtenção: Fonoteca da ECA-USP

Notação e realização preponderantemente tradicionais. Nos últimos compassos, utiliza elementos gráficos indicando repetição de um grupo de notas e notação gráfica para uma passagem melódica aleatória.

24. *Lenda bororó* (s. l., s. d.)
Texto do autor, a partir de uma lenda bororó recolhida por Alceu Maynard Araújo
Meio expressivo: coro infantil a duas vozes
Edição: São Paulo, S. D. P/ECA-USP (cód. 1.035) (quatro páginas)
Anexo: duas páginas com textos
Local de obtenção: Fonoteca da ECA-USP

Nesta peça são utilizados vários efeitos (estalos de dedos, palmas, sussurros, onomatopeias, sons de beijo, voz falada com ritmo escrito) grafados de forma simbólica, além de outros (fricção das palmas das mãos, acelerandos e *rallentandi*, *clusters* com orientações melódicas, palavras faladas – normalmente e o mais agudo e grave possível –, variação de um quarto de tom). A esses efeitos são intercaladas e/ou superpostas linhas melódicas, escritas e realizadas tradicionalmente.

25. *Mãe-d'água* (s. l., s. d.)
Texto folclórico, ambientado pelo autor
MEIO EXPRESSIVO: coro infantil a duas vozes
EDIÇÃO: São Paulo, S. D. P/ECA-USP (cód. 1.026) (quatro páginas)
ANEXO: duas páginas texto e bula para a realização dos símbolos apresentados
LOCAL DE OBTENÇÃO: Fonoteca da ECA-USP

A peça vale-se fundamentalmente da exploração de vários efeitos (*clusters* com orientação melódica, sons sibilados, onomatopeias, variação de um quarto de tom, frases faladas com ritmo escrito). Em sua maior parte são utilizadas notação simbólica e gráfica, com passagens melódicas de caráter tonal grafadas e realizadas tradicionalmente.

26. *Sacizada* (s. l., s. d.)
Texto folclórico fluminense
MEIO EXPRESSIVO: coro infantil a três vozes
EDIÇÃO: São Paulo, S. D. P/ECA-USP (cód. 1.027) (três páginas)
LOCAL DE OBTENÇÃO: Fonoteca da ECA-USP

A peça apresenta alguns procedimentos vocais como sons consonantais (*ff* e *ss*), chiados e risos, além de notas o mais agudo e grave possível, variação de um quarto de tom e uma frase falada com ritmo escrito. Esse material é intercalado e/ou superposto a linhas melódicas de caráter tonal. Como notação usa basicamente a tradicional, apresentando notação simbólica para alguns procedimentos.

CABREIRA, Silvia Maria Pires

27. **Canção dos pastores** (São Paulo, 29 de outubro de 1983)
    DEDICATÓRIA: "Para os Meninos Cantores de São Paulo"
    MEIO EXPRESSIVO: dois coros infantis (SSA SSA)
    EDIÇÃO: São Paulo, S. D. P/ECA-USP (cód. 757) (duas páginas)
    ANEXO: duas páginas com comentários e instruções
    LOCAL DE OBTENÇÃO: Fonoteca da ECA-USP

    Utilizando textos bíblicos, a peça apresenta notação tradicional. Os coros devem posicionar-se um em frente ao outro, em dois semicírculos. Afora a realização de um improviso de densidades (uma vez em *tutti*, outra em solos), sua realização é também tradicional. Os andamentos apresentados são apenas sugestões, ficando a cargo do regente sua definição.

28. **Cantar** (São Paulo, 2 de setembro de 1983)
    DEDICATÓRIA: "Dedicada ao trabalho de Ana Maria M. Porto"
    MEIO EXPRESSIVO: coro infantil ou feminino a três vozes
    DURAÇÃO: cc. 1'
    EDIÇÃO: São Paulo, S. D. P/ECA-USP (cód. 723) (cinco páginas)
    ANEXO: duas páginas com instruções
    LOCAL DE OBTENÇÃO: Fonoteca da ECA-USP

    Como elemento informal, a peça apresenta apenas a realização de improvisos segundo instruções (em *tutti* e em solos) sobre o material melódico dado, e utilizando uma passagem do texto. No restante, a realização é totalmente tradicional, assim como sua grafia.

29. **Catavento** (São Paulo, 23 de setembro de 1979 – revisão em 1982)
    MEIO EXPRESSIVO: coro feminino a três vozes (SSA)
    DURAÇÃO: cc. 3'
    ESTREIA: I Encontro de Jovens Compositores da USP (São Paulo, 1980). Coral Feminino do Encontro. Marcos Câmara, regente

Edição: São Paulo, S. D. P/ECA-USP (quatro páginas)
Gravação: Arquivo da Fonoteca da ECA-USP (versão revisada), março de 1983. Coral Feminino da ECA. Celso del Neri, regente

A peça é organizada sobre quatro módulos rítmico-melódicos, e notada em sua maior parte de modo tradicional. Alguns trechos indicam prolongamento de notas, vibratos e glissandos. É solicitada a realização de um improviso coletivo a partir de alguns procedimentos vocais apresentados (inicialmente em *tutti*, depois distribuído entre as vozes).

CÂMARA, Marcos

30. *Dois poemas de Augusto de Campos* (São Paulo, 1 e 21 de junho de 1980)
    Meio expressivo: meio-soprano, coro misto (SCTB muta SSCTTBB) e piano
    Edição: São Paulo, S. D. P/ECA-USP (16 páginas)
    Anexo: duas páginas com textos
    Local de obtenção: Fonoteca da ECA-USP

    O primeiro poema apresenta notação e realização preponderantemente tradicionais, com o solo de meio-soprano. Somente em duas passagens utiliza notação gráfica: uma para o coro, indicando a duração de um fonema, e outra para o piano, indicando a passagem de um *cluster* (escrito tradicionalmente) a outro, e sua duração. No segundo, o texto deverá ser falado, com ritmo escrito e contornos melódicos definidos dentro de tessituras específicas para cada naipe, utilizando para isso notação gráfica. O piano tem sua notação e realização totalmente tradicionais.

CAMPOS, Lina Pires de

31. *Retrato* (s. l., 1977)
    Texto: Cecília Meirelles

DEDICATÓRIA: "Para Edmar Ferreti".
MEIO EXPRESSIVO: canto e piano
EDIÇÃO: manuscrito (duas páginas)
LOCAL DE OBTENÇÃO: Arquivo MH

Esta pequena peça tem caráter predominantemente tradicional; a parte do piano não apresenta qualquer elemento informal, e a parte do canto tem algumas frases a serem faladas *ad libitum* em meio a outras frases musicais notadas e realizadas tradicionalmente.

CARDOSO, Lindenbergue

32. *Agnus Dei* (s. l., 15 de maio de 1974)
DEDICATÓRIA: "Em homenagem aos dez anos de fundação do Coral da Juventude de São Bento"
MEIO EXPRESSIVO: coro misto (SCTB) e harmônio
EDIÇÃO: manuscrito (duas páginas). Esta peça foi agrupada pelo autor a duas outras de mesma natureza, *Kyrie* e *Sanctus*, que se encontram reunidas sob uma única chamada catalográfica no arquivo de origem
LOCAL DE OBTENÇÃO: Fonoteca da ECA-USP

A peça apresenta tanto notação tradicional como simbólica e gráfica. Há trechos com alturas livres (nos quais se deve variar as notas a cada ataque) e outros só com ritmo escrito, além da passagem final em som sibilado. O harmônio executa *clusters* de variadas extensões e notas sustentadas. Utiliza ainda marcações cronométricas.

33. *Aleluia* (s. l., 1970)
MEIO EXPRESSIVO: coro misto (SSS CCC TT BB) e bombo
DURAÇÃO: cc. 10'
EDIÇÃO: manuscrito (13 páginas)
LOCAL DE OBTENÇÃO: Biblioteca do Instituto de Artes da Unicamp-Campinas/SP (cód. 699)

A peça apresenta um considerável grau de aleatoriedade, com trechos notados e realizados tradicionalmente intercalados a outros com alturas e durações livres (por vezes apresentando contornos melódicos), com abertura para realizações individuais. Vários efeitos são empregados: notas extremas (agudas e graves), sons de bocejos, de respiração, sílabas realizadas afonicamente, sons guturais, palavras faladas "para dentro" e passagens faladas normalmente, com ritmos determinados. Estes procedimentos são notados de forma simbólico-gráfica. Há trechos com marcações cronométricas apresentando, de forma esquemática, módulos constituídos de alguns dos efeitos citados acima. Apresenta ainda algumas indicações de caráter para a interpretação como "melancólico e relaxado". Em sua passagem final os coralistas realizam uma progressão melódica ascendente até o mais agudo possível. Quando não estiverem conseguindo mais emitir as notas, o regente poderá deixar o palco enquanto o coro continua tentando, "dramaticamente".

34. *Caleidoscópio* (Salvador, 24 de novembro de 1975)
MEIO EXPRESSIVO: coro misto (SCTB)
DURAÇÃO: cc. 4'
EDIÇÃO: manuscrito (oito páginas)
LOCAL DE OBTENÇÃO: Fonoteca da ECA-USP (cód. 3.511)

Na primeira parte desta peça o autor utiliza vários efeitos vocais, alguns com durações indicadas cronometricamente e outros com ritmos determinados (sons sibilados fechados e abertos, estalos de língua, vogais, sílabas, encontros consonantais e fonemas cantados, sussurros), explorando ritmicamente sua combinação em efeitos tímbricos e utilizando notação simbólico-gráfica. Na parte central são apresentados três módulos esquemáticos constituídos por quadrados numerados, cada um deles com procedimentos vocais específicos (sua realização segue instruções contidas na própria partitura). Em oposição a isso, sua segunda parte apresenta notação e realização totalmente tradicionais, com o texto formado somente por sílabas alternadas como em uma onomatopeia. A passagem final apresenta marcação cronométrica, retomando rapidamente o trabalho tímbrico da primeira parte e terminando em um grande bocejo (em *tutti*).

35. ***Canção sintética*** (Brasília, 23 de janeiro de 1976)
    MEIO EXPRESSIVO: meio-soprano, oboé, clarinete (Sib), trompa e fagote
    EDIÇÃO: manuscrito (quatro páginas)
    LOCAL DE OBTENÇÃO: Fonoteca da ECA-USP (cód. 3.124)

    Para a voz solista, em certos trechos é utilizada a clave de regiões com realizações melódicas baseadas nela. Para os instrumentos, há um compasso apenas de realização aleatória e outras passagens com indicação de notas nas regiões aguda, média e grave. A informalidade apresenta-se de modo mais intenso por meio de algumas intervenções teatrais realizadas entre a solista e o grupo instrumental, com alguns gestos e palavras. Notação e realização preponderantemente tradicionais, com alguns procedimentos notados de forma gráfica.

36. ***Captações*** (Salvador, 16 de setembro de 1969)
    MEIO EXPRESSIVO: flauta de êmbolo, flauta transversal, oboé, corne-inglês, clarinete (Sib), fagote, trompa, trompete, trombone, tuba, percussão (enxada, prato suspenso, caixa-clara sem esteira, bombo, reco-reco, folha de flandres, lata de querosene, para dois executantes), quarteto vocal (um soprano, um contralto, um tenor e um baixo), violino, violoncelo, contrabaixo, rádio de ondas curtas, rádio de ondas médias, três toca-discos.
    DURAÇÃO: cc. 10'
    EDIÇÃO: manuscrito (35 páginas)
    ANEXO: três páginas com instrumentação, bula para símbolos e realização, indicações de posicionamento dos intérpretes no palco
    LOCAL DE OBTENÇÃO: Fonoteca da ECA-USP (cód. 3.126).

    No transcorrer desta peça, diversos efeitos e procedimentos (vocais, instrumentais e extramusicais) são mesclados a realizações tradicionais. Rádios (OM e OC) e toca-discos (com o início do *Aleluia* de Händel e qualquer trecho do primeiro movimento de *Trio*, de L. Cardoso) são manipulados ao vivo pelos cantores (volume, troca de estações, alteração de rotações etc.); o baixo, além disso, realiza interferências (algumas delas improvisadas) com uma lata de querosene vazia. Na parte vocal, apenas um pequeno trecho é notado e realizado tradicionalmente; no restante são utilizadas claves de regiões em trechos falados e cantados (com e sem ritmos escritos) realizando murmúrios, assobios, onomatopeias e explorações tímbricas. O grupo instrumental, apesar de utilizar realizações tradicionais em maior proporção, apresenta também vários trechos a serem improvisados (notas em *staccato* e/ou *legato*) e utiliza fontes sonoras diversas (flauta de êmbolo, enxada, folha de flandres). Durante toda a peça são utilizadas notação tradicional e notação simbólico-gráfica (notadamente para procedimentos não convencionais). O autor indica a distribuição dos intérpretes e fontes sonoras no palco.

37. ***Chromaphonetikos* Op.58** (s. l., 1978)
MEIO EXPRESSIVO: coro misto (SCTB)
DURAÇÃO: cc. 7'
EDIÇÃO: Rio de Janeiro, Edições Funarte, in: *Nova música brasileira para coro*, s. d. (oito páginas)
LOCAL DE OBTENÇÃO: Arquivo CK

O texto da peça apresenta apenas as vogais e algumas sílabas, que são manipuladas timbricamente por meio da variação de suas sonoridades, isoladamente ou em conjunto. Além da realização tradicional (presente na maior parte da peça), são empregados sussurros e estalos de língua, além da passagem gradativa de uma vogal/sílaba a outra, sendo esses efeitos notados de forma simbólica.

38. ***Colóquio*** (s. l., s. d.)
DEDICATÓRIA: "a Jaime Ledezma"
MEIO EXPRESSIVO: violoncelo solo e tocador (sua voz)
EDIÇÃO: cópia de material editado sem identificação de local, editora e data (duas páginas)

Anexo: uma página com pequeno número de instruções
Local de obtenção: Arquivo MH

Esta peça, de apenas uma página, solicita ao instrumentista que, além de tocar, cante algumas pequenas melodias simultaneamente à parte instrumental, constituída de algumas sequências de notas sem ritmo determinado, outras em harmônicos com tempo indeterminado, alguns acordes e outras pequenas melodias. Utilizando elementos de notação tradicional, o autor acrescenta elementos simbólicos e algumas instruções verbais indicando um gesto de abraçar o instrumento e diferenciação do caráter em uma passagem cantada.

39. Kyrie (Salvador, 18 de dezembro de 1970)
Dedicatória: "Para o Coral da Juventude"
Meio expressivo: coro misto (SCTB muta SCTTTBBBB)
Edição: manuscrito (três páginas). Esta peça foi agrupada pelo autor a duas outras de mesma natureza, *Agnus Dei* e *Sanctus*, que se encontram reunidas sob uma única chamada catalográfica no arquivo de origem.
Local de obtenção: Fonoteca da ECA-USP (cód. 273)

Possui notação tradicional, com trechos apresentando marcações cronométricas nos quais os materiais apresentados devem ser repetidos livremente. Outras passagens do texto devem ser sussurradas, com e/ou sem ritmos escritos.

40. O navio pirata (s. l., 1979)
Meio expressivo: coro infantil a três vozes
Duração: 3'30"
Edição: Rio de Janeiro, Funarte, 1981 (12 páginas)
Anexo: uma página com informações sobre o autor e comentários sobre a obra
Local de obtenção: Fonoteca da ECA-USP (cód. 4.852)

Nesta peça são utilizados alguns efeitos, como bater palmas e pés, sons onomatopaicos, estalos de língua, frases faladas (com ou sem ritmos determinados) e "efeitos de multidão", sendo utilizada para alguns deles a notação gráfica.

41. Procissão das carpideiras (s. l., abril de 1969)
MEIO EXPRESSIVO: meio soprano, coro de câmara (oito sopranos), orquestra (flautim, flauta, oboé, corne-inglês, clarinete em Sib, clarone em Sib, fagote, contra-fagote, duas trompas em Fá, dois trompetes em Sib, dois trombones, tuba, piano, violinos I e II, viola, violoncelo, contrabaixo) e percussão (tímpanos com pedal, prato com baquetas, agogô, reco-reco, enxada, folha de flandres).
DURAÇÃO: cc. 15'
ESTREIA: 1º Festival de Música da Guanabara (3º prêmio e prêmio do público), Rio de Janeiro, maio de 1969. Maria Lucia Godoy (meio-soprano), Orquestra e Coro do Teatro Municipal do Rio de Janeiro. Mário Tavares, regente.
EDIÇÃO: Colônia, Musikverlag Hans Gerig, 1975 (19 páginas)
ANEXO: uma página com glossário dos símbolos utilizados
GRAVAÇÃO: ao vivo – LP MIS-015
LOCAL DE OBTENÇÃO: Centro Cultural São Paulo (cód. P.2)

A peça apresenta preponderantemente notação e realização tradicionais. Em um trecho de seis compassos é utilizada escrita gráfica para procedimentos melódicos do coro. Em outros momentos aparecem glissandos (em *tutti*) com vogais (*a, e*) com duração de um a três compassos.

42. Requiem (Bahia, 16 de março de 1974)
DEDICATÓRIA: "Em memória de Milton Gomes"
MEIO EXPRESSIVO: dois coros (SCTB), Orquestra (violinos I e II, violas, violoncelos e baixos, quatro flautas, dois oboés, dois clarinetes, dois fagotes, três trompas, três trompetes, dois trombones, tuba, piano e percussão) e 17 apitos
DURAÇÃO: cc. 16'
EDIÇÃO: manuscrito (14 páginas)
LOCAL DE OBTENÇÃO: Fonoteca da ECA-USP (cód. 3.139)

A peça intercala trechos escritos e realizados de forma tradicional a outros em que são trabalhados materiais diversos. Para os corais: alturas relativas com ou sem ritmos escritos, fonemas manipulados onomatopaicamente, sussurros, passagens faladas, exploração tímbrica por abertura/fechamento das bocas, exploração de densidades, contornos melódicos e *clusters*. Para a orquestra: contornos melódicos com alturas aproximadas, efeitos de densidade, *clusters* e acentos diferenciados sobre notas sustentadas, clave de regiões para o piano e cordas bem como sons preparados para o piano (dedos nas cordas, régua de plástico nas cordas). Para trompas e trombones, há um trecho em que se deve bater com a mão no bocal. Há também uma intervenção de apitos (17 apitos, sem indicação de executantes). São utilizadas, além da escrita tradicional, marcações cronométricas (pequeno trecho), notação gráfica e simbólica.

43. *Sanctus* (Salvador, 7 de dezembro de 1972)
    DEDICATÓRIA: "Dedico esta peça ao Coral da Juventude do Mosteiro de São Bento, com todo o carinho"
    MEIO EXPRESSIVO: coro misto (SCTB) e órgão
    EDIÇÃO: manuscrito (três páginas)

    Obs.: esta peça foi agrupada pelo autor a duas outras de mesma natureza, *Agnus Dei* e *Kyrie*, que se encontram reunidas sob uma única chamada catalográfica no arquivo de origem.

    Com realização e notação preponderante tracidionais, há apenas uma passagem na qual apenas o ritmo está escrito e outra com alturas livres, para o coro e para o órgão. Este realiza apenas *clusters* (com as palmas das mãos) e acordes sustentados. Nesses trechos são utilizadas notação simbólica e gráfica.

CAVALCANTI, Nestor de Holanda

44. *Agências de (um) emprego* (Rio de Janeiro, 3 de março de 1981)
    MEIO EXPRESSIVO: coro misto (SCTB).

ESTREIA: Porto Alegre, setembro de 1981. Coral da Universidade do Vale do Rio dos Sinos (Unisinos). José Pedro Boéssio, regente
DURAÇÃO: 2'30"
EDIÇÃO: São Paulo, S. D. P/ECA-USP (cinco páginas)
ANEXO: uma página com texto
LOCAL DE OBTENÇÃO: Fonoteca da ECA-USP

Trechos cantados (notados e realizados de modo convencional) são intercalados a textos a serem interpretados (em naipes e/ou em *tutti*, segundo indicações de caráter). São também utilizados estalos de dedos e palmas. O texto é constituído por anúncios fictícios, frases e fragmentos e interjeições de caráter humorístico.

45. *Canções de (o) Amor nº 4: os pombos* (Rio de Janeiro, abril de 1981)
TEXTO: Gildes Bezerra
DEDICATÓRIA: "A Rodolfo Coelho de Souza"
MEIO EXPRESSIVO: tenor, violão e metrônomo (obligato)
DURAÇÃO: cc. 2'
EDIÇÃO: São Paulo, S. D. P/ECA-USP (quatro páginas)
LOCAL DE OBTENÇÃO: Fonoteca da ECA-USP (cód. 6.034)

O cantor, no início da peça, deve "apresentar" o metrônomo e dar-lhe corda. O aparelho fica funcionando em um andamento dado durante toda a peça (que é notada e realizada de modo totalmente tradicional) e mesmo depois dos intérpretes terminarem, até o final da corda (que o autor sugere seja pouca).

46. *Cobras e lagartos* (Rio de Janeiro, 18 de outubro de 1980)
TEXTO: Hamilton Vaz Pereira.
MEIO EXPRESSIVO: coro misto (SCTB)
ESTREIA: dezembro de 1980. Coral da Cultura Inglesa (Rio de Janeiro). Marcos Leite, regente
EDIÇÃO: São Paulo/Rio de Janeiro, Irmãos Vitale, 1981 (16 páginas)

Gravação: 1) Coral da Cultura Inglesa (Rio de Janeiro), Marcos Leite, regente. LP Ariola 101.414-1981(com orquestra e conjunto). 2) Coral da Cultura Inglesa (Rio de Janeiro), Marcos Leite, regente. LP Som Livre 403.6238-1981 (com orquestra e conjunto). 3) Cobra Coral (Rio de Janeiro), Marcos Leite, regente. LP Independente LHLP001-1981
Local de obtenção: Fonoteca da ECA-USP

Além de realizações tradicionais, um pequeno texto deve ser falado em solo, em uma determinada passagem. Utiliza também onomatopeias (imitando instrumentos), e solicita ao coro imitar o murmúrio de multidão, sugerindo para isso algumas frases. O autor apresenta três versões para o final (dando a liberdade à elaboração de outras). Em uma delas, um texto de caráter satírico deve ser falado pelo regente, e o coral deve fingir não aceitá-lo.

47. *Composição não determinada* (Rio de Janeiro, setembro de 1981)
Meio expressivo: violino e piano
Duração: 10'15"
Edição: São Paulo, S. D. P/ECA-USP (23 páginas)
Local de obtenção: Fonoteca da ECA-USP (cód. 4.204)

O autor apresenta uma "introdução teórica" de caráter satírico discorrendo sobre a peça, que é dividida em quatro seções, das quais apenas a segunda apresenta realização e notação totalmente tradicionais. A primeira seção consiste em um texto explicativo aos intérpretes, contendo instruções sobre o início da peça e sua apresentação – que deve ser feita por um dos músicos ao público. A terceira é quase exclusivamente tradicional, a não ser por uma pequena passagem em que os intérpretes cantam uma célula melódica em *bocca chiusa*. Na última seção, as realizações musicais são superpostas a atuações teatrais, integrando a parte musical a essas atuações quase como uma trilha musical. Sustos, desavenças e outras discussões são reforçados pelo caráter da música realizada e indicados por pequenos textos junto à partitura. No final, caso o público peça bis, deverá ser executada *Little Child*, de John Lennon e Paul McCartney, arranjada pelo autor.

CERQUEIRA, Fernando

48. *Expressões cibernéticas* (Salvador, 3 de julho de 1985)
    TEXTO: poemas de Haroldo de Campos, Paulo Leminski e Lewis Carroll (trad. Haroldo de Campos)
    MEIO EXPRESSIVO: voz (soprano ou tenor) e percussão (vibrafone, xilofone, marimba, guizos, claves, ganzás, pratos, garrafas – marimba d'água, flexaton, crótalos, *glockenspiel*, maracas, reco-reco, agogô, caixa-clara, *temple block, wood block*, cabaça, bombo, folha de zinco, triângulo, três tímpanos, tam-tam, tom-tom, matraca), cinco instrumentistas
    DURAÇÃO: 10'30"
    EDIÇÃO: manuscrito (vinte páginas – quatro páginas com textos, comentários e instruções)
    LOCAL DE OBTENÇÃO: Arquivo Piap

    Além do texto propriamente dito, a voz solista realiza alguns sons consonantais e vogais, sussuros, notas o mais agudo possível e trechos falados com ritmo determinado, por vezes com indicação de inflexão e caráter ("enérgico", "irônico" etc.). Na parte instrumental, apresenta em sua maior parte notação e realizações tradicionais, com alguns elementos como glissandos, notas sustentadas e contornos melódicos escritos com elementos de notação gráfica. Os percussionistas devem, em algumas passagens, falar algumas frases com ritmo determinado.

CHAVES, Celso Loureiro

49. *The Tomb of the People* (s. l., 1985-87 – rev. Champaign, abril de 1987) (SP)
    TEXTO: James Joyce
    MEIO EXPRESSIVO: voz, corne-inglês e percussão (vibrafone, marimba, celesta, tímpano, dois pratos suspensos, tam-tam, três crótales, quatro ton-tons)
    EDIÇÃO: Porto Alegre, Instituto de Artes/UFRGS, in: *Compositores do Instituto de Artes da UFRGS*, 1989 (12 páginas)

ANEXO: biografia, comentário e glossário (inglês/português)
ESTREIA: New Music Ensemble – University of Illinois (USA), 1985 (primeira versão), 1987 (segunda versão).
LOCAL DE OBTENÇÃO: Arquivo CK

Peça com estrutura fixa e dividida em 11 seções que, com duas exceções, são intercaladas por breves silêncios. Há um largo emprego de grupos rítmico-melódicos com andamentos/velocidades indeterminados ou mesmo livres. A escrita é tradicional, e para o caso de não existir regente, o autor reforça a partitura com símbolos para facilitar a leitura. Para distinguir os instrumentos de percussão (exceção feita aos teclados e ao tímpano) o autor emprega símbolos, anotando suas partes em uma única linha (duas, no caso dos ton-tons).

CORRÊA, Sérgio O. de Vasconcelos

50. *Júbilo* (s. l., 5-8 de agosto de 1974)
MEIO EXPRESSIVO: coro misto (SATB)
EDIÇÃO: São Paulo, Novas Metas, 1978 (três páginas)
ANEXO: instruções, ao final
LOCAL DE OBTENÇÃO: Fonoteca da ECA-USP

O principal procedimento informal utilizado nesta peça é a repetição de fragmentos melódicos (em naipes separados, em grupos e/ou *tutti*) determinadas vezes, utilizando para isso notação esquemática. Um desses fragmentos pode ser repetido de uma a três vezes. Ao final, outro fragmento é repetido indeterminadamente, até desaparecer. Notação preponderantemente tradicional, com estrutura fixa.

51. *Retábulo de Sta. Joana Carolina* (ópera – prelúdio e primeira cena) (s. l., 1977)
DEDICATÓRIA: "A Eleazar de Carvalho"
MEIO EXPRESSIVO: duas vozes (meio-soprano e barítono), narrador e orquestra (violinos, violas, violoncelos, contrabaixos, flautim, duas flautas, dois clarinetes Bb, dois fagotes, contrafagote,

duas trompas, três trombones, trompete, tuba, bombardino, harpa, piano, celesta, percussão – metalofone, xilofone, vibrafone, marimba, tímpanos, bloco chinês, gran cassa, flexatone, campana, bombo, reco-reco)
EDIÇÃO: São Paulo, Novas Metas, 1978 (26 páginas)
ANEXO: comentários (duas páginas)
LOCAL DE OBTENÇÃO: Fonoteca da ECA-USP (cód. 3.789)

    A edição encontrada traz apenas o prelúdio e a primeira cena (de um total de dez) desta ópera, ambos de caráter atonal. O prelúdio é escrito e realizado de forma tradicional. No meio da primeira cena um *cluster* nos violinos abrange o total cromático, inicialmente de forma estática e pouco a pouco modulando timbricamente pelo deslocamento de alturas e articulações. Ao final, ocorre sua pulverização (notada graficamente) em contraposição a figurações rítmicas gradualmente agregadas (para esta agregação o autor utiliza notação esquemática).

COSTA, Maria Helena da

52. *Atenção* (Brasília, novembro de 1975)
Prêmio da Plateia no 2º Concurso Nacional de Composição e Arranjos Corais. Belo Horizonte, junho de 1976
MEIO EXPRESSIVO: coro misto (SCTB)
DURAÇÃO: cc. 4'
EDIÇÃO: São Paulo, S. D. P ECA-USP (cód. 040) (cinco páginas)
ANEXO: uma página com indicações de escrita
LOCAL DE OBTENÇÃO: S. D. P ECA-USP

    A peça gira em torno da exploração sonora de expressões de trânsito, manipuladas em diversos procedimentos vocais (contornos melódicos aproximados, glissandos, sussurros, sons na região extrema aguda), falados e/ou cantados (nesse caso, utiliza elementos atonais como *clusters* e agrupamentos de notas não tonais). Como notação, apresenta escrita convencional acrescida de elementos esquemáticos e simbólicos.

53. O caçador (s. l., 1978) (SP)
MEIO EXPRESSIVO: trompa solo (trompista e sua voz)
EDIÇÃO: manuscrito (quatro páginas)
ANEXO: uma página com indicações de notação
LOCAL DE OBTENÇÃO: Fonoteca da ECA-USP (cód. 3.084)

    Com estrutura fixa e organizada em um único movimento contínuo, a peça explora timbricamente o instrumento propondo diversos efeitos: glissandos, sons pontuais aleatórios, percussão das mãos ao pavilhão, ruídos de chaves e gritos dentro do pavilhão. Ao final, o intérprete deve ler uma reportagem de jornal (em qualquer língua) dentro do pavilhão, por trinta segundos. Apresenta, alternadamente, pentagramas e trigramas (dependendo da natureza do procedimento sonoro) e, também, elementos de notação gráfica e simbólica, além de instruções verbais.

54. Centone (Brasília, 1976)
MEIO EXPRESSIVO: voz feminina solo (soprano)
DURAÇÃO: cc. 10'
EDIÇÃO: São Paulo, S. D. P/ECA-USP (cód. 107) (oito páginas)
ANEXO: duas páginas com descrição dos materiais necessários e um guia de pronúncia da "International Phonetic Association"
LOCAL DE OBTENÇÃO: Fonoteca da ECA-USP (cód. 2.063)
MATERIAL NECESSÁRIO: uma cadeira, uma mesinha, um microfone de pedestal, uma rosa, um copo d'água, um diapasão de sopro, seis cartões de 30 x 30 centímetros preenchidos conforme instruções.

    Teatro musical com roteiro verbal. Seguindo marcações cronométricas, intercala uma série de ações teatrais a trechos de obras musicais notados de forma tradicional e outros procedimentos vocais (diversos fonemas emitidos seguindo um guia de pronúncia, em anexo). A intérprete deve realizar caricaturalmente a preparação (incluindo exercícios de relaxamento e aquecimento) e a realização de um recital de canto. Cinco cartões trazem os autores e os títulos das obras citadas: 1. Schoenberg – *Pierrot Lunaire*; 2. Händel – *Herr in den Höhn*; 3. Schubert – *Die Forelle, op.32*; 4. G. Frescobaldi – *Se l'aura spira*; 5. "?". O sexto cartão traz a inscrição "The End". A peça pede ainda a participação do público, quando a cantora pede a alguém da plateia que sopre o diapasão para ela.

55. *Cordel lusitano* (Brasília, 17 de dezembro de 1980)
    TEXTO: Celso Araújo, "a partir da obra de Camões".
    MEIO EXPRESSIVO: coro misto (SATB) e orquestra
    DURAÇÃO: cc. 20'
    EDIÇÃO: manuscrito (42 páginas)
    ANEXO: 13 páginas (uma com bula, 12 com texto integral)
    LOCAL DE OBTENÇÃO: Fonoteca da ECA-USP (cód. 3.749)

    A peça é dividida em três partes: a primeira e a terceira realizadas por coro e orquestra, e a segunda apenas pelo coro. Naquelas, a orquestra realiza basicamente procedimentos tradicionais, excetuando-se pequenas passagens com maior índice de indeterminância (*pizzicati* livres, glissando à nota mais aguda possível) enquanto o coro alterna realizações tradicionais com trechos em que o texto é declamado em solo, naipes ou *tutti* – ao final, coro e orquestra falam juntos um pequeno trecho. Nesta, apenas o texto é apresentado, devendo ser lido por integrantes do coro.

56. *Sangue de Tupã* (s. l., s. d.)
    TEXTO: Celso Araújo
    MEIO EXPRESSIVO: coro misto (SCTB) e orquestra (naipe de cordas, três flautas, três oboés, três clarinetes Bb, três fagotes, quatro trompas, três trompetes, três trombones, tuba, piano e percussão (I – tímpanos; II – tam-tam, pratos, prato suspenso, *wood block*, vibrafone; III – maracas, matracas, sinos, reco-reco, apito, bongô; IV – triângulo, caixa, gongo)
    DURAÇÃO: cc. 12'
    EDIÇÃO: manuscrito (28 páginas)

ANEXO: cinco páginas com instruções e texto
LOCAL DE OBTENÇÃO: Arquivo CK

Nesta peça a orquestra tem sua realização baseada em procedimentos tradicionais, apresentando em alguns trechos elementos de exploração tímbrica (dedilhar chaves sem tocar, soprar sem tirar som, frulatos, *stacatti* intensos, *clusters*). Na parte do coro, entretanto, a notação e a realização são preponderantemente informais, com quase todo o texto falado (utilizando diversas expressões, do sussurro ao grito) apresentado de forma corrida, em notação esquemática ou apenas com o ritmo dado. Há ainda a citação de duas outras obras: o *Prelúdio n.8*, de J. S. Bach, e o *Canto do pagé*, de H. Villa-Lobos, e a realização de gesto determinado pela autora.

57. **Travessia I** (Brasília, agosto de 1978)
DEDICATÓRIA: "Ao Grupo Música Nova"
MEIO EXPRESSIVO: voz, dois pianos, flauta, violão, contrabaixo, percussão (*wood block*, prato suspenso, triângulo, maracas, reco-reco, bongôs)
DURAÇÃO: indeterminada
EDIÇÃO: São Paulo, S. D. P ECA-USP (cód. 092) (sete páginas)
ANEXO: uma página com glossário
LOCAL DE OBTENÇÃO: Fonoteca da ECA-USP (cód. 2.017)

Nesta peça as alturas são indicadas em trigramas sugerindo regiões aguda, média e grave. Quando há determinação de alturas são organizados dois grupos de três notas que deverão ser repetidos em um pequeno trecho. Os ritmos e as durações são proporcionais, sem marcação de compassos, em folhas de papel quadriculado com divisões referenciais para os diversos procedimentos utilizados: esfregar papel diretamente às cordas e bater nelas com as mãos abertas (pianos, contrabaixo e violão), além de *clusters*, sons sustentados e pontuais, glissandos e vibratos, tudo isso em um jogo de dinâmicas precisamente estipulado.

COZZELA, Damiano

58. *Ruidismo dos pobres* (s. l., s. d.)
    OBS.: outros títulos possíveis: *Homenagem ao gravador; Inácio toma um analgésico* ou *Homenagem ao jornal*
    DEDICATÓRIA: "ao Benito e ao coro todo da USP"
    MEIO EXPRESSIVO: coro misto (SCTB)
    DURAÇÃO: 3'42"
    EDIÇÃO: manuscrito (duas páginas)
    LOCAL DE OBTENÇÃO: Arquivo CK

    Peça de resultados aleatórios, porém com estrutura fixa, valendo--se fundamentalmente de grafismos (colagens de letras e alguns símbolos) como notação indicando também a realização de dinâmicas, contornos melódicos e efeitos de densidades. Fonemas diversos servem de material para interpretações solistas e/ou de conjunto, segundo marcações cronométricas. Figuram na partitura também algumas sugestões para intervenções cênicas.

CSEKÖ, Luiz Carlos

59. *Ambiência 1* (Brasília/DF – Nova Iorque/Estados Unidos, abril de 1973)
    MEIO EXPRESSIVO: voz feminina, violoncelo e piano
    DURAÇÃO: cc. 7'
    EDIÇÃO: manuscrito (12 páginas)
    ANEXO: uma página com informações sobre estreias e duas páginas com instruções
    ESTREIA: Minneapolis/Estados Unidos, 1979 – Minnesota Composers Forum. St. Paul Chamber Orchestra, Dennis Russel-Davis, regente. Estreia europeia: Lisboa/Portugal, 1981, Grupo de Música Contemporânea de Lisboa
    LOCAL DE OBTENÇÃO: arquivo da professora Martha Herr

Para a parte vocal, o autor apresenta trigrama determinando regiões aproximadas, enquanto que para o celo e para o piano são alternados trigramas e pentagramas. Com marcações cronométricas ao longo de toda a peça em vez de barras de compasso, os intérpretes deverão realizar diversos procedimentos: para o piano, utilizar duas baquetas de madeira ou plástico duro e lâminas de metal ou plástico diretamente às cordas, segundo instruções verbais; para o violoncelo, tocar por vezes atrás do cavalete, nas cordas indicadas; para a voz, cantar na concavidade das mãos em forma de concha, abrindo e fechando, e alterações na pronúncia de alguns fonemas. Explorações diversas de sonoridades entre os três intérpretes constituem-se no material básico desta peça, com grande variação de efeitos. Há indicações de passagens a serem improvisadas, segundo instruções, por todos os intérpretes.

Há ainda indicação de figurino (roupas pretas para os instrumentistas, preta ou branca para a cantora) e de iluminação (palco e auditório em completa escuridão, fachos de luz sobre cada intérprete).

60. *Às vezes* (s. l., s. d.)
DEDICATÓRIA: "para Laura Conde"
MEIO EXPRESSIVO: voz feminina e piano
DURAÇÃO: cc. 6'50"
EDIÇÃO: manuscrito (15 páginas)
ANEXO: quatro páginas com instruções verbais para a realização e uma página com texto de apoio (poema, que não é realizado durante a peça)
ESTREIA: Minneapolis/Estados Unidos, novembro de 1978, Walker Art Center (sem indicações de intérpretes)
LOCAL DE OBTENÇÃO: Arquivo MH

Obs.: peça selecionada para integrar os Encontros de Música Contemporânea da Fundação Calouste Gulbenkian. Lisboa/Portugal, março de 1980.

A peça apresenta uma grande e variada coleção de sonoridades, explorada tanto pela voz como pelo piano, em procedimentos não tradicionais e de forma integrada: cantar junto às mãos em forma de concha, vibratos exagerados, sons frulatos, cantar para dentro da caixa de ressonância do piano e, para o pianista, executar diversos procedimentos diretamente nas cordas e na estrutura interna do piano com os dedos, as mãos, baquetas de madeira e barra de vidro.

Como notação, utiliza elementos simbólicos e gráficos, juntamente a elementos tradicionais, organizados em marcações cronométricas e repleta de instruções verbais ao longo da partitura. Para a voz, é utilizado trigrama indicando regiões aproximadas, uma única linha em momentos de execução de fonemas sem altura definida e também um pentagrama em passagens com alturas determinadas. Para o piano, trigrama e/ou pentagramas.

61. *Azul escuro* (Minneapolis/Estados Unidos, março de 1977) (SP)
TEXTO: Álvaro de Campos
DEDICATÓRIA: "para Fernando Cerqueira"
MEIO EXPRESSIVO: clarinete (instrumentista e sua voz) e piano
DURAÇÃO: cc. 6'30"
EDIÇÃO: manuscrito (14 páginas)
ANEXO: instruções, glossário, texto
LOCAL DE OBTENÇÃO: arquivo do autor

A peça utiliza, além dos recursos musicais, um jogo de iluminação: palco e plateia devem ficar em *blackout*, usando-se apenas luz de serviço para os músicos e cortinas e/ou biombos pretos devem ser usados para escurecer o fundo do palco. Musicalmente o autor emprega vários procedimentos, como exploração tímbrica dos instrumentos (ao piano: baquetas e chapas de metal diretamente nas cordas; ao clarinete: sons multifônicos e emissão vocal juntamente às notas), movimentação do clarinetista pelo palco segundo instruções dadas e utilização de notação aproximada com trigramas determinando regiões de alturas e marcações cronométricas para todas as durações. Além disso são apresentados também alguns trechos a serem improvisados segundo instruções verbais.

62. **Brazil S/A extração de impostos** (Rio de Janeiro, setembro de 1988)
    TEXTO: Flávio Rangel
    MEIO EXPRESSIVO: cantor/narrador e percussionista (dois tambores – grave/agudo –, cuíca, prato suspenso, agogô, gongo ou tam-tam, vibrafone ou *glockenspiel*, bloco de madeira)
    DURAÇÃO: cc. 8'
    EDIÇÃO: manuscrito (16 páginas)
    ANEXO: três páginas de instruções, glossário e texto
    LOCAL DE OBTENÇÃO: arquivo do autor

    Teatro musical em que o cantor/narrador interpreta um texto de caráter satírico pontilhado pela atuação do percussionista. Além da fala e do canto, são apresentados trechos em *sprechgesang* (fala quase canto) e uma série de intervenções cênicas utilizando gestos, movimentação e expressão facial/corporal. Durante a peça são atribuídos a ele alguns "papéis" (apresentador de noticiário, palestrante pedante, político inflamado etc.), e sua atuação se dá basicamente entrando e saindo de uma moldura sugerindo uma tela de televisão. Há ainda indicações de figurino, iluminação, formação no palco e acessórios utilizados. De forma geral, sua notação aproxima-se de um roteiro esquemático-verbal com os eventos sonoros e de interpretação assinalados em sequência e integrados entre si, valendo-se também de marcações cronométricas. Para a parte da percussão é utilizada grafia convencional acoplada ao roteiro geral, por vezes com indeterminação dos instrumentos a serem executados, e o intérprete deverá respirar ruidosa e grotescamente. Seu trecho final tem duração livre.

63. **Corda bamba** (Rio de Janeiro, dezembro de 1985)
    DEDICATÓRIA: "para Gisela Castro"
    MEIO EXPRESSIVO: voz e percussão (reco-reco, berra-boi) – um único intérprete
    DURAÇÃO: cc. 4'30"
    EDIÇÃO: manuscrito (dez páginas)
    ANEXO: duas páginas com glossário e instruções
    LOCAL DE OBTENÇÃO: arquivo do autor

A peça está apresentada em trigrama para a parte da voz (indicando regiões de alturas) e uma única linha para a percussão e outros efeitos (palmas, estalos de dedos, batidas de pé), ambos com marcações cronométricas aproximadas. A exploração de diversos procedimentos vocais e conjuntos entre voz e percussão é a tônica da peça, havendo também um trecho a ser improvisado segundo instruções. Não há alturas determinadas, mas sim perfis melódicos, glissandos e notas sustentadas definidas por relações intervalares dadas. Por vezes esses elementos se apresentam com ritmo determinado, por vezes com durações proporcionais às marcações cronométricas. O texto é constituído de sílabas e fonemas, e o autor indica a realização de diversas nuances na interpretação *(vibrato molto, vibrato exagerado, bocca chiusa, claro/ delicado, quase senza vibrato* etc.). Outras explorações sonoras estão presentes: cantar junto às mãos em forma de concha – como uma surdina –, cantar junto às molas do reco-reco, colocar a campana do reco-reco junto ao peito e à barriga. O autor fornece ainda indicações de iluminação do palco e da plateia.

64. *Couro de gato* (Boulder/Estados Unidos, dezembro de 1980) (SP)
   MEIO EXPRESSIVO: dois trombones (tenor/baixo) e percussão (percussionista 1: dois tímpanos, prato cravejado grande, suspenso, agogô (em tripé), cincerro grande, reco-reco de metal, xilofone, *temple block,* arco de contrabaixo e sua voz; percussionista 2: tímpano, prato cravejado grande, suspenso, agogô, cincerro médio, reco-reco de metal, vibrafone, *temple block,* arco de contrabaixo e sua voz).
   DURAÇÃO: cc. 7'
   EDIÇÃO: manuscrito (vinte páginas)
   ANEXO: quatro páginas com glossário, instruções e citações de textos de W. Blake e W. S. Burroughs
   LOCAL DE OBTENÇÃO: arquivo do autor

   A peça apresenta estrutura fixa e um único movimento contínuo demarcado cronometricamente. Para os instrumentos melódicos são utilizados tanto o pentagrama quanto o trigrama (indicando cinco regiões de alturas). Todas as indicações de realização presentes no decorrer da peça encontram-se em inglês, e todas as instruções iniciais em português. Além de diversos efeitos de exploração tímbrica distribuídos pelos diferentes instrumentos, o autor solicita que os intérpretes emitam sons vocais em alguns trechos, quer seja em *bocca chiusa* dados intervalos (percussionistas), quer seja em notas aproximadas (trombonistas, simultaneamente à realização instrumental). O autor indica também indumentária a ser utilizada (roupas pretas, mangas compridas), iluminação (*spotlights* de luz negra), o uso de maquiagem no rosto, pescoço e dorsos das mãos (produto sensível à luz negra) e a disposição dos intérpretes no palco.

65. ***Curva*** (Rio de Janeiro, julho de 1988) (SP)
    MEIO EXPRESSIVO: percussão (dois instrumentistas e suas vozes: 1) dois tambores com alturas diferentes, um prato suspenso, um gongo, quatro baquetas de caixa; 2) dois tambores com alturas diferentes, um prato suspenso, um agogô – em tripé –, um arco de contrabaixo, quatro baquetas de caixa)
    DURAÇÃO: cc. 6'
    EDIÇÃO: manuscrito (nove páginas)
    LOCAL DE OBTENÇÃO: arquivo do autor

    A execução desta peça deverá ser teatralizada, e a "coreografia" vem escrita de forma simbólica na partitura. São exigidos ainda vestuário específico, iluminação e disposição espacial. A peça é então executada a partir dos gestos prescritos. Marcações temporais são cronométricas/metronômicas, e a duração de certos eventos sonoros é livre, de acordo com a ressonância do instrumento, enquanto a de outros é indicada de forma gráfica. Existem dois momentos para improvisação: no primeiro, os intérpretes cantam intervalos sobre as notas emitidas no prato e no tambor por meio de arco e fricção de dedos, respectivamente. Esta passagem figura em trigramas, com alturas relativas e grafismos. No segundo trecho improvisado, figuras rítmicas – escritas dentro de um quadro – servem de base para a execução. Além dos citados efeitos de arco e fricção de dedos, os intrumentistas devem utilizar até quatro baquetas sobre o mesmo instrumento em determinadas partes.

66. **Divisor de águas** (s. l., s. d.)
    TEXTO: Antonio Brasileiro
    DEDICATÓRIA: "Para Eládio Pérez González"
    MEIO EXPRESSIVO: barítono e piano
    DURAÇÃO: não especificada
    EDIÇÃO: manuscrito (nove páginas)
    ANEXO: duas páginas com texto e bula para a realização
    LOCAL DE OBTENÇÃO: arquivo do autor

    A peça apresenta marcações cronométricas aproximadas, e o texto é realizado preponderantemente de forma falada (com indicações de caráter definidas verbalmente) utilizando um trigrama que determina cinco regiões de alturas. Algumas palavras ou fragmentos são trabalhados separadamente (falados, com ritmos definidos, cantados, com notas sustentadas, glissandos). O pianista deverá executar *clusters* em diversas formas, além de utilizar duas lâminas de metal ou plástico diretamente nas cordas segundo indicações de registro, velocidade e ritmo, notados tanto sobre dois trigramas como em pentagramas, também com indicações verbais.

67. **Lâmina da voz** (Rio de Janeiro, maio de 1986)
    TEXTO: João Cabral de Melo Neto
    MEIO EXPRESSIVO: voz (falada/cantada), trombone tenor/baixo, dois *spotlights* com *dimmer* e íris (diâmetro máximo de 40 cms.)
    DURAÇÃO: entre 6'15" e 7'07"
    EDIÇÃO: manuscrito (18 páginas)
    ANEXO: duas páginas com instruções e bula para a realização
    LOCAL DE OBTENÇÃO: arquivo do autor

    Nesta peça são utilizados apenas trigramas para determinação de regiões de alturas relativas e contornos melódicos, sempre com marcações cronométricas aproximadas. A voz se alterna entre trechos falados, cantados e sussurrados, em glissandos, sons sustentados e ataques secos, e algumas passagens apresentam ritmo escrito (às vezes, simultaneamente ao trombone). O trombonista, além da execução tradicional (com e sem surdina), deverá também cantar uma nota enquanto toca outra. Há uma grande preocupação com o caráter cênico da peça, com instruções detalhadas sobre a variação da iluminação, indicações de posicionamento, movimentos corporais e atuação no palco determinadas em um roteiro esquemático/verbal ao longo da partitura. Há ainda prescrição de indumentária, iluminação do ambiente e uso de outros recursos extramusicais como gelo seco (para delinear bem os fachos de luz).

68. *Nuance 2* (s. l., 1986)

MEIO EXPRESSIVO: percussão (seis percussionisas: quatro tímpanos, xilofone, duas molas, três maracas, três agogôs, três *almglocken* com arco, três *temple blocks*, três *wood blocks*, quatro pratos *sizzle*, dois *brake drums*, dois guizos, dois crotalos, jogo de sinos) e vozes (os próprios instrumentistas)
DURAÇÃO: não especificada
EDIÇÃO: manuscrito (13 páginas)
LOCAL DE OBTENÇÃO: Arquivo Piap

Nesta peça, os percussionistas, além de executarem seus instrumentos, utilizam também a voz (quase sempre em *bocca chiusa*) e palmas. A partitura utiliza marcações cronométricas e trigramas indicando regiões de alturas. Contrastes tímbricos, de durações e de tessituras são trabalhados entre sons sustentados e eventos pontuais, com dinâmicas totalmente estabelecidas. Há dois trechos para improvisação sobre materiais dados: um para instrumentos, com possibilidade de variação de andamento, e outro para vozes, sobre sons já realizados em instrumentos. Ao final, os executantes deverão manter os movimentos corporais após o término dos sons, como se ainda permanecessem tocando. Utiliza notação gráfica, com alguns elementos iconográficos e ainda instruções verbais ao longo da partitura.

69. *Sound* (s. l., s. d.)
DEDICATÓRIA: "para Tim Lenk"
MEIO EXPRESSIVO: quatro vozes quaisquer ou grupos de vozes, amplificados ou não, gravados ou não
DURAÇÃO: cc. 3'20"
EDIÇÃO: manuscrito (11 páginas)
ANEXO: duas páginas com instruções para a realização
ESTREIA: Boulder/Estados Unidos, 1985, Center for New Music Resources (versão amplificada eletronicamente); Belo Horizonte/MG, 1987, I Encontro de Compositores Latino-Americanos (versão para quatro vozes femininas solistas)
LOCAL DE OBTENÇÃO: Arquivo MH

    Nesta peça o material sonoro é obtido pela decomposição de seu próprio tírulo (a palavra *sound,* em sua pronúncia em inglês) em diversas possibilidades: fonemas, sons sibilados ou falados, vogais sustentadas, assobios por entre os dentes, articulações em ritmos irregulares de ataques consonantais e variação intervalar intermitente. Em alguns momentos também devem ser utilizados sussurros e expirações ruidosas de forma expressiva. Utiliza notação gráfica e simbólica, com trigramas indicando regiões de alturas aproximadas ou apenas uma linha, quando não há alturas definidas. Há marcações cronométricas ao longo da partitura, bem como algumas instruções verbais.

70. *Voz de ninguém* (Brasília, abril de 1988)
TEXTRO: Ferreira Gullar
MEIO EXPRESSIVO: coro misto (SCTB) – mínimo de 12 pessoas
DURAÇÃO: entre 3'20" e 3'35"
EDIÇÃO: manuscrito (11 páginas)
ANEXO: duas páginas com instruções e texto
LOCAL DE OBTENÇÃO: arquivo do autor

    Nesta peça, o caráter predominante é o da continuidade (quer pela presença de sons prolongados, quer pela repetição constante de frases cantadas, murmuradas e/ou sussurradas) contraposta a frases faladas, mas sem repetição – como uma grande onomatopeia ilustrativa do texto (excertos do poema "A ventania", de Ferreira Gullar). São utilizados fonemas sustentados, glissandos e contornos melódicos em notação simbólica e gráfica, com trigramas determinando regiões de alturas relativas. O autor pede ainda a dicção exagerada do texto e a acentuação de sua possibilidade dramática pela disposição do coro em palco. É pedida ainda a diminuição quase total da iluminação do palco (no auditório, escuridão total).

CUNHA, Alberto

71. *298 d.B.* (s. l., 1983)
    MEIO EXPRESSIVO: coro misto (SCTB)
    DURAÇÃO: não especificada
    EDIÇÃO: São Paulo, S. D. P ECA-USP (cód. 727) (12 páginas)
    ANEXO: uma página com instruções para realização
    LOCAL DE OBTENÇÃO: Fonoteca da ECA-USP (cód. 5.766)

    A peça apresenta como texto apenas sílabas e fonemas consonantais. As primeiras são realizadas e notadas tradicionalmente. Muitos dos sons consonantais são acompanhados de notação gráfico-indicial, sempre em procedimentos de longa duração. Em um trecho, deve-se realizar quase aleatoriamente dois desses sons segundo algumas indicações. Em outro, o autor pede a realização de murmúrios incompreensíveis. Algumas variações na realização são indicadas em notas de rodapé. Dinâmicas são grafadas de modo tradicional e os andamentos, de forma tradicional e também relativa ("2x mais lento", "2x mais rápido"). Esses elementos são distribuídos entre outros totalmente tradicionais, principalmente na primeira metade da peça.

CUNHA, Estércio Marques

72. *Adorador* (Goiânia, setembro de 1974)
    TEXTO: Ieda Schmaltz ("Uma leitura da palavra-poema de Ieda Schmaltz para coro")

MEIO EXPRESSIVO: coro misto (SCTB)
DURAÇÃO: não especificada
EDIÇÃO: manuscrito (nove páginas)
ANEXO: uma página com instruções
LOCAL DE OBTENÇÃO: autor

A palavra-poema constitui-se no único texto da peça, sendo decomposta em letras e sílabas realizadas em experimentações tímbricas: sons aspirados, notas longas sustentadas, ataques secos individuais, modulação do timbre pela forma bucal, trechos falados, gemidos e gritos. Utiliza notação simbólica (em certas passagens com resultados aleatórios), tendo também uma seção e alguns fragmentos de solos notados de forma tradicional.

73. **Breve tempo sonoro** (Goiânia, 20 de junho de 1976)
DEDICATÓRIA: "Para o Festival de Inverno de Ouro Preto, 1976"
MEIO EXPRESSIVO: flauta, violino, soprano, coro misto (grupos feminino/masculino sem distinção de vozes), percussão (prato, par de claves, atabaque) e piano
DURAÇÃO: não especificada
EDIÇÃO: manuscrito (trinta páginas)
ANEXO: uma página com instruções sobre a notação
LOCAL DE OBTENÇÃO: arquivo do autor

De caráter dodecafônico (na parte instrumental e de soprano), a peça alterna elementos informais (geralmente presentes na parte coral) como murmúrios, sussurros, sons aspirados e emissões vocais – alturas livres ou relativas – com procedimentos notados e realizados tradicionalmente. Na parte instrumental ocorrem ainda exploração de regiões extremas dos instrumentos (notação gráfica) e de recursos expressivos (flautista deverá, por vezes, articular os ataques como em uma conversa).

74. **O guarda-noite** (s. l., 16 de junho de 1977)
TEXTO: Ieda Schmaltz

MEIO EXPRESSIVO: voz feminina, pequeno coro feminino, flauta, violão, iluminação (sem luzes coloridas)
DURAÇÃO: não especificada
EDIÇÃO: Goiânia, Anima, in: Ieda Schmaltz, *O peixenauta* (poemas). 1983, 2.ed.
ANEXO: uma página com instruções para a realização
LOCAL DE OBTENÇÃO: arquivo do autor

Teatro musical em que a atuação teatral da solista (voz feminina) e a movimentação dos outros participantes em palco (coro, flautista e violonista) são indicados por instruções verbais ao longo da partitura, que em vários trechos não apresenta divisões de compassos. A solista, assim como o coro, realiza trechos falados e outros cantados, além de alguns efeitos vocais (sons aspirados, sussurros, murmúrios e *sprechgesang* (fala quase canto). A solista deverá ainda improvisar um pequeno trecho, segundo indicações. O coro não apresenta divisão estrita entre as vozes, variando sua distribuição de acordo com o efeito desejado. Para a flauta e o violão, há trechos totalmente tradicionais e outros nos quais o flautista deve falar ao bocal do instrumento, e o violonista, encostar levemente a unha nas cordas vibrantes.

75. *Lírica n.1* (s. l., 1973)
MEIO EXPRESSIVO: sexteto vocal misto (três femininas/três masculinas)
DURAÇÃO: cc. 5'
EDIÇÃO: manuscrito (13 páginas)
ANEXO: duas páginas com instruções e comentários
LOCAL DE OBTENÇÃO: arquivo do autor

A peça é baseada na exploração tímbrica de algumas possibilidades expressivas da voz por meio de procedimentos coletivos como sussurros, murmúrios, sons aspirados, vogais cantadas com alturas livres, contornos melódicos, estalos de língua e ataques com sons guturais. O autor não utiliza pentagrama, mas apenas uma linha de referência indicando três grandes regiões (agudo-médio-grave), e o texto é constituído de sílabas e fonemas que poderão ser substituídos por outros pelos intérpretes, que poderão também definir combinações harmônicas dos sons emitidos. O autor não utiliza fórmula de compasso ou marcações cronométricas, organizando espacialmente os eventos determinando assim variações de densidades e o agenciamento entre eventos.

76. **Lírica n.2** (s. l., 1975)
MEIO EXPRESSIVO: coro misto (SSCCTTBB)
DURAÇÃO: não especificada
EDIÇÃO: manuscrito (12 páginas)
ANEXO: uma página com instruções
LOCAL DE OBTENÇÃO: Fonoteca da ECA-USP (cód. 1.934)

O material sonoro empregado nesta peça assemelha-se muito ao da peça anterior, *Lírica n.1*, acrescido de gritos. Aqui, esses elementos informais são intercalados e/ou sobrepostos a trechos com notação e realização totalmente tradicionais, com variações em sua densidade e utilizando pentagramas. A indicação de compassos (quaternário) é apenas referencial, assim como o andamento indicado (*bem lento*).

77. **Lírica n.3** (Goiânia, 29 de setembro de 1975)
MEIO EXPRESSIVO: coro misto (grupos masculino/feminino, sem distinção de vozes)
DURAÇÃO: não especificada
EDIÇÃO: manuscrito (cinco páginas)
ANEXO: uma página com instruções para a realização
LOCAL DE OBTENÇÃO: arquivo do autor

O material sonoro assemelha-se ao utilizado nas duas últimas peças, *Lírica n.1* e *Lírica n.2*. Aqui, como na primeira, não há pentagramas, apenas uma linha demarcando três regiões de alturas relativas (agudo-médio-grave), sobre as quais o autor distribui fonemas, sílabas e palavras pertencentes a um poema de caráter concretista (anexo à partitura). Não há fórmula de compasso nem marcações cronométricas, apenas linhas verticais de referência para o agenciamento de eventos (simultâneos "como em um acorde" e/ou sequenciais).

78. ***Música para coro, flauta, xilofone e bateria*** (s. l., 10 de julho de 1974)
   MEIO EXPRESSIVO: coro misto (SCTB), flauta, xilofone e bateria
   DURAÇÃO: não especificada
   EDIÇÃO: manuscrito (12 páginas)
   ANEXO: uma página com instruções
   LOCAL DE OBTENÇÃO: arquivo do autor

   Os únicos elementos informais presentes são a exploração tímbrica por meio de estalos de língua e sons aspirados sem altura definida na parte coral (o primeiro com variação de densidades, o segundo em sons prolongados) e a não determinação de métrica de compassos – as linhas de compasso presentes servem apenas como referência visual para a montagem, reforçando a ideia de um *continuum*.

79. ***Música para coro e percussão*** (Oklahoma City/Estados Unidos, março de 1979)
   MEIO EXPRESSIVO: coro misto (dez homens, dez mulheres – cada grupo pode ser duplicado) e percussão (*chimes*, gongo, prato suspenso, marimba, *wood block*, caixa-clara, tímpano cromático médio, bumbo); pedaços de madeira e pedras (o coro também realiza percussão).
   DURAÇÃO: cc. 11'
   EDIÇÃO: manuscrito (28 páginas)
   ANEXO: uma página com instruções
   LOCAL DE OBTENÇÃO: arquivo do autor

   Nesta peça não há a presença de pentagramas para a realização coral; apenas uma única linha para cada naipe delimita grandes regiões de alturas. Sobre ela estão indicados contornos melódicos e sons sustentados e/ou ataques simultâneos em diferentes regiões (por vezes com alturas livres) além de variação de densidades, realizados com sons sussurrados, murmúrios ininteligíveis e vogais cantadas. A parte instrumental é preponderantemente notada e realizada de modo tradicional, com exceção apenas para trechos em que um prato deve ser colocado sobre a pele do tímpano realizando contornos melódicos aproximados. A peça apresenta marcações cronométricas com linhas divisórias para facilitar a leitura e montagem.

80. ***Natal (cena musical em 1 ato)*** (Goiânia, maio de 1984)
    TEXTO: adaptado do *Livro do Eclesiastes* (Bíblia) e de *Faz escuro mas eu canto* (Thiago de Melo)
    MEIO EXPRESSIVO: coro misto (sem indicação de vozes), duas flautas, violão, pedras (percussão), dois atores (um narrador), atriz
    DURAÇÃO: não especificada
    EDIÇÃO: manuscrito (24 páginas)
    ANEXO: duas páginas (instrumentação e texto)
    LOCAL DE OBTENÇÃO: arquivo do autor

    Teatro musical. Ao longo da partitura são apresentados, juntamente à realização musical, os textos a serem falados e as indicações de distribuição inicial e movimentação em palco (atores e coro, de forma verbal). No instrumental apresenta notação e realização tradicionais. O coro, além da movimentação em palco, executa também percussão com pedras e trechos murmurados sem texto determinado.

81. ***Requiem for Prometheus*** (s. l., 1982) (SP)
    MEIO EXPRESSIVO: coro, solistas, voz amplificada, atores e orquestra, esta dividida em dois grupos; grupo I (no palco): piano, duas flautas, dois clarinetes Bb, clarone Bb, dois trompetes Bb, dois trombones, tambor militar, *bass drum*; grupo II (no fosso): duas flautas, dois oboés, dois clarinetes Bb, um fagote, quatro trompas F, três trombones, tuba, percussão (dois tímpanos, *bass drum*, xilofone, prato suspenso, celesta, *temple block*) e cordas (violinos, violas, violoncelos e contrabaixos).
    DURAÇÃO: não especificada
    EDIÇÃO: manuscrito (129 páginas)
    ANEXO: libreto, comentários e instruções
    LOCAL DE OBTENÇÃO: arquivo do autor

Esta peça – na verdade, uma ópera – faz parte da tese de doutoramento defendida pelo autor em Oklahoma/Estados Unidos, em 1982. Os músicos presentes no palco participam, por vezes, da cena. Ao coro está reservado o maior número de elementos informais: efeitos de densidades e sons sustentados sem alturas definidas, contornos melódicos em sussurros, participação das cenas movimentando-se pelo palco segundo indicações verbais (incluindo aplausos, ovações e outros procedimentos de diversos caracteres), coreografia gestuais, palavras de livre escolha a serem pronunciadas; alguns solos vocais devem ser amplificados e tratados com efeitos eletrônicos. Os atores interpretam personagens estereotipados (socialite, jornalista, líder religioso, demagogo), e suas atuações –faladas – vêm indicadas verbalmente e na íntegra na partitura, porém sem sincronização precisa com a parte orquestral. O piano faz também parte do cenário, sendo executado por uma atriz. Há ainda indicações para iluminação e cenário.

82. *Reza* (Goiânia, 1971)
    MEIO EXPRESSIVO: três coros (feminino, misto e masculino com pelo menos dez pessoas em cada grupo – quanto mais, melhor) e percussão (instrumentos que tenham ressonância – tímpano, gongo, prato etc. – e dois pequenos objetos – paus, pedras – com som suave e opaco)
    DURAÇÃO: cc. 7'
    EDIÇÃO: manuscrito (15 páginas)
    ANEXO: uma página com instruções
    ESTREIA: Catedral de Goiânia, 1977. Coral do Curso Técnico da UFGO.
    LOCAL DE OBTENÇÃO: arquivo do autor

    Nesta peça não há pentagramas, mas apenas uma linha de referência indicando três grandes regiões (agudo-médio-grave). Contornos melódicos, alturas livres, efeitos de densidades e atuações faladas ou sussurradas com variações de caráter constituem a base da atuação coral distribuída entre os três grupos, que às vezes devem também executar a percussão (paus e pedras). Alguns solos estão indicados, seguindo a mesma linha de atuação. Os instrumentos de percussão deverão posicionar-se atrás de cada grupo coral, que deve estar separado dos demais. O autor emprega também marcações cronométricas em lugar de barras de compasso.

ESCOBAR, Aylton

83. *Assembly* (s. l., 1972) (SP)
MEIO EXPRESSIVO: piano (acústico/amplificado) e fita (com a voz do instrumentista)
DURAÇÃO: variável
EDIÇÃO: Colônia, Musikverlag Hans Gerig, in: *Neue Brazilianische Musik*, 1978 (quatro páginas)
ANEXO: duas páginas com instruções e comentários
LOCAL DE OBTENÇÃO: Arquivo CK

A peça é formada por sete módulos indicados por letras, não havendo indicações se sua sequência de realização é fixa. A, B e C devem ser tocados ao piano acústico, não contendo em si elementos informais. D, E e F são executados ao piano amplificado utilizando diversos elementos organizados em células: toque diretamente às cordas com pancadas ou raspagem de dedos, unha ou outro objeto como vidro. Tais células podem ser repetidas livremente, ou a partir delas o intérprete poderá improvisar aleatoriamente. G é tocado também ao piano amplificado. Contém instruções verbais, devendo o intérprete escolher livremente entre os módulos A, B ou C, terminando com um grande *cluster* com os braços. A fita magnética é executada a partir do módulo D até o final, e pode ser montada pelo próprio intérprete a partir de indicações do autor utilizando elementos da própria partitura além de sua atuação vocal dizendo um poema e seu nome.

84. *Canto/ciranda (ao) chão* (Rio de Janeiro, 1978)
TEXTO: Ilka B. Laurito
DEDICATÓRIA: "para Dulce"

Meio expressivo: coro misto (SSSCCCTTBB)
Duração: não especificada
Edição: Rio de Janeiro, MEC/Funarte, in: *Nova Música do Brasil para coro a cappella* (seis páginas)
Anexo: uma página com texto, comentários e instruções
Local de obtenção: Fonoteca da ECA-USP (cód. 3.805)

A peça é baseada na união de algumas características do cantochão (textos salmodiados, realização rítmica de forma expressiva, sem rigor métrico) a um material oriundo das cantigas de roda, inclusive com a citação de um tema popular (*Carneirinho, carneirão*). O autor contrapõe procedimentos escritos e realizados de forma tradicional a outros utilizando notação simbólica e gráfica. Além do texto cantado/salmodiado os cantores devem assobiar em um trecho, e em outro cantarolar livremente melodias populares infantis (escolhidas individualmente). Algumas palavras são ainda faladas, segundo indicações de caráter.

85. *Cantos novos e vazios* (Rio de Janeiro, agosto de 1970 – dezembro de 1977)
Texto: Félix Augusto de Athayde
Dedicatória: "são dedicados ao soprano Fátima Alegria"
Meio expressivo: voz (soprano) e piano
Duração: não especificada
Edição: partitura editada sem qualquer referência à editora ou local (oito páginas). Pelas características gráficas, talvez seja uma edição da Novas Metas, de São Paulo
Anexo: duas páginas com texto, notas explicativas e instruções para a notação utilizada.
Local de obtenção: Arquivo MH

Esta peça é composta por duas partes – dois cantos que, embora possuam certa independência por suas características particulares, deverão sempre ser executados em conjunto, praticamente sem interrupções. No primeiro canto, a parte do piano intercala realizações tradicionais a trechos com trigramas indicando regiões, e a parte da voz apresenta uma execução praticamente tradicional à exceção de alguns glissandos notados graficamente; no conjunto, há trechos sem divisões de compassos e com certa liberdade na execução de padrões rítmicos. No segundo canto, não há divisões de compasso, e o pianista realiza uma série de procedimentos (alguns deles improvisados) junto às cordas com os dedos, um copo de vidro e uma baqueta. Apresenta notação gráfica e simbólica, sempre utilizando trigrama para indicar regiões. A cantora realiza melodias com alturas relativas, levando em conta sua estrutura intervalar, e realiza algumas respirações de forma expressiva.

86. *Dois contornos sonoros* (s. l., 1976)

TEXTO: Antonio Rodrigues
MEIO EXPRESSIVO: coro misto (SSSCCTTTBB) no *Contorno 1*, coro duplo (*piccolo* e *grande*); no *Contorno 2*, oito rádios de pilha (no mínimo)
DURAÇÃO: não especificada
EDIÇÃO: São Paulo, Novas Metas, 1979 (oito páginas)
ANEXO: uma página com comentários e instruções
LOCAL DE OBTENÇÃO: Centro Cultural São Paulo (p.3205)

A peça é dividida em duas partes (dois "contornos") compostas a partir de haicai. A primeira tem notação e realização totalmente tradicional; na segunda, alguns elementos informais estão presentes: trechos com trigramas indicando regiões de alturas, improvisos individuais segundo indicações, blocos sonoros de alturas livres, utilização de rádios de pilha (sempre manipulando o *dial*) e articulação de cantos populares em *bocca chiusa* ou com o texto original, resultando em alto grau de aleatoriedade.

87. *Poética II* (Rio de Janeiro, 1978) (SP)

DEDICATÓRIA: "para Renato Schmidt, meu amigo"
MEIO EXPRESSIVO: quatro flautas; ou uma flauta e três gravadores de cassete; ou uma flauta e um gravador de rolo; ou quatro flautas e um gravador de rolo (utiliza a voz do instrumentista).

DURAÇÃO: de 06'a 10', dependendo da versão
EDIÇÃO: São Paulo, Novas Metas, 1978 (quatro páginas)
ANEXO: duas páginas com comentários e instruções sobre notação, realização e gravação da fita magnética, além das partes separadas para cada instrumentista
LOCAL DE OBTENÇÃO: Arquivo CK

A peça realiza exploração tímbrica dos instrumentos (também os relacionando à manipulação da fita magnética) e constitui-se em 13 módulos independentes entre si. Esses módulos estão organizados em quatro seções: 1) expositiva – uma flauta executa os dez primeiros módulos; 2) de ligação – as quatro flautas (ao vivo e na fita) executam o mesmo módulo (11); 3) jogos e diálogos – os dez primeiros módulos são desenvolvidos pelos quatro flautistas (ao vivo ou na fita) seguindo outra ordem; 4) finale – um mesmo módulo (13) é executado pelos quatro flautistas (ao vivo ou na fita). No caso da realização com fita, esta poderá ser modificada eletronicamente. No geral sua estrutura é determinada, e na terceira seção um flautista poderá organizar os módulos a seu critério, bem como alterar dinâmicas e andamento. Em determinados momentos, deverão também variar as formas de emissão, chegando a falar um texto de livre escolha junto ao bocal da flauta. Sua notação mescla escrita tradicional com o uso de notação simbólico/gráfica, além dos comandos verbais necessários à sua montagem (em cada uma das versões possíveis). Traz ainda indicações para montagem da fita, marcações de cena e de distribuição dos músicos pelo palco e plateia.

88. *Poética IV* (São Paulo, 1980) (SP)
MEIO EXPRESSIVO: tuba solo, fita magnética e rádios de pilha (utiliza a voz do intérprete)
DURAÇÃO: não especificada
EDIÇÃO: São Paulo, Novas Metas, 1980 (nove páginas)
ANEXO: sete páginas com comentários, instruções e partitura de realização para a fita magnética
LOCAL DE OBTENÇÃO: Centro Cultural São Paulo (p.4830)

Esta peça divide-se em duas partituras: a primeira, para a *performance*, mostra os elementos musicais executados ao vivo e os necessários à sincronização da fita; a segunda trata-se de uma partitura de realização da parte previamente gravada pelo próprio intérprete, chegando a ter dez eventos simultâneos. A partitura a ser utilizada na *performance* apresenta preponderantemente notação tradicional (ainda que sem barras de compasso). A partitura para gravação da fita apresenta marcações cronométricas e, além da notação tradicional, é utilizada também notação simbólico-gráfica para a manipulação dos rádios de pilha e indicações verbais para a entrada de um texto a ser falado pelo intérprete, terminando com a pronúncia de seu próprio nome (este texto deverá ser traduzido na língua nativa do intérprete, mantendo-se seu significado expressivo).

89. **Sete palavras e um punhal** (Rio de Janeiro, 1982)
    TEXTO: Cecília Meirelles
    DEDICATÓRIA: "para Beth Ernst Dias – Rio, 1982"
    MEIO EXPRESSIVO: "para um flautista, sua voz e fita magnética" (flauta, flauta G)
    DURAÇÃO: não especificada
    EDIÇÃO: São Paulo, Novas Metas, s. d. (duas páginas)
    ANEXO: uma página com texto e instruções para a gravação da fita
    LOCAL DE OBTENÇÃO: Fonoteca da ECA-USP (cód. 5.880)

A realização desta peça dá-se em dois níveis: execução ao vivo, quando o intérprete deverá, além de tocar, cantar algumas notas ao bocal do instrumento; fita magnética pré-gravada pelo próprio instrumentista na qual são manipulados diversos materiais (sobreposição de trechos, adição de efeitos de estúdio, trechos falados – com diversos graus de expressividade –, sons de borbulhas d'água soprada por canudo em um balde). A fita é constituída de quatro trechos que são sobrepostos à atuação ao vivo – que poderá contar também com recursos de amplificação (neste caso, devem também se utilizar efeitos eletrônicos. Todos os procedimentos necessários à gravação da fita vêm em instruções verbais, sendo a partitura apenas de execução (determinando a sincronia entre o material gravado e a *performance* ao vivo).

FERRAZ, Sílvio

90. ***Algo sobre algo*** (São Paulo, 10 de novembro de 1978)
    TEXTO: Edgar Braga
    MEIO EXPRESSIVO: coro misto SCTB
    DURAÇÃO: não especificada
    EDIÇÃO: São Paulo, S. D. P ECA-USP (cód. 854) (oito páginas)
    ANEXO: duas páginas com instruções e texto estimulativo à participação do público
    LOCAL DE OBTENÇÃO: Fonoteca da ECA-USP (cód. 6.490)

    Utilizando como suporte pentagramas sem divisões de compasso, a partitura não indica caráter ou andamento, que deverão ser determinados individualmente por cada cantor a partir da leitura do poema. A partir do andamento determinado em seu início, o autor propõe um jogo de proporções entre os procedimentos apresentados. São utilizados sons nasais, sons orais, *bocca chiusa* e suas combinações de agenciamento, além de variação microtonal aproximada de notas sustentadas. O autor fornece também um texto estimulativo a ser distribuído para o público, com sugestões de manipulação na percepção dos elementos sonoros apresentados na obra.

91. ***Cantilena en canto*** (São Paulo, 30 de outubro de 1979)
    MEIO EXPRESSIVO: duas vozes femininas (solos)
    DURAÇÃO: não especificada
    EDIÇÃO: São Paulo, S. D. P ECA-USP (cód. 853) (uma página)
    ANEXO: texto com instruções
    LOCAL DE OBTENÇÃO: Fonoteca da ECA-USP (cód. 6.489)

    Para cada uma das cantoras o autor propõe um modelo de altura: para a primeira, uma série ininterrupta de notas de igual valor, sempre pequeno, gerando um perfil melódico a ser repetido com diversas manipulações a cada vez (alterações microtonais, portamentos, variações de dinâmicas, timbres de voz) mantendo sempre um caráter geral mais ágil, como uma ladainha; para a segunda, três blocos com notas longas com âmbito máximo de um trítono utilizando a sonoridade da inspiração e expiração, e por vezes como um sopro cantado, mantendo um caráter mais lento, como em um lamento. As duas intérpretes deverão atravessar em linha reta o local onde se encontra a audiência: inicialmente a segunda, lentamente, e depois, também a primeira, de forma mais rápida (com indicações metronômicas para os passos).

92. *Correr com o vento* (São Paulo, 30 de setembro de 1981)
TEXTO: Teco e Manoel Costa
MEIO EXPRESSIVO: voz feminina solo, oboé e coro misto (SCTB)
DURAÇÃO: cc. 2'
EDIÇÃO: São Paulo, S. D. P ECA-USP (cód. 859) (cinco páginas)
ANEXO: uma página com instruções
LOCAL DE OBTENÇÃO: Fonoteca da ECA-USP (cód. 6.494)

Esta apresenta notação e realização preponderantemente tradicionais. Não há, porém, divisões de compasso nem ritmos escritos, apenas melodias com durações proporcionais (notas brancas e pretas) e grupos de notas a serem executados rapidamente. Não dispondo de uma métrica determinada, cada intérprete poderá organizar sua estrutura rítmica, com o cuidado de evitar grandes disparates entre as escolhas individuais. O oboísta deverá estar atento à voz solista feminina, para seguir o fraseado realizado pela cantora e interagir com ela em determinados momentos.

93. *Mas quem te deu tudo isso?* (São Paulo, 4 de janeiro de 1980)
TEXTO: Noel Rosa
MEIO EXPRESSIVO: coro misto (sem indicações de divisão de vozes)
DURAÇÃO: não especificada

Edição: manuscrito (duas páginas)
Anexo: uma página com instruções
Local de obtenção: arquivo do autor

A partir de uma poesia de Noel Rosa (de 1937, com melodia perdida), o autor apresenta uma proposta melódica para sua realização: ela tem quadratura maior do que a poesia, e o grupo pode decidir coletiva ou individualmente quando começar e acabar (garantindo, a partir de indicações, o enquadramento do trecho melódico à poesia completa). Cada cantor poderá iniciar seu trecho a partir de uma altura que lhe convenha, utilizando a melodia dada como referência intervalar, e o grupo decide também qual o andamento escolhido. Ao passar pelo *da capo* da partitura (caso se passe por esse trecho), os intérpretes deverão realizar "canto falado" (sem indicações para sua realização).

94. ***Toada*** (São Paulo, 22 de novembro de 1979)
Texto: Edgar Braga
Meio expressivo: coro misto (SCTB) de no máximo vinte vozes
Duração: não especificada
Edição: São Paulo, S. D. P ECA-USP (cód. 858) (três páginas)
Anexo: uma página com instruções
Local de obtenção: Fonoteca da ECA-USP (cód. 6.493)

A peça apresenta sequências melódicas que deverão ser executadas individualmente por cada integrante do coro, que deverá escolher um andamento (entre 100 e 120MM) para sua realização. Os coralistas deverão estar dispostos em círculo, distribuídos entre o público, e deverão se movimentar atravessando diametralmente o círculo imaginário, terminando de cantar assim que chegarem ao ponto desejado; dessa forma, todos começam juntos, mas o término das realizações individuais será desencontrado. O autor indica ainda certa liberdade na organização de dinâmicas, estabelecendo em alguns trechos campos de dinâmica para escolha também pessoal. Os sons a serem emitidos deverão ser definidos também individualmente a partir de sugestões do autor (de forma normal, anasalada ou em falsete, segundo indicações), e as alturas poderão ter variação de um quarto de tom.

FICARELLI, Mário

95. *Ensaio 1972* (São Paulo, 1972) (SP)
    DEDICATÓRIA: "para Anna Maria Kieffer"
    MEIO EXPRESSIVO: meio-soprano, contrabaixo e percussão (quatro pratos suspensos – *piccolino* (15'), *picollo* (18'), médio (20') e grande (22')).
    DURAÇÃO: 11'30"
    EDIÇÃO: São Paulo, Novas Metas, 1978 (11 páginas)
    ANEXO: duas páginas com instruções (inglês/português)
    ESTREIA: Festival da Sociedade Internacional de Música Contemporânea (Simc). Paris, 1975. Anna Maria Kieffer (soprano), Joelle Leandre (contrabaixo), Michel Cals, Guy Noel Ciprian, Willy Coquillat e François Gagneux (percussão)
    LOCAL DE OBTENÇÃO: Centro Cultural São Paulo (p.2255)

    Nesta peça destaca-se a exploração tímbrica dos pratos, por meio da fricção, percussão e ressonância conseguidas de várias formas e com vários objetos, como arco, fios de crina, lápis, serras, espátulas, água etc. Para esses procedimentos são utilizados símbolos específicos e alguns grafismos, enquanto que para a voz e o contrabaixo são utilizadas notação e realização preponderantemente tradicionais. A partitura não apresenta divisões de compasso, e apenas em alguns trechos marcações cronométricas.

96. *Noturno* (s. l., 1979)
    OBS.: obra premiada no I Concurso Nacional de Composição para coro infantil (Funarte)
    MEIO EXPRESSIVO: coro infantil (três vozes)
    DURAÇÃO: cc. 2'55"

EDIÇÃO: Rio de Janeiro, Funarte, série Música Brasileira para coro infantil, 1982 (oito páginas)
ANEXO: uma página (comentários, instruções e nota sobre o autor)
LOCAL DE OBTENÇÃO: Fonoteca da ECA-USP (cód. 3.832)

O autor mescla procedimentos notados e realizados tradicionalmente a outros – na parte central da peça e em seu final – utilizando notação gráfica (*clusters* sustentados que se estreitam até um único som) com clave de regiões, além de trecho com ritmos escritos para assobios (ritmos esses que podem ou não ser seguidos – são apenas sugestão de organização temporal), uma passagem com sussurros e outra com comandos verbais orientando a realização.

97. ***Sapo jururu*** (s. l., 1974)
OBS.: há uma dedicatória para o acervo: "Para Biblioteca do Depto. de Música da ECA-USP"
MEIO EXPRESSIVO: coro misto (SCTB/SSSCCTTBB)
DURAÇÃO: não especificada
EDIÇÃO: manuscrito (oito páginas)
LOCAL DE OBTENÇÃO: Fonoteca da ECA-USP

A peça apresenta poucos elementos informais: em seu trecho inicial o autor apresenta algumas sílabas a serem repetidas pelos naipes em procedimentos rápidos e apenas com direções melódicas aproximadas e um grupo rítmico que deverá ser repetido cerca de três vezes; ao longo da partitura glissandos e sons sustentados são notados de forma gráfica, e ao final um pequeno e vigoroso glissando falado terminando em *ff*.

98. ***Suíte "O poço e o pêndulo"*** (s. l., dezembro de 1969) (SP)
TEXTO: baseada no conto homônimo de Edgar Allan Poe
DEDICATÓRIA: "ao professor Ernesto de Lucca"
MEIO EXPRESSIVO: dois pianos, narrador e percussão (castanholas, pandeiro, triângulo, caixa, tambor militar, três *wood blocks* – agudo, médio e grave –, claves, dois pratos suspensos, dois pratos, tam-tam grave, corrente de ferro, dois tímpanos, dois

tímpanos com pedal, celesta, vibrafone, sinos, xilofone, piano, piano vertical sem máquina e teclado, vozes dos percussionistas – sete executantes)
DURAÇÃO: não especificada
EDIÇÃO: manuscrito (18 páginas)
ANEXO: três páginas com comentários, instruções e síntese do conto de E. A. Poe por Raulita G. Odriozola
LOCAL DE OBTENÇÃO: Arquivo Piap

A peça está dividida em quatro seções: I) *Lento*; II) *Lento*; III) *Introduzione* e *Passacaglia* e IV) *Fugato* e *Finale*. O texto a ser narrado é distribuído pela própria partitura, e suas entradas são livres. A notação empregada é a tradicional, acrescida de elementos simbólico/indiciais (arrastar de corrente) e gráfico/indiciais (glissandos em instrumentos melódicos, atuações vocais dos instrumentistas – de caráter aleatório e demarcação de regiões ao piano – sem teclas com atuação diretamente às cordas).

99. *Três cantos* (s. l., s. d.)
Textos de Eduardo Girão, Joaquim Manuel de Macedo e João Cabral de Melo Neto
DEDICATÓRIA: "a Eládio Perez Gonzalez"
MEIO EXPRESSIVO: canto (barítono) e piano
DURAÇÃO: não especificada
EDIÇÃO: manuscrito (11 páginas)
ANEXO: uma página com texto
LOCAL DE OBTENÇÃO: Fonoteca da ECA-USP (cód. 1.512)

Com notação e realização preponderantemente tradicionais, a peça apresenta como elementos informais a realização de um trecho do texto "entre dentes", outra parte a ser falada ("quase declamada") e indicações para a atuação cênica do cantor.

100. *Os vazios do homem* (s. l., setembro de 1970)
DEDICATÓRIA: "para Rufo Herrera"

MEIO EXPRESSIVO: coro misto (SCTB) e piano (sem teclado e marteleira)
DURAÇÃO: não especificada
EDIÇÃO: manuscrito (seis páginas)
ANEXO: uma página com texto e instruções para a realização
LOCAL DE OBTENÇÃO: Arquivo CK

Esta peça apresenta alto nível de informalidade, quer no âmbito instrumental (percussão junto às cordas com lápis, baquetas e mãos, divisão das cordas em oito regiões aproximadas, indicadas simbolicamente), quer no vocal. Neste, o coro realiza alguns procedimentos notados e realizados tradicionalmente, prevalecendo, no entanto, diversos elementos informais: murmúrios, reverberação do som com as mãos frente à boca, frase a ser declamada ("em tom de discurso"), ações teatrais e um trecho aleatório de trinta segundos (juntamente com o piano) com indicações verbais. Quase sempre o autor faz uso apenas de uma linha indicando três grandes regiões (agudo, médio e grave) e utiliza notação gráfica.

FLUSSER, Victor

101. *Dez minipeças* (s. l., s. d.)
MEIO EXPRESSIVO: vozes infantis
DURAÇÃO: não especificada
EDIÇÃO: manuscrito (12 páginas)
ANEXO: uma página com bula
LOCAL DE OBTENÇÃO: Arquivo CK

Grupo de pequenas peças (na média, uma página cada) de caráter aleatório, com haicai servindo como epígrafe a cada uma delas; os textos são manipulados de forma falada/cantada, com a exploração de suas características fonéticas/sonoras/onomatopaicas. São apresentadas propostas de improvisação, exploração tímbrica, efeitos de texturas e densidades. O aspecto lúdico, presente em todas as peças, torna-se preponderante em algumas delas, montando um verdadeiro jogo entre os participantes. Indicações de alturas são dadas quase sempre por regiões, e as durações são sempre proporcionais (sem nenhuma indicação cronométrica). Em uma delas, há indicações para ação cênica e, em outra, de distribuição espacial das vozes. O autor utiliza diversos tipos de notação: simbólica, gráfica, verbal, esquemática e, em uma única passagem, notas com alturas determinadas tradicionalmente.

GALINDO, João Maurício

102. *Coro à vista* (s. l., setembro de 1983)
MEIO EXPRESSIVO: para coro misto (SCTB) e fagote
DURAÇÃO: não especificada
EDIÇÃO: manuscrito (vinte páginas)
OBS.: páginas pequenas, aproximadamente metade do tamanho normal
LOCAL DE OBTENÇÃO: arquivo do autor

O texto da peça constitui-se de nomes de diversas marcas e produtos, em uma referência à propaganda em geral e também ao consumismo desenfreado. Esses nomes são realizados de forma falada, bem como em melodias escritas e realizadas de forma tradicional. Quando falados, não apresentam maiores indicações de realização além de variações de dinâmicas, estando ausente o pentagrama. Sua sincronização com a parte do fagote (escrita e realizada de forma tradicional) dá-se pela distribuição gráfica em quadros juntamente à partitura instrumental. Em alguns trechos deve-se improvisar sobre fonemas dados.

GUIMARÃES, Álvaro Celso

103. *Apólogo: Canto I* (São Paulo, junho de 1979) (SP)
MEIO EXPRESSIVO: violoncelo, oito vozes, fita magnética e bailarina
DURAÇÃO: 4'30"

EDIÇÃO: manuscrito (quatro páginas)
ANEXO: duas páginas com instruções
LOCAL DE OBTENÇÃO: Fonoteca da ECA-USP (cód. 4.066)

Teatro musical cuja partitura se apresenta como um gráfico com separações de cinco em cinco segundos, no qual constam as durações das atuações de cada intérprete em suas respectivas realizações. O violoncelo mantém uma nota constante (Re3) e as vozes dividem-se em dois grupos, com flutuações de um quarto de tom: quatro vozes acima dela, quatro abaixo. São dadas indicações cênicas (para a bailarina) e de posicionamento em palco (violoncelo e vozes). Segundo o autor, "não existe a figura do regente, sendo os próprios intérpretes os responsáveis pela montagem da peça". O autor fornece indicações para a obtenção da fita magnética pré-gravada, que na partitura aparece apenas com sinais de início e final.

Obs.: esta peça faz parte de um ciclo de seis peças simultâneas

104. *Apólogo: Canto V e VI* (São Paulo, 1979)
MEIO EXPRESSIVO: três caixas-claras triângulo, voz livre e soprano
DURAÇÃO: 4'48"
EDIÇÃO: manuscrito (seis páginas)
ANEXO: duas páginas com instruções e uma com parte de soprano
LOCAL DE OBTENÇÃO: Fonoteca da ECA-USP (cód. 4.067)

Teatro musical cuja partitura constitui-se de um gráfico com separações a cada segundo apenas com as indicações das entradas de cada intérprete. Todas as outras informações são apresentadas em folhas anexas que indicam todos os procedimentos sonoros a serem realizados, como rufos constantes em regiões bem definidas entre as três caixas-claras, sons sustentados em campos de frequência dados e grande e sonora respiração para a voz livre, texto a ser entoado pelo soprano com uma nota dada, admitindo variações de um quarto de tom. Variações de dinâmicas, ataques e andamentos são de escolha dos intérpretes. Há ainda indicações para a disposição dos músicos no palco e na plateia (soprano).

GUIMARÃES, Marco Antonio

105. *Salmo 148 – Coro de Aleluias* (s. l., 1975)
MEIO EXPRESSIVO: coro misto (SSCCTTBB)
DURAÇÃO: não especificada
EDIÇÃO: manuscrito (seis páginas)
ANEXO: uma página com instruções
LOCAL DE OBTENÇÃO: Fonoteca da ECA-USP (cód. 4.476)

Nesta peça, trechos notados e realizados tradicionalmente são intercalados/justapostos a outros que utilizam diversos procedimentos: sequências de *clusters* com referências intervalares (entre um e outro ataque, indicando variações de alturas), formação livre de melodias (de caráter melismático) sobre sílabas dadas, alturas livres de forma sustentada ou sobre ritmos determinados, uso de um diapasão de sopro pelo regente ou um coralista e *flatterzungen* (vibrar a língua no céu da boca). Há ainda partes do texto a serem recitadas, em solo.

HOLLANDA, Cirlei Moreira de

106. *O que se diz* (Rio de Janeiro, outubro de 1985)
TEXTO: Carlos Drummond de Andrade
DEDICATÓRIA: "à alegria de Carolina, minha filha"
MEIO EXPRESSIVO: soprano, barítono e clarinete Bb
DURAÇÃO: cc. 8'
EDIÇÃO: manuscrito (dez páginas)
ANEXO: uma página com comentários e instruções
ESTREIA: VII Bienal de Música Contemporânea Brasileira. Sala Cecília Meireles/Rio de Janeiro, 1987. Ruth Staerke (soprano), Ignácio de Nono (barítono) e Paulo Sérgio Santos (clarinete)
LOCAL DE OBTENÇÃO: arquivo da autora

Teatro musical em que as duas vozes (soprano e barítono) realizam sequências de frases recolhidas do cotidiano de diversas maneiras, falando e/ou cantando. O clarinetista ilustra/observa o que é dito, atuando por meio de intervenções intercaladas ou justapostas. Há trechos em que são apresentadas várias opções de realização, e outro deve ser improvisado pelo barítono a partir de um motivo proposto. As instruções, tanto para o caráter das atuações como para a movimentação em palco, são dadas no decorrer da partitura de forma verbal; no mais, as realizações musicais estão notadas de forma tradicional. A autora indica ainda os elementos cenográficos (simples) a serem utilizados e a disposição no palco.

107. *Projeto de carta* (Rio de Janeiro, junho de 1985)
TEXTO: Carlos Drummond de Andrade
DEDICATÓRIA: "para minha filha Cristina, tão amiga"
MEIO EXPRESSIVO: barítono e piano (o próprio cantor)
DURAÇÃO: cc. 15'
EDIÇÃO: manuscrito (nove páginas)
ANEXO: uma página com comentários e instruções
ESTREIA: VII Bienal de Música Contemporânea Brasileira. Sala Cecília Meireles/Rio de Janeiro, 16 de junho de 1985. Ignácio de Nono, barítono
LOCAL DE OBTENÇÃO: arquivo da autora

Teatro musical em que o solista realiza um monólogo com trechos cantados, outros falados e outros ainda salmodiados. Executa também algumas pequenas intervenções ao piano, tanto para complementar algumas passagens do texto (*clusters*, notas sustentadas, pequena melodia acompanhada a ser tocada) quanto para auxiliar na afinação inicial de alguns trechos. São apresentadas indicações cenográficas para a montagem do palco, e as instruções de caráter da interpretação e de movimentação em cena encontram-se ao longo da partitura de forma verbal. Além disso, utiliza basicamente notação e realização tradicionais.

108. *Topologia do medo* (Rio de Janeiro, 1978)
TEXTO: Haroldo de Campos

MEIO EXPRESSIVO: coro misto (SCTB)
DURAÇÃO: 3'
EDIÇÃO: Rio de Janeiro, Funarte, in: *Música nova do Brasil para coro a cappella*, 1981 (13 páginas)
ANEXO: uma página com comentários e nota sobre a autora
LOCAL DE OBTENÇÃO: arquivo da autora

Com notação e realização preponderantemente tradicionais, a peça apresenta apenas alguns elementos informais: um trecho com alturas aproximadas formando perfis melódicos e uma passagem com marcações cronométricas em que uma frase tem realização livre a partir de dinâmicas estabelecidas, notada em forma de quadro.

KALETRIANOS, Jean-Pierre

109. *Eros* (São Paulo, 1985)
MEIO EXPRESSIVO: sax tenor, viola, contrabaixo e voz feminina qualquer
DURAÇÃO: cc. 6'
EDIÇÃO: manuscrito (nove páginas)
ANEXO: três páginas com bula e instruções
ESTREIA: Festival de Música de Inverno. Diamantina/MG, julho de 1985. Alunos do festival.
LOCAL DE OBTENÇÃO: arquivo do autor

A peça apresenta-se como um roteiro verbal no qual estão indicados todos os procedimentos realizados pelos intérpretes bem como sua estruturação. As durações desses procedimentos estão indicadas, e o autor sugere um bloco sonoro (basicamente um acorde diminuto) a ser distribuído entre os instrumentos e voz, com liberdade para a utilização de outros aglomerados de alturas. A peça deverá ser executada de cor, e apesar de solicitar aos músicos só os movimentos estritamente necessários à realização, estes devem apresentar sempre "presença cênica", com tônus muscular mesmo nos trechos de silêncio. Há indicações para a realização de arcadas, respirações, andamentos, glissandos e microtons, além da distribuição dos intérpretes pelo palco.

110. ***Haiku*** (s. l., 19 de agosto de 1985)
    MEIO EXPRESSIVO: voz, tímpano, koto, viola (acústica e amplificada, com pedal *delay*)
    DURAÇÃO: cc. 4'
    EDIÇÃO: manuscrito (17 fichas de 9 x 14 centímetros e duas páginas escritas)
    ANEXO: duas páginas (instruções)
    LOCAL DE OBTENÇÃO: arquivo do autor

    A peça é dividida em três partes, "três versos-módulos", cada um subdividido em "sílabas-configurações" apresentadas em fichas milimetradas, em um total de 17 fichas (ou "sílabas"). Na primeira parte predominam sons pontuais e pequenos glissandos ondulatórios e/ou sons sustentados. Na segunda, estes se tornam o material principal, trabalhado em linhas isoladas ou em *clusters* (individuais ou em grupos) e com maior densidade. Na terceira retornam-se os sons pontuais e os glissandos, alguns destes com duração e tessitura ampliada, além de um trecho de intensa atividade em *tutti*. O autor utiliza notação gráfica, simbólica e também um pequeno trecho rítmico notado tradicionalmente; as durações são determinadas (1 cm = 1") e as alturas são proporcionais, podendo ou não ser predeterminadas pelos intérpretes. As fichas podem ser lidas em posição normal ou de ponta-cabeça. Para a atuação da viola, há indicações de regulagem do pedal *delay* (quando usado), com outras variações tímbricas à escolha do intérprete.

111. ***Itháki*** (São Paulo, s. d.)
    Poema de K. Kavafis
    DEDICATÓRIA: "Dedicado aos meus grandes mestres Sônia, Lara, Hans-Joachim"
    MEIO EXPRESSIVO: voz masculina, orquestra de cordas (quatro primeiros violinos, quatro segundos violinos, três violas, dois violoncelos e um contrabaixo), oboé e percussão

DURAÇÃO: cc. 5'
EDIÇÃO: manuscrito (21 páginas)
ANEXO: instruções e texto (em grego, sua transliteração em caracteres latinos e sua tradução em português) (três páginas)
LOCAL DE OBTENÇÃO: arquivo do autor

O texto é apresentado em grego com transliteração para caracteres latinos. Deverá ser falado pelo intérprete e está escrito sobre um pentagrama com clave de regiões aproximadas. Há indicações para deslocamentos pelo palco, principalmente para o intérprete vocal. Os instrumentistas executam procedimentos tradicionais como longas notas sustentadas e figurações rítmicas definidas, além de perfis melódicos aproximados indicados graficamente. Além de tocar, deverão amassar ou rasgar alguns tipos de papel e emitir gritos, segundo indicações. O autor utiliza preponderantemente marcações cronométricas, com um trecho indicado metronomicamente – porém nunca com divisões de compasso.

112. *Líneas* (s. l., s. d.)
MEIO EXPRESSIVO: coro misto (de 25 a inúmeros participantes)
DURAÇÃO: cc. 5'
EDIÇÃO: manuscrito (14 páginas com dez gráficos)
ANEXO: duas páginas com instruções
LOCAL DE OBTENÇÃO: arquivo do autor

Partitura gráfica dividida em dez módulos que deverão ser realizados em sequência numerada, distribuídos em folhas de papel milimetrado. No início de cada um dos módulos, setas indicam os possíveis sentidos de sua leitura. O autor utiliza seis cores (vermelho, marrom, roxo, verde, azul e laranja) para a escrita, cada uma delas representando um material vocal específico (constituído por fonemas e vogais simples). As alturas e indicações seguem parâmetros gráficos a partir do estabelecimento de uma escala sobre o papel milimetrado, e podem ser seguidas à risca ou não. Nesse último caso, deve-se observar as proporções as mais exatas possíveis. Fica a cargo do regente determinar o número de cantores participantes, bem como a distribuição das vozes. O autor sugere ainda a projeção de *slides* reproduzindo a grafia dos módulos com dois projetores: um projetando ao fundo ou na lateral da sala servindo de partitura para os cantores, e o outro sobre os coralistas vestidos de branco. Há ainda indicações para a iluminação desejada.

113. *Nightmare (um pesadelo cênico-musical)* (s. l., s. d.)
    MEIO EXPRESSIVO: voz, violino, viola e objetos amplificados, com pedais *flanger* e *delay*
    DURAÇÃO: cc. 5'30"
    EDIÇÃO: manuscrito (12 páginas)
    LOCAL DE OBTENÇÃO: arquivo do autor

    A peça (um teatro musical) apresenta-se em uma partitura dividida em quatro faixas, nas quais são apresentados simultaneamente todos os níveis de realização (voz, instrumentos, iluminação e expressão corporal). É organizada em seis seções com marcações cronométricas. Para a realização vocal é utilizada clave de regiões, e o texto compreende onomatopeias em diferentes caracteres de expressão vocal: como uma súplica, dor, angústia etc., apresentando em apenas algumas passagens ritmo determinado. Há ainda instruções verbais para a realização vocal – frases evocando estados de espírito ou descrevendo pequenas cenas a fim de estimular a expressão. A realização instrumental vale-se tanto de procedimentos tradicionais quanto da exploração sonora dos instrumentos e de outros objetos, propondo também trechos a serem improvisados com maior ou menor índice de aleatoriedade. No que se refere à iluminação e à expressão corporal, suas indicações vêm de forma verbal seguindo as marcações cronométricas gerais da peça.

114. *Objicere* (São Paulo, 3 de abril de 1982) (SP)
    MEIO EXPRESSIVO: fita magnética (violino, viola – amplificados com efeitos e acústicos – e vozes) e iluminação
    DURAÇÃO: 3'15"

EDIÇÃO: manuscrita (uma página)
LOCAL DE OBTENÇÃO: arquivo do autor

A peça apresenta-se como um esquema gráfico com indicações e descrições verbais de todos os eventos dela constantes, quer sejam procedimentos sonoros, quer sejam efeitos de iluminação – que interagem intensamente com a parte musical. Nesta, a linguagem verbal consiste em uma partitura de realização, com descrição de todos os sons desejados e sua duração. Para a iluminação o autor prescreve toda a variação de efeitos e o uso de gelatinas coloridas. A fita deverá ser gravada com sons de respirações e com efeitos instrumentais também descritos verbalmente, por vezes utilizando efeitos (*delay* e *flanger*) e com grande índice de indeterminação. Os eventos sonoros e luminosos apresentam marcações cronométricas e deverão ser sincronizados. Além disso, o autor prescreve a presença de um "objeto abstrato construído" a ser colocado no palco.

115. ***Ser ou não ser: this is the questão*** (São Paulo, 28 de maio de 1985)
MEIO EXPRESSIVO: quatro vozes quaisquer
DURAÇÃO: não determinada
EDIÇÃO: manuscrito (quatro páginas)
ESTREIA: Festival de Música de Inverno. Diamantina/MG, julho de 1985. O autor e professores do Festival
LOCAL DE OBTENÇÃO: arquivo do autor

Peça sob forma de jogral com estrutura fixa, possuindo apenas disposição temporal e indicações de dinâmica. Sua escrita apresenta somente o texto a ser falado. É baseada na exploração de sonoridades provenientes da citação *to be or not to be, that's the question*, de sua tradução em português e da fragmentação de seus componentes, possuindo ainda algumas ações cênicas.

116. ***7777777*** (São Paulo, novembro de 1983)
MEIO EXPRESSIVO: sete dançarinos, violão, dois pianos, violino, gongo grave, voz masculina grave e voz feminina aguda

DURAÇÃO: não especificada
EDIÇÃO: manuscrito (16 páginas: 14 páginas com partes individuais e duas páginas com instruções gerais)
LOCAL DE OBTENÇÃO: arquivo do autor

Teatro musical em que todos os procedimentos expressivos (sons, luzes e coreografia) são organizados a partir do número sete e de seus múltiplos. Para cada músico há um dançarino e uma iluminação correspondentes (sete cores diferentes). Os músicos e dançarinos formarão duplas: suas atuações serão conjuntas e independentes das outras duplas (inícios em momentos diferentes, com efeitos e caracteres também distintos). O operador de luz tem total liberdade para improvisar a iluminação – sempre a partir de unidades de tempo baseadas em 7" e seus múltiplos. Na parte musical o autor faz uso de escrita tradicional, com alguns procedimentos tímbricos específicos: a voz feminina sempre em região aguda com a mesma vogal /a/ manipulada ritmicamente; a voz masculina executa apenas sons consonantais, sem alturas determinadas com amplificação e uso de pedal *delay*; um dos pianistas utiliza baquetas junto às cordas; o violonista bate com a palma da mão nas cordas soltas e no tampo do instrumento. O autor indica a coreografia (com notação Laban, instruções verbais e também marcações rítmicas para alguns movimentos) e um desenho determinando o posicionamento inicial das sete duplas em palco.

117. *Totenklage* (s. l., 1983)
MEIO EXPRESSIVO: fita magnética (parte de viola utilizando pedal *delay*) e voz
DURAÇÃO: não especificada
EDIÇÃO: manuscrito (seis páginas)
ANEXO: uma página com instruções
LOCAL DE OBTENÇÃO: arquivo do autor

A parte da viola, a ser gravada em fita, apresenta preponderantemente notação tradicional com exceção de algumas passagens indicando extremos de tessitura (grave e agudo) e, ao final, quando a crina do arco deverá ser passada sobre o cavalete. Em um trecho há liberdade para o uso ou não do pedal de efeito. Na parte vocal o autor utiliza em alguns trechos notação e realização tradicionais (porém sem ritmos determinados), porém predominando outros procedimentos: clave de regiões com o texto escrito sobre o pentagrama, trechos em *sprechgesang* (fala quase canto) e a movimentação do intérprete pelo auditório (entre o público), em total escuridão.

KATER, Carlos

118. *Em torno de Villa-Lobos, um espetáculo modernista* (São Paulo, 1982-5) (SP)
DEDICATÓRIA: "não só a Villa-Lobos, Mário ou Oswald de Andrade, mas também a H. J. Koellreutter, Gilberto Mendes, Rogério Duprat, Damiano Cozzella, Artaud, Cage e tantos outros que, cada qual à sua maneira, contribuíram para que nosso mundo seja 'eternamente moderno'"
MEIO EXPRESSIVO: atores, coro, percussão, piano, fita magnética, rádios, vídeos, projetores de imagens (*slides*, transparências)
DURAÇÃO: não especificada
EDIÇÃO: São Paulo, do Centro Paulista de Pesquisas Musicais (CePPeM), 1986 (89 páginas)
ANEXO: 12 páginas com comentários, instruções e bibliografia
ESTREIA : Museu de Arte de São Paulo (Masp), 31 de julho de 1987, com Reinaldo Renzo, Pato Papaterra, Angela Dip, Aline Meyer e Nelson Nihonmatsu Jr. Direção: Carlos Kater
LOCAL DE OBTENÇÃO: arquivo do autor

Espetáculo de teatro musical que busca a integração de diversas linguagens artísticas utilizando suportes variados. Música, dança, teatro, elementos cênicos (figurinos, cenários, iluminação etc.), meios eletroacústicos e projeção de imagens (vídeos, *slides*, transparências) buscam uma expressão estética de fatos marcantes da trajetória de

Villa-Lobos, valendo-se de amplas pesquisas históricas e musicológicas. Escrita sob a forma de roteiro, a peça apresenta 23 cenas/ *sketches* (ou ainda módulos) que se dividem em duas linhas (segundo o autor): a linha do conferencista e a das ilustrações. A primeira, com oito módulos, possui sequência fixa, e a segunda, com 15 módulos, pode ser agenciada livremente. As duas linhas devem se alternar, como em uma forma "tema e variações". Mantida essa estrutura de apresentação, cenas podem ser omitidas, ou mesmo novas podem ser criadas – para tanto, o autor indica a bibliografia utilizada como fonte de seu trabalho, que deverá servir de base para a elaboração de novas cenas/módulos/*sketches*. A trilha sonora deve ser montada pelos artistas, e o autor menciona o material a ser empregado: obras de Villa-Lobos, Stravinsky, Debussy, Berio e fragmentos de uma peça do autor são apresentadas, misturando-se a sons concretos (ruídos de vento, mar, animais etc.), sons eletrônicos, colagens diversas com vozes (vocalizações, discursos, falas), leitura de textos de Oswald de Andrade, Cage e gravações de vinhetas e de programas de rádio. Além disso, algumas outras peças são executadas ao vivo (*New York Skyline*, de Villa-Lobos; *Marcha fúnebre*; de Menelau Campos, além de algumas peças do autor). Esse material é apresentado na íntegra, ou ainda em excertos, citações ou mesmo improvisações a partir de seus temas. Ainda, algumas das cenas possuem textos estimulativos à *performance* dos executantes, podendo ser lidos para a plateia (como uma preparação ao clima de cada *sketch*).

Ver peça nº 123

119. *Estudo I para coro (húspidos hussardos)* (s. l., 1973)
Textos de: Carlos Drummond de Andrade, Ferreira Gullar, Félix de Athaíde e Mário de Andrade
Dedicatória: "dedicado a Gilberto Mendes"
Meio expressivo: coro misto (SCTB)
Duração: cc. 2'
Edição: manuscrita (cópia heliográfica) (três páginas)
Anexo: comentários e anotações do autor sobre textos utilizados

ESTREIA: XII Festival de Música Nova, Santos (SP), 1976. Coral do MAC, regente Victor Flusser
LOCAL DE OBTENÇÃO: arquivo do autor

Peça de caráter aleatório em que o autor determina, utilizando notação gráfica, as entradas, dinâmicas e durações de cada evento (com marcações cronométricas), bem como perfis melódicos e campos de tessitura aproximados. O material sonoro consiste na execução falada de fragmentos a serem organizados individualmente por cada cantor, a partir de originais de Carlos Drummond de Andrade, Ferreira Gullar, Félix de Athaíde e Mário de Andrade. O autor indica algumas manipulações destes materiais, como atuações solistas, uso de fonemas e sílabas, exagero em algumas consoantes, número de executantes em determinados eventos.

120. *La manifestation* (Paris, 1980) (SP)
DEDICATÓRIA: "dedicada a Paulo Freire"
MEIO EXPRESSIVO: vozes infantis e percussão (timbales, apitos, caxixi, tamborim, *wood blocks*, campainhas, caixa-clara, tom-tons)
DURAÇÃO: não especificada
EDIÇÃO: edição do autor (sete páginas)
ESTREIA: Primeiro Encontro Musical de Crianças da cidade de Paris. Paris, 14 de maio de 1980. Alunos do Atelier d'Expression Corporalle et Musicalle.
LOCAL DE OBTENÇÃO: arquivo do autor

Teatro musical montado pelo autor em conjunto com crianças de um curso de música localizado em Paris. Seu tema central refere-se a uma manifestação pública com a participação de diversos personagens como policiais, repórter, orador, manifestantes etc. Sua partitura apresenta-se de forma esquemática em um gráfico com coordenadas para cada um dos integrantes e instrumentos. As intervenções de cada um dos intérpretes (textos ou figuras rítmicas básicas para improvisação) figuram em quadros de tamanho proporcional à duração do evento.

No trecho final, fragmentos de textos e figuras rítmicas apresentam-se espacializados em dois planos gerais distintos (personagens e instrumentistas) indicando liberdade de seleção e agenciamento do material.

121. *Percursos* (s. l., s. d.) (SP)
MEIO EXPRESSIVO: vozes e instrumentos (quaisquer)
DURAÇÃO: não especificada
EDIÇÃO: in: Música e musicalidade: percursos em suas fronteiras. *Cadernos de estudo: educação musical* vol.1. São Paulo, Atravez, agosto de 1990 (12 páginas)
ANEXO: análise do autor, notas bibliográficas, comentários
ESTREIA: XVII Bienal Internacional de Artes de São Paulo, 1983. Coro regido por Abel Rocha
LOCAL DE OBTENÇÃO: arquivo do autor

Proposta de improvisação/criação formada por cinco estudos de livre interpretação e agenciamento, para quaisquer vozes ou instrumentos. São eles: *Alea* I – Silêncio (voz e instrumento); *Alea* II – Tempo (voz ou instrumento); *Alea* III – Espaço (voz); *Alea* IV – Expressão (voz e instrumento) e *Alea* V – Identificação (voz). Os estudos I, II, III e V apresentam-se sob a forma de roteiros escritos. O estudo IV tem a possibilidade de ser gravado e montado em estúdio ou manipulado eletronicamente ao vivo, durante a execução. Símbolos diversos da escrita musical tradicional, sinais gráficos e mesmo grafismos inscritos espacialmente dentro de quadros servem aqui de estímulo para a sua realização. A leitura pode ser feita em qualquer direção. O último dos estudos divide-se em três fases, e exige preparação prévia de materiais melódicos. Para tanto, o autor sugere a escrita e a análise de diversas obras do repertório coral.

122. *Promontório* (s. l., s. d.) (SP)
TEXTO: Oswald de Andrade
DEDICATÓRIA: "dedicada a Samuel Kerr"
MEIO EXPRESSIVO: coro misto (SSCCTTBB)

DURAÇÃO: cc. 9'
EDIÇÃO: São Paulo, Novas Metas, 1983 (12 páginas)
ANEXO: duas páginas com instruções
LOCAL DE OBTENÇÃO: arquivo do autor

Esta peça utiliza grande variedade de recursos informais, em procedimentos os mais variados: voz cantada, voz falada, sons de inspiração, *bocca chiusa*, notas em frequência aproximada, sons o mais grave e agudo possível, oscilação de frequência segundo indicações e improvisações. Os coralistas deverão, por vezes, fazer uso de materias sonoros diversos, como risadas, gritos, exclamações, xingamentos, interjeições etc., sempre por escolha individual; por vezes, deverão imprimir procedimentos melódicos a esses materiais. Além disso, o autor indica atuações cênicas utilizando jornais e uma tela de TV – como em um telejornal – e o aproveitamento de textos (indicados) e/ou seus fragmentos, em atuações solistas ou em grupo. Também utiliza por vezes marcações cronométricas, por vezes fórmulas de compasso. Duas seções apresentam roteiro verbal como notação; em outras, há a utilização conjunta de elementos tradicionais e recursos simbólicos, esquemáticos e gráficos. Há ainda indicações para a utilização de iluminação e de amplificação de algumas atuações vocais.

123. *Sensação sonora de uma conferência musical – divertimento para dois narradores e orquestra* (s. l., s. d.) (SP)
MEIO EXPRESSIVO: dois narradores, metrônomo e orquestra (flautim, flauta, oboé, clarinete Bb, clarone Bb, saxofone, fagote, trompa, trompete, trombone, piano, violinos I e II, viola, violoncelo, contrabaixo e percussão – pratos, tímpano, gran-cassa, tam-tam)
DURAÇÃO: não especificada
EDIÇÃO: manuscrito (18 páginas)
ANEXO: sete páginas com texto
LOCAL DE OBTENÇÃO: arquivo do autor

Versão autônoma com orquestra de uma das cenas que integram a montagem *Em torno de Villa-Lobos, um espetáculo modernista* (vide n.118). Nela, havia apenas a difusão por fita magnética de trechos de obras de Villa-Lobos e Stravinsky, entremeadas pela falas dos atores. Aqui, com a orquestra, a parte instrumental possui maior riqueza e material musical próprio, exigindo também dos instrumentistas a declamação de algumas frases. Sua estrutura é fixa, e a parte orquestral é notada e realizada de forma tradicional, com características atonais. Na introdução a orquestra deve executar fragmentos de Villa-Lobos, Stravinsky e Debussy a partir de indicações verbais. Para os textos completos das falas dos narradores, ver peça n.118.

124. Tríptico (São Paulo, 1981) (SP)
MEIO EXPRESSIVO: três cantoras, meios visuais e eletroacústicos
DURAÇÃO: cc. 50'
EDIÇÃO: do autor (datilografada) (trinta páginas)
ANEXO: 13 páginas com comentários, instruções e material musical de base à criação
LOCAL DE OBTENÇÃO: arquivo do autor

Peça de teatro musical ("espetáculo cênico-musical") integrando meios literário-poéticos, musicais, cênico-teatrais, audiovisuais e eletroacústicos. Compõe-se de três cenas musicais distintas, que podem inclusive ser apresentadas isoladamente: *Gritos, Caricatura I* e *Estudo vocal*? Uma característica marcante nesta proposta é a atuação intensa das intérpretes na elaboração de sua execução final, a partir de orientações fornecidas pelo autor – elas devem realizar a escolha de textos, recolhimento de materiais a partir de jornais e revistas, audição prévia de músicas de compositores indicados, aproveitamento de fragmentos de outras peças vocais de outros compositores e improvisar em diversos trechos (entre outros procedimentos). Há instruções para a montagem da fita magnética que acompanha as cantoras em cada cena, apresentando também grande liberdade para sua confecção. São solicitadas atuações marcantemente teatrais ressaltando caracteres específicos de cada cena, todas elas explorando diversos aspectos técnico-estilísticos e estéticos da fala/canto com sua gestualidades, intenções e expressões. Apresenta como notação roteiro verbal com indicações de iluminação, movimentação, utilização de amplificação para a voz, uso de *slides* e, para um trecho da fita gravada, uma partitura de realização.

KIEFER, Bruno

125. *Alistamento* (s. l., 1973)
DEDICATÓRIA: "a Klaus-Dieter Wolff"
MEIO EXPRESSIVO: coro misto (SCTB)
DURAÇÃO: não especificada
EDIÇÃO: S. D. P ECA-USP (cód. 422) (15 páginas)
LOCAL DE OBTENÇÃO: Fonoteca da ECA-USP

Com realização e notação preponderantemente tradicionais, esta peça apresenta alguns trechos com texto a ser recitado sobre notas sustentadas e uma passagem com fala desordenada de uma pequena frase utilizando notação simbólica.

126. *Cântico* (s. l., novembro de 73)
DEDICATÓRIA: "a Carlos Jorge e Myrna Appel"
MEIO EXPRESSIVO: coro misto (SCTB)
DURAÇÃO: 3'
EDIÇÃO: Porto Alegre, Movimento, 1975 (dez páginas)
LOCAL DE OBTENÇÃO: Arquivo CK

Com notação e realização preponderantemente tradicionais, utiliza em um trecho notação simbólica para indicar a realização de murmúrios ininteligíveis por alguns naipes. Em outro trecho, o texto deverá ser "quase falado".

KOELLREUTTER, Hans-Joachim

127. *Issei* (São Paulo/Rio de Janeiro, 1977)
TEXTO: Haroldo de Campos

DEDICATÓRIA: obra comissionada pela Secretaria de Cultura, Ciência e Tecnologia do Estado de São Paulo – Comissão de Música
MEIO EXPRESSIVO: voz, dois clarinetes, trompa, trombone tenor, bandolim, contrabaixo e percussão (pratos, tam-tam, *wood block* ou claves, agogô, xilofone)
DURAÇÃO: não especificada
EDIÇÃO: S. D. P Eca/USP, 1978 (11 páginas)
ANEXO: instrumentação e convenções (duas páginas)
ESTREIA: São Paulo, 1977. Grupo sob regência do compositor
LOCAL DE OBTENÇÃO: arquivo do autor

Peça de caráter serial e planimétrico, praticamente sem divisões de compasso. As referências temporais são dadas por indicações cronométricas de pulsação presentes em quase toda a partitura (há apenas um pequeno trecho com compassos indicados). A cantora deverá iniciar sua atuação declamando trecho do texto da plateia e, depois, subir ao palco, onde por vezes canta, por vezes declama.

128. *Mu-Daí* (Tóquio, 1972)
TEXTO: Pablo Picasso
MEIO EXPRESSIVO: voz solo, com opção para voz e fita magnética (pedal de cítara indiana)
DURAÇÃO: não especificada
EDIÇÃO: manuscrito (22 páginas)
GRAVAÇÃO: GRA 66035732, in: Koellreutter Plural; Centro Experimental de Música do Sesc Consolação/SP, 1995
ANEXO: três páginas com comentários e tradução do texto
LOCAL DE OBTENÇÃO: Arquivo CK

Nesta peça as palavras servem de base a uma atuação solo que explora tanto o conteúdo semântico do texto quanto seu aspecto rítmico-musical, trabalhando a oposição som/silêncio em função de uma ordem de expectativa e surpresa. A distribuição espacial das sílabas e palavras, bem como a variação do tamanho das letras, organiza os parâmetros de altura, duração e intensidade, realçando o caráter expressivo de um *sprechgesang* (fala quase canto). O texto de Pablo Picasso foi inicialmente veiculado no catálogo de uma exposição de suas obras em Paris, na década de 1960. *Mu-Daí* significa *sem título*.

129. **Oito hai-kai de Pedro Xisto** (s. l., 1962-63)
    MEIO EXPRESSIVO: voz (baixo ou barítono) e oito instrumentos solistas (flauta, guitarra elétrica, piano, gongo pequeno, gongo médio, prato turco, *wood block* e tam-tam).
    DURAÇÃO: não especificada
    EDIÇÃO: Munique, Edition Modern, 1964 (17 páginas)
    ANEXO: uma página com instruções
    LOCAL DE OBTENÇÃO: Arquivo CK

    Obra de caráter serial e planimétrico dividida em oito seções (oito haicais) intercambiáveis entre si, segundo necessidade expressiva dos intérpretes. Utiliza basicamente notação e realização tradicionais, alteradas apenas em uma das seções com a utilização de uma baqueta de feltro junto às cordas graves do piano.

130. **Três cantos:** (São Paulo/Rio de Janeiro, 1977-78)
    I – *O preto Serafim caiu do andaime*
    II – *Moda dos quatro rapazes*
    III – *Enquanto o mundo...*
    TEXTOS: um registro de Rossini Camargo Guarnieri (I) e Mário de Andrade (II e III)
    DEDICATÓRIA: "a Eládio Perez González"
    MEIO EXPRESSIVO: qualquer voz sem acompanhamento
    DURAÇÃO: não especificada
    EDIÇÃO: São Paulo, Novas Metas, 1983 (11 páginas)
    ESTREIAS: 1 – *O preto Serafim caiu do andaime* – Teatro Municipal de São Paulo, 27 de outubro de 1977, Eládio Perez Gon-

zález (barítono). 2 – *Moda dos quatro rapazes* – XII Festival de Inverno, Teatro Municipal de Ouro Preto, 24 de julho de 1978, Eládio Perez González; 3 – *Enquanto o mundo...* – II Panorama da Música Brasileira, Sala Leopoldo Miguez/UFRJ, 7 de junho de 1979, Eládio Perez González.

LOCAL DE OBTENÇÃO: Arquivo CK

Peça de caráter serial e planimétrico organizada a partir de três peças menores que podem ser apresentadas isoladamente. Na primeira e segunda peças o autor intercala atuações cantadas a trechos falados (sem qualquer indicação de andamento, orientando apenas a duração das pausas entre frases). Sugere ainda caráter interpretativo na primeira peça com a indicação "uma mescla de desalento e sarcasmo".

131. ***Tanka II*** (Tóquio, 1972-73) (SP)
DEDICATÓRIA: "para Paulo Affonso"
MEIO EXPRESSIVO: piano, voz declamada e tam-tam ou gongo grave
DURAÇÃO: cc. 14'
EDIÇÃO: São Paulo, Novas Metas, 1978 (dez páginas)
ANEXO: uma página com instruções
LOCAL DE OBTENÇÃO: Arquivo CK

Nesta peça de caráter planimétrico, o autor aplica à música a estrutura formal de um tipo de poesia japonesa, o *Tanka*. Dividido em duas partes, a primeira com três períodos com cinco, sete e cinco seções e a segunda, dois períodos com sete seções cada. Sua forma de escrita projeta grande liberdade aos intérpretes, principalmente quanto às alturas e durações. Utilizando diagramas, o autor aplica símbolos diversos em disposição espacial delimitando regiões de alturas e na parte vocal – conforme seus tamanhos, suas intensidades. A parte vocal deve ser declamada e o pianista deverá executar nas cordas diversos procedimentos: puxá-las com as mãos, percuti-las com baquetas, realizar *clusters* com as mãos, abafar as cordas com as mãos ou com objetos, introduzir papel entre elas. Cabe também ao pianista executar a parte percussiva, ao tam-tam ou gongo. O intérprete vocal, por sua vez, deverá colocar-se ao fundo da plateia.

LEITE, Marcos

132. *Crescidos e crescentes* (Rio de Janeiro, 1988)
Peça de confronto na categoria Corais Infantis do XI Concurso de Corais do Rio de Janeiro – Sala Cecília Meirelles, 22 a 26 de novembro de 1988.
DEDICATÓRIA: "aos meus filhos Fabiano e Sacha e a todos os eleitores do ano 2.000"
MEIO EXPRESSIVO: coro infantil a duas vozes
DURAÇÃO: não especificada
EDIÇÃO: in: *Peças de confronto do XI Concurso de Corais do Rio de Janeiro*. Rio de Janeiro, Funarte, 1988 (quatro páginas)
LOCAL DE OBTENÇÃO: o autor

Peça predominantemente escrita e realizada de forma tradicional; em seu último trecho os cantores deverão, à sua escolha, falar frases e palavras como em uma passeata de protesto e, em notação tradicional, realizar frases apenas com ritmo escrito; ambos os procedimentos permitem liberdade para manipulação das dinâmicas.

MAHLE, Ernst

133. *Coro dos satisfeitos* (s. l., 24 de maio de 1974) (PCM)
DEDICATÓRIA: "para o Coralusp, acompanhado pelo Zé Pereira do Bom Sucesso"
MEIO EXPRESSIVO: coro misto (SCTB)
DURAÇÃO: não especificada
EDIÇÃO: S. D. P ECA-USP (cód. 609) (cinco páginas)
LOCAL DE OBTENÇÃO: Fonoteca da ECA-USP

Nesta peça os coralistas, além da parte cantada, realizam um trecho falado e uma série de gestos e movimentações no palco segundo indicações. A informalidade apresenta-se também no caráter humorístico do texto, além da citação de uma marchinha de carnaval. No mais, apresenta realização e notação tradicionais.

MARTINEZ, José Luiz

134. *Fichas* (São Paulo, dezembro de 1984 – rev. novembro de 1986) (SP/PCM)
MEIO EXPRESSIVO: livre
DURAÇÃO: livre
EDIÇÃO: S. D. P ECA-USP (cód. 963) (11 páginas)
ANEXO: seis páginas com comentários, instruções e mapas de montagens já realizadas
ESTREIA: II Semana da Composição do Departamento de Música da ECA-USP, Anfiteatro de Convenções e Congressos (USP), 17 de maio de 1985. Elza H. Tsuzuki, koto; José Luiz Martines, tabla indiana, e Margarete Arroyo, canto
LOCAL DE OBTENÇÃO: Fonoteca da ECA-USP (cód. 7.467)

Peça com estrutura, duração e meio expressivo livres. Elementos visuais servem de estímulo e ponto de partida para sua interpretação. O meio expressivo é livre não só quanto à instrumentação, mas também quanto à linguagem empregada (música, dança, performance, mímica, fotografia, vídeo, ou combinações entre estas). Fichas com imagens são utilizadas como suporte das informações visuais e podem ser distribuídas entre os intérpretes ou projetadas em *slides*. O autor indica que o início e o fim de cada movimento (no caso deste tipo de organização formal) se dará por meio do estímulo ou qualquer forma de retorno do público presente, e também que jamais se deve repetir identicamente a mesma execução da obra, devendo sempre ocorrer alguma modificação na interpretação ou em sua estrutura.

135. *Projeto arquitetônico* (São Paulo, 1989) (SP)
MEIO EXPRESSIVO: livre
DURAÇÃO: livre
EDIÇÃO: edição do autor (14 páginas)
ANEXO: três páginas com comentários e instruções
LOCAL DE OBTENÇÃO: arquivo do autor

Esta é uma obra aberta em todos os sentidos: instrumentação, número de intérpretes, duração, estrutura, seleção de agenciamento do material que serve de suporte (18 pranchas). Para sua notação, o autor utiliza carimbos impressos em folhas, além de trechos de textos com normas e processos de construção civil, criando planos e texturas que servirão de estímulo para o(s) intérprete(s) em sua execução. O autor somente limita o número de intérpretes ou grupos em 18 (um grupo ou intérprete para cada prancha). As pranchas podem ser lidas em qualquer posição e pode-se utilizar qualquer número delas, resultando em execuções improvisadas ou montadas anteriormente.

MARTINS, Roberto

136. *Magnificat* (s. l., 1978)
Obra encomendada pela Comissão de Música da Secretaria Estadual de Cultura, Ciência e Tecnologia/SP
MEIO EXPRESSIVO: coro misto (SSMsCTB)
DURAÇÃO: não especificada
EDIÇÃO: manuscrito (12 páginas)
LOCAL DE OBTENÇÃO: Fonoteca da ECA-USP (cód. 3.993)

Peça de caráter atonal, apresenta preponderantemente notação e realização tradicionais. Em alguns trechos são sobrepostos procedimentos tradicionais a outros, como compasso a ser repetido indefinidamente, *clusters* aproximados, células rítmicas com texto determinado e alturas livres. Para repetições de alguns procedimentos por diversos compassos utiliza notação gráfica.

137. Tripticum (s. l., 1973)
   DEDICATÓRIA: "à minha amiga Ula Wolff"
   MEIO EXPRESSIVO: soprano solo
   DURAÇÃO: não especificada
   EDIÇÃO: manuscrito (quatro páginas)
   ANEXO: uma página com instruções
   LOCAL DE OBTENÇÃO: Arquivo MH

   Esta peça faz parte de outra obra do autor (*Salmos*, para soprano, coro, narradores e percussão), podendo ser realizada independentemente. Tendo como base um pentagrama, o autor utiliza notação simbólica e gráfica para organizar visualmente a atuação vocal, que se vale de uma série de efeitos como variações tímbricas, inspirações ruidosas, acentos, fala aspirada, oscilações de frequência com amplitude não definida e passagens faladas. Não há divisões de compassos ou ritmos escritos, apenas durações proporcionais e alturas determinadas em muitos trechos e indeterminadas ou aproximadas em outros, além de passagens em que a sequência das notas deverá ser organizada anteriormente pela intérprete. Esta deverá ainda se utilizar de expressão corporal para transmitir o caráter musical e textual, sendo incentivada a utilização de todo o espaço cênico disponível.

MELO, Francisco (Chico)

138. Grupo (s. l., s. d.)
   MEIO EXPRESSIVO: coro misto (SCTB)
   DURAÇÃO: não especificada
   EDIÇÃO: manuscrito (oito páginas)
   LOCAL DE OBTENÇÃO: arquivo do autor

   A peça utiliza marcações cronométricas, com ausência de pentagramas e de divisão de compassos. Os procedimentos são apresentados de forma gráfica, por vezes sem qualquer indicação de região de frequência. Os sons a serem emitidos são determinados, quase sempre fonemas ou combinações de fonemas gerando efeitos de texturas e variação de densidades. É dividida em três seções: *Aproximação*, um *continuum* crescente composto de procedimentos entrelaçados; *Ruptura*, blocos sonoros entremeados a procedimentos pontuais e alguns perfis melódicos, com indicação aproximada de alturas; *Prazeres*, de caráter eminentemente rítmico, com trigramas determinando regiões de alturas e células rítmicas escritas de forma tradicional. Ao final da terceira seção, os elementos rítmicos são entremeados a procedimentos aleatórios, gerando uma desintegração das articulações rítmicas desenvolvidas.

MENDES, Gilberto

Obs.: os termos e comentários presentes nos verbetes entre aspas são originários das edições das respectivas obras e/ou do livro *Uma odisseia musical – dos mares do sul à elegância pop/art déco*, de Gilberto Mendes. São Paulo: Edusp/Giordano, 1994.

139. *Asthmatour* (s. l., 1971)
TEXTO: Antonio José Mendes
MEIO EXPRESSIVO: coro misto (SCTB) e percussão (pandeiros, maracas e crótalos)
DURAÇÃO: não especificada
EDIÇÃO: manuscrito (uma página)
LOCAL DE OBTENÇÃO: Arquivo CK

A peça é constituída de 12 seções, 11 das quais utilizam instruções verbais de realização na própria partitura (a seção restante constitui-se em uma melodia a duas vozes, escrita e realizada de modo tradicional). Nessas seções é apresentada, em atuações solistas ou em grupos, uma série de procedimentos vocais instrumentais, como estalos de língua e de dedos, bocejos, exploração sonora de fonemas do texto, palmas, gargarejos, inspiração sonora, trechos falados etc. Em alguns trechos o autor sugere uma caracterização vocal mais definida; em outro, uma intervenção cênica. A informalidade encontra-se de forma mais intensa na apresentação do texto (de caráter humorístico), nos "comentários sonoros" sobre ele e em sua exploração tímbrica.

As realizações vocais e instrumentais são organizadas, por vezes, de forma esquemática, utilizando marcações cronométricas.

140. *Atualidades: Kreutzer 70 (homenagem a Beethoven)* (s. l., 1970) (SP)
TEXTO: Leon Tolstói
DEDICATÓRIA: "a Valeska Hadelich"
MEIO EXPRESSIVO: uma violinista, um pianista e fita (texto falado)
DURAÇÃO: cc. 8'20"
EDIÇÃO: S. D. P ECA-USP (cód. 571) (três páginas)
LOCAL DE OBTENÇÃO: Fonoteca da ECA-USP (cód. 4.895)

Peça de teatro musical que se utiliza de um roteiro verbal para a descrição das cenas, que possuem marcações cronométricas aproximadas e indicações de todas as ações necessárias. A essas cenas é sobreposta a gravação de um trecho do texto *Sonata a Kreutzer*, de Leon Tolstói. A leitura do texto, segundo o autor, deve ser feita em russo, português (ou o idioma do país em que for apresentada a peça) e mais cinco idiomas diferentes. Há instruções para a montagem da fita. Os intérpretes presentes no palco apenas representam, não chegam a emitir som algum com seus instrumentos.

141. *Beba Coca-Cola (moteto em ré menor)* (Santos, outubro de 1966)
TEXTO: Décio Pignatari
DEDICATÓRIA: "a José Luis Paes Nunes"
MEIO EXPRESSIVO: coro misto (SCTB)
DURAÇÃO: não especificada
EDIÇÃO: manuscrito (nove páginas)
ANEXO: duas páginas com comentários e instruções
ESTREIA: Madrigal Ars Viva, Klaus-Dieter Wolff (regente)
LOCAL DE OBTENÇÃO: Arquivo CK

Tendo por estímulo o moteto francês renascentista (especialmente os de Clement Jannequin), o autor organizou esta peça como um "moto-contínuo", criado a partir da leitura linear do texto com notas de igual valor (representadas por pontos) apresentado em sequências de seis compassos (com 3, 2, 2, 2, 2 e 1 tempos) e durando quase toda a peça; ele é distribuído pelos naipes com muitas repetições de notas, formando acordes estáticos quase pela peça inteira. Sobre esse tipo de *ostinato* são realizados vários procedimentos (em grupo ou em solo): *clusters*, glissandos, sons expirados, frases faladas com ritmo escrito e com variação de caráter, ondulações sobre uma altura dada, alguns desenhos melódicos com expressões caricatas. As durações desses eventos são proporcionais ao número de notas a eles correspondentes no "moto-contínuo", que funciona como organizador e referencial das durações, em relação ao qual todos os outros sons devem ser medidos. No trecho final, o autor solicita algumas intervenções cênicas: contorções de vômitos, arrotos, erguimento de uma faixa (com a palavra "cloaca") e gritos, como em um comício ou uma competição esportiva.

142. ***Cidade City Cité*** (Santos, outubro de 1964)
 TEXTO: Augusto de Campos
 DEDICATÓRIA: "homenagem a Nino Rota"
 MEIO EXPRESSIVO: três vozes solistas, atores/atrizes, piano, caixa--clara, prato, contrabaixo, três toca-discos, gravador e demais equipamentos (máquinas de escrever, calculadoras, televisor, projetor de *slides*, enceradeira, liquidificadores, ventiladores, aspirador de pó)
 DURAÇÃO: não especificada
 EDIÇÃO: S. D. P ECA-USP (cód. 423) (oito páginas)
 ANEXO: duas páginas com instruções e comentários
 ESTREIA: Montevideo, 1969; Núcleo Musica Nueva da Sociedade Uruguaia de Música Contemporânea
 LOCAL DE OBTENÇÃO: Fonoteca da ECA-USP (cód. 3.762)

Peça de teatro musical em que o autor, a partir do poema homônimo de Augusto de Campos, realiza uma complexa colagem de informações sonoras e visuais, utilizando os mais diversos recursos disponíveis à época de sua composição. O texto é distribuído aos três solistas, enquanto o restante do grupo realiza movimentações teatrais – ora como demonstradores de produtos, ora com movimentações a serem criadas pelos próprios intérpretes. Os toca-discos e gravador emitem trechos e fragmentos de diversas obras, de Machaut a Roberto Carlos. Os instrumentistas devem também executar alguns trechos de partituras fornecidos pelo compositor, em determinados momentos. Em seu trecho final, o público deverá participar por meio de uma "espirração geral" devida à aspersão de rapé entre a plateia com o aspirador de pó funcionando ao contrário. O poema poderá ser projetado em *slides* ou apresentado em cartazes. O regente ("regerente", como deve ser identificado na *performance*) deverá trabalhar anteriormente à montagem e ao ensaio. Durante a apresentação, fora os momentos em que realmente dirige ou dá entradas a musicistas e aos toca-discos, ele "representa uma regência previamente estudada: gestos largos, em moderato, sempre em três tempos, independentes do andamento" dos outros intérpretes. O autor faz poucas indicações de iluminação e cenografia, sendo mais importante uma "rigorosa, ininterrupta continuidade e rapidez na ligação/montagem dos acontecimentos sonoros". Como notação, o autor utiliza alguns trechos notados e realizados tradicionalmente a serem inseridos conforme indicações, uma partitura-guia esquemática com as entradas de todos os eventos e o texto a ser interpretado e um longo roteiro verbal com todos os detalhes de cada procedimento, sua preparação e principais características.

143. ***Der Kuss (Homenagem a Gustav Klimt)*** (s. l., maio de 1976) (SP)
    MEIO EXPRESSIVO: dois casais, percussão (pandeiro, maracas, reco--reco, crótalo) e *slide*
    DURAÇÃO: "o tempo necessário para que tudo ocorra tranquilamente"
    EDIÇÃO: S. D. P ECA-USP (cód. 573) (uma página)
    LOCAL DE OBTENÇÃO: Fonoteca da ECA-USP (cód. 4.897)

    Teatro musical com cenas descritas em roteiro verbal. Nesse mesmo roteiro há uma descrição do cenário e do figurino necessários à realização da peça. Um casal sentado em um banco beija-se, e os ruídos dos beijos são amplificados por microfones. Um segundo casal colocado nas extremidades do palco contrapõe aos ruídos dos beijos sons de percussão. Toda a cena é entremeada pela projeção em *slide* de reprodução do quadro *Der Kuss*, de Gustav Klimt.

144. *Enigmao* (s. l., março de 1984)
TEXTO: Florivaldo Menezes
DEDICATÓRIA: "ao Celso Delneri"
MEIO EXPRESSIVO: madrigal feminino (três vozes)
DURAÇÃO: não especificada
EDIÇÃO: S. D. P ECA-USP (cód. 201) (duas páginas)
ANEXO: instruções
LOCAL DE OBTENÇÃO: Fonoteca da ECA-USP (cód. 5.991)

A peça apresenta notação e realização preponderantemente tradicionais. Durante sua execução alguns cartazes deverão ser levantados por algumas das coralistas, segundo indicações de sequência e de localização presentes na partitura – que apresenta símbolos correspondentes a cada um deles. O autor indica também a possibilidade da utilização de percussão (leves, "à chinesa") em alguns trechos. Há instruções verbais para organizar todos esses procedimentos.

145. *In Memorian Klaus-Dieter Wollf* (s. l., s. d.)
MEIO EXPRESSIVO: coro misto, três toca-discos, flauta-doce
DURAÇÃO: não especificada
EDIÇÃO: manuscrito (duas páginas)
LOCAL DE OBTENÇÃO: arquivo do autor

A partitura desta peça apresenta-se como um guia verbal, contendo instruções para sua realização – basicamente uma colagem de peças do repertório coral (desde a Idade Média, passando pelo renascimento, citando também a obra de J. Brahms) juntamente a atuações cênico--teatrais dos integrantes. Estão previstas algumas atuações solistas. A utilização dos três toca-discos segue apenas indicações de gênero de música: brasileira, *rock*, tango. Não há indicações para a realização do violão e da flauta-doce. A atuação cênico-teatral dos coralistas "deve simular uma festa, sendo o regente o garçom que, andando entre as pessoas, organiza e orienta a *performance*". Fora as indicações para o início da peça, a sua estrutura não está determinada.

146. *Ir Alten Weib* (Santos, março de 1978)
   TEXTO: Oswald von Wolkenstein
   DEDICATÓRIA: "a Margarita Schack"
   MEIO EXPRESSIVO: voz feminina, tambor e metrônomo
   DURAÇÃO: cc. 15' ou (em uma possível versão reduzida) no mínimo 8'
   EDIÇÃO: S. D. P ECA-USP (cód. 389) (12 páginas)
   ANEXO: duas páginas com comentários e instruções
   LOCAL DE OBTENÇÃO: Fonoteca da ECA-USP (cód. 3.518)

   Esta peça apresenta uma partitura notada e realizada de forma preponderantemente tradicional e uma série de instruções verbais complementares à sua execução. A intérprete executa um jogo de alternâncias entre uma "métrica rigorosa" e um "tempo flutuante, elástico", determinado pelo seguimento ou não às pulsações do metrônomo que percorrem quase toda a peça. Ela também executa algumas células rítmicas ao tambor enquanto canta – há citações de obras de Schubert, Schumann, Mahler e Schoenberg. O autor dá indicações para a atuação cênica e disposição do intérprete e dos acessórios (metrônomo e estantes) em palco. Em alguns trechos, são utilizados diversos efeitos (estalidos de língua, passagens faladas, gritos, diferentes tipos de emissão vocal), indicados simbolicamente. O autor pede, em alguns momentos, o uso de expressão corporal/facial – posturas a serem adotadas em momentos indicados. A intérprete tem a liberdade de realizar a peça em sua íntegra ou montar sua própria versão com os fragmentos e trechos que escolher, mantendo integralmente apenas o início e o final.

147. *Motetos à feição de Lobo de Mesquita* (s. l., 16 de maio de 1975)
   Obra encomendada pelo Festival de Inverno de Ouro Preto – 1975

TEXTO: Affonso Ávila
DEDICATÓRIA: "a Eládio Perez González" e "a Eliane"
MEIO EXPRESSIVO: voz feminina, oboé, violoncelo e cravo
DURAÇÃO: não especificada
EDIÇÃO: São Paulo, Novas Metas, 1983 (17 páginas)
ANEXO: três páginas com textos e instruções
ESTREIA: Festival de Inverno de Ouro Preto, 1975
LOCAL DE OBTENÇÃO: Arquivo CK

Utilizando linguagem atonal, a peça apresenta alguns procedimentos não tradicionais: passagens com "canto falado", exploração de sonoridades (essencialmente nasais), oscilações microtonais em perfis melódicos apresentados graficamente. O texto é dividido em sete partes, com a mesma estrutura formal (A, retrógrado de A, coda).

148. *Nascemorre* (s. l., 1962-63)
TEXTO: Haroldo de Campos
MEIO EXPRESSIVO: coro misto (SCTB), nove cantores solistas, duas máquinas de escrever, percussão (bongôs e maracas) e fita magnética (opcional)
DURAÇÃO: variável
EDIÇÃO: Washington/Estados Unidos, Pan-American Union, s. d. (19 páginas, partitura incompleta)
ANEXO: oito páginas com instruções verbais
LOCAL DE OBTENÇÃO: Arquivo CK

Peça de intenso caráter aleatório, com alto índice de informalidade – seja na estruturação formal com possibilidades várias de agenciamento de suas partes, seja na utilização de notação gráfica e esquemática proporcionando grande variabilidade em sua execução, seja em sua realização pela exploração tímbrica dos fonemas constitutivos do texto e sua fragmentação, além da aplicação de recursos extramusicais como máquinas de escrever e movimentação dos intérpretes em palco. Basicamente, a peça se divide em três partes (três leituras do mesmo poema): as duas primeiras com cinco subdivisões cada uma

(A, B, C, D e E) e a terceira apenas com a seção A. Nelas o autor faz diversas explorações e reorganizações do material, incluindo aí uma seção propriamente aleatória em cada parte. Nas primeiras seções de cada parte (AI, AII e AIII), o grupo solista realiza o texto de forma falada, "cada cantor evitando coincidir a altura de sua entonação com as alturas das entonações dos outros cantores"; aí o texto é fragmentado e dividido em fonemas entre os cantores, e o autor utiliza notação gráfica. Nas partes B (BI e BII) a percussão (incluindo máquinas de escrever, palmas e batidas de pés) realiza uma transição utilizando as mesmas instruções das seções aleatórias (ver adiante), encaminhando para a parte C (CI e CII), que poderá ou não ser apresentada. Essa seção, quando realizada, deverá ser previamente gravada com uma voz masculina emitindo algumas variações fonéticas do texto. A fita deverá ser manipulada conforme instruções do autor. Na seção seguinte (DI e DII) dois grupos vocais realizam efeitos microtonais, resultando em faixas de frequência organizadas em blocos sonoros apresentados em notação gráfica. Finalmente, as seções E (EI e EII) têm caráter eminentemente aleatório. Segundo o autor, "nelas há 256 elementos fonéticos divididos entre oito cantores solistas, 32 para cada um. Os cantores justapõem esses elementos, escolhendo a seu critério, improvisadamente ou não, a ordem em que serão apresentados, sua duração e das pausas que precedem", dentro de uma série temporal fornecida pelo autor. "Simultaneamente duas máquinas de escrever, maracas, bongôs, palmas e batidas de pés no chão realizam o mesmo trabalho, escolhendo grupos de batidas de percussão também dentro da mesma série temporal." Ainda segundo o autor, "este é um trabalho de participação, de criação coletiva. Só terá sentido e funcionará bem se houver o maior empenho e interesse da parte de cada executante em uma realização consciente e viva."

149. *Objeto musical – homenagem a Marcel Duchamp* (s. l., 1972)
   DEDICATÓRIA: "a Jorge Zulueta"
   MEIO EXPRESSIVO: ventilador giratório, barbeador elétrico e um intérprete masculino, obrigatoriamente músico (pianista, cantor, regente etc.)

Duração: variável
Edição: S. D. P ECA-USP (cód. 572) (uma página com roteiro verbal)
Local de obtenção: Fonoteca da ECA-USP (cód. 4.896)

Peça de teatro musical em que o intérprete realiza diversas ações interagindo com os equipamentos presente no palco – ventilador giratório e barbeador elétrico. Todas as indicações e instruções são apresentadas de forma verbal. O autor dá a liberdade ao intérprete para determinar detalhes do tipo que personifica, e "acrescentar algo no roteiro sem, no entanto, modificá-lo em nenhum ponto de sua sequência".

150. *Ópera aberta* (s. l., julho de 1976) (SP)
Dedicatória: "a Anna Maria Kieffer e Oscar Ferreira de Souza"
Meio expressivo: cantora e halterofilista (mais quatro ou cinco pessoas representando o público)
Duração: livre
Edição: S. D. P ECA-USP (cód. 574) (uma página com roteiro verbal)
Estreia: XIII Festival Música Nova de Santos/SP, 10 de outubro de 1977; Anna Maria Kieffer e Oscar Ferreira de Souza
Local de obtenção: Fonoteca da ECA-USP (cód. 4.898)

Peça de teatro musical. Segundo o autor, "é uma homenagem a Umberto Eco". Uma cantora entre em cena, vestida a caráter, e começa a cantar e a representar trechos variados de óperas, entremeados de exercícios vocais. O desempenho teatral destacará seu encantamento, seu enlevo com a própria voz, que ela, com as mãos, deverá acariciar, embalar e moldar, como se a visse materializada à sua frente, porque a cantora de ópera é, antes de tudo, uma enamorada da própria voz. Pouco tempo depois entra em cena um halterofilista, pulando corda, e começa a fazer exercícios com e sem os halteres, entremeados de exibições do seu muque braçal, peitoral e dorsal. Porque o halterofilista é, antes de tudo, um enamorado de seu próprio corpo. No canto esquerdo da cena, um grupo formado por pelo menos cinco pessoas, sentadas de perfil para a plateia, em quatro ou cinco momentos aplaude freneticamente, gritando *bravo!* O roteiro básico continua, estabelecendo um contraponto visual entre a cantora e o halterofilista, até o final, quando o halterofilista sai de cena com a cantora esperneando, apavorada, sobre seu ombro, mas sempre cantando. Pode ser desenvolvido em suas virtualidades cênicas.

151. *Pausa e menopausa* (s. l., 1973)
    TEXTO: poema visual (sem palavras) de Ronaldo Azeredo
    MEIO EXPRESSIVO: três intérpretes, três pares de xícaras e pires e projeção de *slides*
    DURAÇÃO: não especificada
    LOCAL DE OBTENÇÃO: Arquivo CK

    Peça de teatro musical em que os três intérpretes realizam uma série de ginásticas faciais de diversos caracteres intercaladas à projeção de *slides* contendo o poema visual de Ronaldo Azeredo (sem título). "Esse contorcionismo labial e facial deve lembrar uma fala inaudível, de uma língua ainda em estado de magma fonético, primitiva, nebulosa, inarticulada. Durante a projeção dos *slides* os intérpretes tocam ruidosamente pequenas xícaras de café, batendo circularmente com as colherinhas no fundo e nos lados das xícaras, como se estivessem mexendo o açúcar. É o único som ouvido."

152. *Poema sobre um quadro de Orlando Marcucci* (s. l., abril de 1976)
    Peça de Confronto do VI Concurso de Corais do Rio de Janeiro, 1976
    TEXTO: Florivaldo Menezes
    MEIO EXPRESSIVO: coro misto (SCTB)
    DURAÇÃO: não especificada
    EDIÇÃO: manuscrito (oito páginas)
    ANEXO: duas páginas com texto e instruções
    LOCAL DE OBTENÇÃO: Arquivo CK

A peça utiliza linguagem tonal, e é escrita e realizada de forma preponderantemente tradicional. O autor insere alguns trechos em que são usados diversos efeitos de exploração de sonoridades, com ênfase no fonema /s/. Passagens faladas (individualmente por cada cantor), *clusters* microtonais e alturas livres encontram-se também presentes.

153. Poema de Ronaldo Azeredo (s. l., 1973)

TEXTO: poema concreto de Ronaldo Azeredo, sem palavras
MEIO EXPRESSIVO: coro misto (SCTB) e *slides*
DURAÇÃO: variável
EDIÇÃO: S. D. P ECA-USP (cód. 576) (duas páginas)
ESTREIA: Madrigal Ars Viva, 1973
LOCAL DE OBTENÇÃO: Fonoteca da ECA-USP (cód. 4.900)

Peça de teatro musical em que seu desenrolar no palco se dá em sincronia com a projeção de cinco *slides* contendo um poema visual de Ronaldo Azeredo, que organiza a entrada de todos os cantores no palco. O único procedimento sonoro é um fechar de pastas (dos coralistas) ruidoso, a um sinal do regente, depois da projeção do quarto *slide*. O quinto *slide* contém os nomes do compositor e do poeta, encerrando a peça. Todas as indicações de movimentação e interpretação são apresentadas em instruções verbais.

154. Poeminha poemeto poemeu poesseu poessua da flor (s. l., maio de 1984)

TEXTO: Décio Pignatari
DEDICATÓRIA: "ao Eládio Perez González"
MEIO EXPRESSIVO: voz e piano
DURAÇÃO: não especificada
EDIÇÃO: S. D. P ECA-USP (cód. 430) (uma página)
ANEXO: uma página com texto e instruções verbais
LOCAL DE OBTENÇÃO: Fonoteca da ECA-USP (cód. 5.995)

Pequena canção, escrita e realizada de forma tradicional, com características atonais. O cantor deve assobiar pequenos trechos e, juntamente com o pianista, realizar uma pequena teatralização, segundo indicações verbais. Ao final, o cantor pega uma flor (de um copo, em cima do piano) e joga para o público.

155. **Son et lumière** (s. l., maio de 1968)
DEDICATÓRIA: "para Marcia Mendes"
MEIO EXPRESSIVO: manequim feminino, dois fotógrafos masculinos, som de piano gravado em fita e luz de *flashes* fotográficos
DURAÇÃO: variável
EDIÇÃO: S. D. P ECA-USP (cód. 577) (uma página)
LOCAL DE OBTENÇÃO: Fonoteca da ECA-USP (cód. 4.901)

Teatro musical em que os intérpretes desenvolvem as ações a partir de um roteiro verbal, utilizando um piano apenas como cenografia (os sons de um acorde determinado são gravados em fita) e também os *flashes* de máquinas fotográficas.

156. **Vai e vem** (s. l., 1 de maio de 1969)
TEXTO: José Lino Grünewald
DEDICATÓRIA: "para Sílvia Maria"
MEIO EXPRESSIVO: coro misto (SCTB), fita magnética, toca-discos
DURAÇÃO: não especificada
EDIÇÃO: S. D. P ECA-USP (cód. 229) (11 páginas)
ANEXO: três páginas com instruções verbais
LOCAL DE OBTENÇÃO: Fonoteca da ECA-USP (cód. 802)

Peça com intenso caráter aleatório, como uma grande colagem de elementos musicais os mais diversos e utilizando notação gráfica e farta instrução verbal. Segundo o autor, "a partitura em forma de gráfico representa dez blocos sonoros constituídos por 15 acontecimentos musicais que se desenvolvem em meio a (grandes) decrescendos e crescendos de acordes (realizados) por um coral misto" – crescendo, o coro canta "VEM"; nos decrescendos, "VAI"... Os crescendos e decrescendos intercalam-se em cada bloco; nos primeiros, "cada voz individualmente canta em uma altura qualquer mantida firmemente, formando todas juntas um acorde microtonal", e nos últimos, o coral canta acordes determinados, um para cada bloco. "Um dos acontecimentos – ritmo gravado em fita magnética – precede o bloco 1 e soa continuamente, inclusive entre os outros blocos e depois do último, terminando a música. Este fluxo constante de sons é interrompido somente nos pontos dos blocos cortados por flechas, cujas letras indicam as partituras extras em notação tradicional – que então devem ser executadas..." Na interrupção final, os cantores deverão fazer gestos alusivos ao texto, com indicações de ações cênicas por parte do coral e do regente. "Os acontecimentos musicais obedecem à dinâmica (geral de cada bloco) do acorde coral em crescendo ou decrescendo, conforme o momento em que eles se situam. [...] Facultativamente podem ser utilizados mais dois instrumentos: um contrabaixo ou violoncelo para tocar a nota básica dos acordes corais em decrescendo e um harmônico qualquer dos crescendos corais microtonais, e um piano para tocar os acordes corais nos decrescendos e *clusters* nos crescendos corais microtonais..." Os materiais utilizados nos 15 acontecimentos musicais são os mais diversos: vozes solistas em grupos, cantando; flauta *bock* soprano realizando uma melodia; imitar um apito de trem; toca-discos reproduzindo um trecho da *Sinfonia n.41*, *"Júpiter"*, de W. A. Mozart; assobio de uma melodia; voz masculina como um narrador de jogo de futebol; um solista cantando com a boca encostada ao papel de seda que cobre um pente; percussão em bongôs, constituindo a parte gravada em fita magnética.

MENEZES, Flô

157. ***Pretexturas sobre todas as flores da fala*** (s. l., junho/dezembro de 1984)
    TEXTO: provérbios latinos e um poema de V. Herrmann
    MEIO EXPRESSIVO: soprano, clarinete (Sib) e clarone (B), com três narradores opcionais
    DURAÇÃO: não especificada

EDIÇÃO: manuscrito (19 páginas)
ANEXO: quatro páginas com instruções
LOCAL DE OBTENÇÃO: Arquivo MH

Esta peça, de caráter atonal, apresenta-se escrita preponderantemente de forma tradicional, incluindo fórmulas de compasso. Em alguns trechos o autor utiliza instruções verbais diretamente na partitura para indicar procedimentos específicos, como a realização de improvisos e a exploração de sonoridades (este último procedimento vale-se também de elementos simbólicos de notação). Em um determinado trecho, um roteiro verbal organiza todas as suas ocorrências sonoras e de movimentação em cena. O autor deixa como opção uma versão em que três textos são falados por três narradores em pontos indicados na partitura, também com atuação cênica.

MERLINI, Maurício de Souza

158. *Jogos de armar I* (São Paulo, agosto de 1984) (SP)
DEDICATÓRIA: "para Adriano de M. Merlini"
MEIO EXPRESSIVO: livre
DURAÇÃO: livre
EDIÇÃO: exemplar datilografado (duas páginas com instruções verbais)
LOCAL DE OBTENÇÃO: arquivo do autor

Trata-se de uma proposta de criação de caráter eminentemente lúdico. O autor, por meio de um texto, explicita algumas diretrizes para a composição da peça a partir de eventos sonoros a serem definidos pelos intérpretes. Tais eventos são livres em quantidade e gênero e, assim que determinados, devem ser escritos em fichas e distribuídos entre os participantes – que podem ser leigos em música ou mesmo crianças. A decisão quanto ao agenciamento e mesmo outras regras do jogo deverão ser definidas também pelos intérpretes-participantes. O autor considera, ainda, a possibilidade de escrever integralmente em partitura qualquer das versões resultantes.

159. *Sugestões para um coral feliz* (s. l., 1979-83)
    TEXTO: poemas de José Paulo Paes e H. Heine
    DEDICATÓRIA: "para Celso Delneri"
    MEIO EXPRESSIVO: coro misto (SCTB), dois aparelhos de TV portáteis, quatro rádios portáteis
    DURAÇÃO: variável – entre 10' e 15'
    EDIÇÃO: exemplar datilografado (nove páginas)
    ANEXO: uma página com comentários e instruções
    LOCAL DE OBTENÇÃO: arquivo do autor

    Esta peça de caráter aleatório apresenta oito momentos/propostas de realização musical que podem ser concatenados em qualquer ordem – o autor indica apenas o momento/proposta final (também de caráter aleatório). Essas seções podem ser repetidas, superpostas ou agenciadas de outras formas. O seu material é bastante variado: criações sobre textos dados (com ou sem indicações para a realização), trechos do repertório atual do coro, realização solista sobre um *Lied* de Schumann, uma montagem explorando o procedimento de afinação do grupo, outra para os aparelhos de TV, rádios e vozes (com manipulação de volume e liga-desliga) e, para o final, uma pequena cena com cadeiras e bancos, como em um bar. Utiliza basicamente roteiros e estímulos verbais e um trecho em notação gráfica.

MIRANDA, Ronaldo

160. *Canticum Itineris* (Rio de Janeiro, junho/setembro de 1979)
    TEXTO: Orlando Codá
    DEDICATÓRIA: "para Clarice, Myrna, Rosana e Helder"
    MEIO EXPRESSIVO: coro misto (SCTB), instumentos antigos e fita magnética
    DURAÇÃO: não especificada
    EDIÇÃO: S. D. P ECA-USP (cód. 350) (39 páginas)
    ANEXO: duas páginas com texto e instruções
    LOCAL DE OBTENÇÃO: Fonoteca da ECA-USP

Os únicos elementos informais presentes nesta peça são a apresentação da parte gravada de forma gráfica (partitura de realização/ execução) com indicações verbais para sua montagem e uma passagem falada, no trecho final, para a realização vocal.

161. *Trajetória* (s. l., s. d.)
TEXTO: Orlando Codá
MEIO EXPRESSIVO: soprano, flauta, clarinete Bb, piano, violoncelo e percussão (vibrafone e xilofone)
DURAÇÃO: não especificada
EDIÇÃO: S. D. P ECA-USP (cód. 060) (27 páginas)
ANEXO: duas páginas com texto e intruções
LOCAL DE OBTENÇÃO: Fonoteca da ECA-USP (cód. 1.928)

Notada e realizada de forma preponderantemente tradicional, apresenta alguns procedimentos com algum índice de indeterminância como *clusters* com abrangência não estipulada precisamente e uma passagem com duração aproximada e com indicações verbais para sua realização. Além disso, os instrumentistas devem, em alguns trechos, declamar, sussurrar e até mesmo cantar, contando para isso também com algumas instruções verbais.

MOJOLA, Celso

162. *Variações sobre o tema "O cravo brigou com a rosa"* (s. l., setembro de 1981)
MEIO EXPRESSIVO: coro misto (SCTB)
DURAÇÃO: 3'15"
EDIÇÃO: S. D. P ECA-USP (cód. 595) (dez páginas)
ANEXO: uma página com instruções verbais
LOCAL DE OBTENÇÃO: Fonoteca da ECA-USP (cód. 4.921)

Realização e notação preponderantemente tradicionais. Em uma das seções de variação, utiliza *ostinatos* rítmicos falados com ritmos determinados (na voz do baixo) e realização aleatória (também falada) de sílabas do texto (na voz de soprano), em notação gráfica.

MOROZOWICZ, Henrique de Curitiba

163. *Mini-ópera* (Ithaca/Estados Unidos, 1980)
    DEDICATÓRIA: "para Noel Devos"
    MEIO EXPRESSIVO: barítono e fagote
    DURAÇÃO: variável
    EDIÇÃO: S. D. P ECA-USP (cód. 458) (14 páginas)
    ANEXO: três páginas com comentários e texto
    LOCAL DE OBTENÇÃO: Fonoteca da ECA-USP

    A peça é composta de três partes ("...três árias"), compondo, na opinião do autor, uma pequena "ópera bufa". "O texto é todo feito de palavras *nonsense* em francês e italiano, usadas pelo seu valor sonoro. [...] algum tipo de significado forma-se no meio do texto e ele apenas sublinha o conteúdo emotivo da expressão musical". No meio da segunda parte há um trecho falado (entre os dois intérpretes) que pode ser ampliado, modificado, "ao gosto dos intérpretes". O autor dá ainda a liberdade para a criação e inserção de outras cenas faladas ou mímicas entre as árias.

NEDER, Hermelino e PETERSEN, Claus

164. *Poema da negra IV* (s. l., 1977)
    TEXTO: Mário de Andrade
    MEIO EXPRESSIVO: coro misto (SCTB)
    DURAÇÃO: não especificada
    EDIÇÃO: manuscrito (duas páginas)
    ANEXO: uma página com bula
    LOCAL DE OBTENÇÃO: arquivo dos autores

Baseada em poema de Mário de Andrade, a peça mescla procedimentos corais tradicionais a efeitos como respiração, exclamações, assobios e sons guturais. Sua estrutura é fixa e apresenta tanto notação simbólica quanto tradicional. Não há indicações quanto à realização do texto. Apresenta bula para a realização dos símbolos utilizados.

NOBRE, Marlos

165. *O canto multiplicado* (Rio de Janeiro, 1972)
TEXTO: Carlos Drummond de Andrade
DEDICATÓRIA: "a Federico García Lorca, *in memoriam*"
MEIO EXPRESSIVO: voz feminina (soprano) e cordas (violinos I e II, viola, violoncelo e contrabaixo)
DURAÇÃO: não especificada
EDIÇÃO: Darmstadt, Tonus International, 1973 (26 páginas)
LOCAL DE OBTENÇÃO: Arquivo CK

De características atonais, a peça é notada e realizada preponderantemente de forma tradicional. O autor intercala passagens com compassos definidos (blocos sonoros articulados ritmicamente em *tutti* nas cordas) a outras com marcações cronométricas aproximadas (sons sustentados). Ocorre como que um diálogo entre a organização rítmica dos blocos e a atuação vocal, quase sempre acompanhada pelas notas prolongadas. Em uma passagem notada graficamente, os vibratos dos instrumentos ampliam-se e transformam-se em ondulações melódicas cada vez mais amplas. Em outro trecho (de caráter contrapontístico), alguns procedimentos devem ser repetidos, tendo sua organização e agenciamento notados de forma esquemática.

166. *Ukrinmakrinkrin op.17* (s. l., s. d. – a cópia data de 1967)
DEDICATÓRIA: "dedicada ao maestro Alberto Ginastera"
MEIO EXPRESSIVO: soprano, instrumentos de sopro (*piccolo*, oboé, trompa) e piano
DURAÇÃO: não especificada

EDIÇÃO: Estados Unidos, Pan-American Union, 1968 (27 páginas)
ANEXO: uma página com tradução do texto e informações sobre o autor
LOCAL DE OBTENÇÃO: Centro Cultural São Paulo

Peça de características atonais dividida em três partes e com realização e notação preponderantemente tradicionais. Na primeira parte, a trompa realiza alguns efeitos tímbricos por meio da mão do instrumentista junto ao pavilhão do instrumento. Na segunda não há divisões de compasso: os procedimentos musicais (sons pontuais, harmônicos sustentados, frases melódicas sem ritmos determinados) são dispostos espacialmente nos pentagramas, havendo apenas indicações para o regente dar entradas específicas de cada intérprete – o clima desejado é de aperiodicidade e estaticidade, contrastando com a entrada da terceira parte, que apresenta grande atividade rítmica com o piano executando séries de *clusters* com a palma da mão e o antebraço. Aqui, a intérprete vocal deverá, além de cantar, executar trechos com gritos e murmúrios com perfis melódicos aproximados indicados sobre pentagrama e com notação gráfica e simbólica. O texto é em dialeto indígena (sem indicação de origem).

167. *Yanománi op.47* (Alemanha Ocidental, março de 1980)
DEDICATÓRIA: "para Dagoberto Linhares, para o 'Choeur des XVI' de Fribourg/Suisse e seu regente André Ducret que encomendaram esta obra"... "à memória de um cacique Yanománi".
MEIO EXPRESSIVO: coro misto (SCTB), tenor-solo e violão
DURAÇÃO: 12'
EDIÇÃO: Darmstadt, Tonos International, 1980 (manuscrito reproduzido) (39 páginas)
ANEXO: uma página com texto e pequenas indicações
ESTREIA: Temple réformé de Fribourg/Suisse, 6 de fevereiro de 1981; Choeur des XVI, Dagoberto Linhares, violão, Olivier Rumpf, tenor, e Jean-Jacques Martin, regente
LOCAL DE OBTENÇÃO: Fonoteca da ECA-USP (cód. 4.625)

Nesta peça o autor utiliza a sonoridade e algumas palavras da linguagem indígena brasileira (não especificando qual tribo ou tronco linguístico) juntamente a algumas frases em português para compor o texto, que tem caráter de protesto (fala da morte de um cacique da tribo). O autor apresenta diversos efeitos para reproduzir certo clima "indígena", como gritos, emissão em *ff* o mais agudo possível, repetição aleatória de caráter pontilhista de pequenas palavras, ritmos bem marcados com emissão o mais grave possível, pequenas frases modais ritmicamente repetitivas, sons de expiração, sequências rítmicas de *clusters* e palmas. Alguns trechos não utilizam divisões de compasso, outros exploram marcações rítmicas bem acentuadas (em 5/8 e 3/4). O violonista deverá alterar a afinação normal do instrumento (segundo indicações) e também realizar alguns efeitos (além da realização tradicional): beliscar as cordas, sons harmônicos, percutir a mão no tampo do instrumento, utilizar a unha como uma palheta, bater nas cordas de maneira percussiva com os dedos da mão direita e realizar algumas sequências de *clusters*. O autor utiliza basicamente a escrita tradicional, com pequenas indicações verbais ao longo da partitura indicando procedimentos específicos e, em alguns trechos, notação gráfica e simbólica para alguns efeitos corais.

NOGUEIRA, Ilza

168. *Idiossincrasia* (s. l., setembro de 1972 a março de 1973) (SP)
     MEIO EXPRESSIVO: sete violinos, ronda (instrumento *smetak*, tocado por uma mulher), percussão (prato suspenso e tam-tam), fita magnética, coro misto (SCTB, mínimo de 15 e máximo de vinte cantores), público, sintetizador, materiais sonoros destrutíveis (papel, pano, isopor etc), três dançarinos, projetor de filmes e iluminação (três *spotlights* com luzes vermelha, negra e natural)
     DURAÇÃO: 6'40"
     EDIÇÃO: manuscrito (12 páginas)
     ANEXO: oito páginas com instruções
     LOCAL DE OBTENÇÃO: arquivo da autora

A peça divide-se em duas partes, e a segunda (um verdadeiro teatro musical) apresenta duas seções. Trata-se de uma transcrição musical do poema "The Sick Rose", de William Blake. Deve ser apresentada em locais nos quais possam ser adaptados dois pequenos palcos. No primeiro posicionam-se os instrumentistas, ocorrendo aí a primeira parte da peça simultaneamente a uma projeção de imagens indicadas pela autora. A segunda parte acontece no segundo palco, com a participação dos bailarinos e do coro, que inicialmente encontram-se distribuídos pela plateia. A primeira parte, estritamente instrumental, é grafada utilizando elementos tradicionais e outros simbólicos (para o instrumento *smetak*), com alturas definidas para os instrumentos de corda. Na segunda parte entram o coro, os bailarinos, as fitas, o sintetizador e a iluminação. A fita deverá ser montada pelo intérprete segundo instruções verbais, sendo a partitura um guia de execução utilizando recursos gráficos, simbólicos e iconográficos. Um dos trechos pode utilizar passagens da obra *Visage*, de L. Berio. Para o coro, há um roteiro de ações cênicas que, além da coreografia propriamente dita, prevê a destruição de materiais sonoros que podem inclusive fazer parte do cenário, tais como papel, panos, isopor, vidro etc. A realização vocal inclui blocos sonoros com alturas livres ora estáticos, ora modulantes. Sussurros, palavras articuladas sem valor semântico e inflexões vocais como sorrisos, gargalhadas e gemidos fazem ainda parte do material a ser trabalhado pelo coro. No início da seção II da segunda parte, uma mulher em solo improvisa a partir da fita e das instruções da partitura, que apresenta símbolos para a representação dos materiais dispostos graficamente indicando sua realização. A autora fornece também, na partitura e nas instruções verbais, um roteiro para a iluminação da peça.

169. Ludus cromáticos (s. l., 1974)
MEIO EXPRESSIVO: livre (Ludo 1); grupo de instrumentos de teclado (Ludo 2); expressão corporal (Ludo 3)
DURAÇÃO: variável
EDIÇÃO: manuscrita, apresentando uma prancha colorida (dividida em quatro cores), um *slide* e uma transparência com elementos gráficos a ser sobreposta à prancha

ANEXO: sete páginas com instruções e comentários, em alemão
LOCAL DE OBTENÇÃO: arquivo da autora

Esta peça constitui-se em uma proposta de aplicação de teorias psicológicas sobre a influência das cores nos estados emocionais e psicológicos, fazendo ainda algumas indicações para sua utilização neste sentido. As instruções verbais constituem-se de grande valor para a montagem dessas propostas, e o resultado sonoro é totalmente aleatório: no Ludo 1 a partitura consiste em um *slide* com figuras abstratas que deverá ser projetado para sua execução; a autora sugere que também o público participe da montagem, sem qualquer indicação de meio expressivo. O Ludo 2 é proposto para o grupo de instrumentos de teclado, e como partitura apresenta uma prancha dividida em quatro cores, sobre a qual se aplica uma folha de acetato também dividida em quatro, na qual se apresentam desenhos e sinais gráficos representando quatro diferentes possibilidades de texturas musicais que deverão ser executadas segundo instruções verbais. O Ludo 3 destina-se à expressão corporal com a possibilidade de realização de sons corporais (não especifica se deverá utilizar-se a voz ou não) e da utilização de outros materiais para a expressão (papéis, plásticos etc). Os executantes deverão realizá-lo em um grande salão a partir do estímulo vindo da iluminação, que alternará as cores das luzes em uma determinada ordem. Por seu caráter extremamente aberto, a autora considera todos os executantes dessas propostas como seus coautores.

170. *Metástase* (s. l., 1971) (SP)
MEIO EXPRESSIVO: coro misto (SSCCTTBB) e trio vocal pré-gravado em fita magnética
DURAÇÃO: cc. 3'
EDIÇÃO: manuscrito (oito páginas)
ANEXO: uma página com bula para os símbolos utilizados
LOCAL DE OBTENÇÃO: arquivo da autora

A peça é formada por um único movimento contínuo, intercalando a utilização da fita magnética com um trecho realizado ao vivo pelo coro e, ao final, apresentando coro e fita gravada. São utilizados basicamente fonemas manipulados, sons de respiração e ruídos de glote. A partitura consta de gráficos entremeados por pautas convencionais usadas na seção central, exclusiva para o coro. Ali, a representação das alturas é tradicional e aproximada, sendo indicados os intervalos entre as notas. A autora utiliza ainda notação simbólica e iconográfica; as alturas são apresentadas com uma clave de regiões como referência e a organização temporal serve-se de marcações cronométricas. Para o trio vocal gravado, há um trecho de 45" a ser livremente improvisado.

171. *Três roteiros para improvisação* (s. l., 1970) (SP)
MEIO EXPRESSIVO: 1) vozes masculinas, vozes femininas, flauta de êmbolo, cigarra/berra-boi (pequeno brinquedo similar a uma matraca); 2) "bugigangas" (louça, latas, sementes, bolas de gude, bexigas, papel, isopor etc) e 3) instrumentos smetak (boré, tímpanos e sinos) e piano preparado
DURAÇÃO: livre
EDIÇÃO: manuscrito (quatro páginas)
ANEXO: uma página com instruções para o primeiro roteiro
LOCAL DE OBTENÇÃO: arquivo da autora

Tratam-se de três pequenas peças autônomas, todas com estrutura aberta e marcadas pelo alto índice de aleatoriedade no próprio desenvolvimento dos materiais sonoros empregados. O primeiro roteiro constitui-se de 18 fichas, cada uma com uma proposta sonora representada por desenhos coloridos (variação de densidades, texturas, determinação das fontes sonoras). A seleção das fichas (pode-se mesmo não utilizar algumas) e mesmo seu agenciamento são de livre escolha dos intérpretes. O segundo roteiro prevê um número mínimo de três participantes e sua partitura é uma circunferência dividida em nove partes, cada uma apresentando uma organização diferente dos materiais propostos (sons mantidos, glissandos, células rítmicas, interações e sons pontuais) em texturas diversas e notados de forma gráfica e simbólica. O ponto inicial e final de leitura – além de sua direção – é livre, assim como a repetição do círculo e a sincronia entre os intérpretes. No centro do círculo, cada parte está associada a uma cor, sem, contudo, haver explicação da autora sobre sua utilização. O terceiro roteiro apresenta-se de forma verbal exclusivamente. A autora determina um papel para cada instrumento no improviso que será conduzido pelo Boré (instrumento criado por Walter Smetak). O piano será livremente preparado por seu intérprete.

OLIVEIRA, Flávio

172. *Quando olhos e mãos* (s. l., 1977) (SP)
Obra comissionada pela Comissão de Música da Secretaria da Cultura, Ciência e Tecnologia do Estado de São Paulo.
DEDICATÓRIA: "à memória de Candido Mariano da Silva Rondon"
MEIO EXPRESSIVO: aparelho fonador e piano (um único intérprete), ambos amplificados
DURAÇÃO: não especificada
EDIÇÃO: São Paulo, ECA-USP, 1978 (sete páginas)
ANEXO: três páginas com comentários e instruções
LOCAL DE OBTENÇÃO: Arquivo CK

A peça possui estrutura fixa e está notada de forma tradicional acrescida de alguns símbolos específicos para alguns procedimentos, utilizando também marcações cronométricas e metronômicas para sua realização. Apresenta uma linha melódica de origem indígena para ser cantada e também dois módulos rítmicos (também de origem indígena). Sobre um deles o intérprete deverá improvisar e sobre o segundo deverá criar uma linha melódica. O piano deverá ser preparado conforme instruções e amplificado (assim como a voz). O mesmo intérprete deverá interpretar as partes instrumental e vocal; nesta última há alguns procedimentos emitidos em forma de sopro, outros em assobios e outros com fonemas determinados.

OLIVEIRA, Jocy de

173. *Estória IV* (s. l., 1978-80)
 Obra comissionada pelo New York State Council on the Arts
 MEIO EXPRESSIVO: voz feminina, violino eletrônico (cinco cordas), contrabaixo, percussão (flexatone, címbalos, queixada, matraca, maculelê, *wood blocks*, barra de alumínio, gongos, tam-tam, bolas de gude, gran-cassa, prato chinês, reco-reco, bolas de pingue-pongue) com amplificação
 DURAÇÃO: cc. 20-22'
 EDIÇÃO: manuscrito (oito páginas duplas)
 ANEXO: quatro páginas datilografadas em inglês, com instruções
 LOCAL DE OBTENÇÃO: Arquivo MH

 Peça com alto índice de aleatoriedade, organizada formalmente em uma intensificação na densidade de eventos, seguida de uma rarefação voltando ao ponto de partida. Baseia-se na notação gráfica, com trigramas indicando regiões aproximadas para a voz e o violino e sem qualquer referencial de altura para o contrabaixo; para a percussão, células rítmicas são apresentadas em quadros. Em seu trecho central utiliza elementos esquemáticos para a organização e sincronização dos procedimentos a serem realizados por todos os intérpretes, além de elementos iconográficos. Segundo a autora, a peça inspira-se no sentimento de uma raga indiana e na arte do canto japonês *Shomyo*. A parte vocal baseia-se em técnicas orientais como sons multifônicos e padrões melódicos, rítmicos e de ornamentação do canto indiano e japonês. Há a possibilidade da inserção de uma intérprete vocal, manipulando o resultado sonoro da primeira intérprete, que deverá sempre atuar interagindo com os outros executantes, principalmente com o violinista. A intérprete vocal deverá, ainda, executar alguns instrumentos de percussão de mão em passagens determinadas.

174. *Memorabilia* (Bellagio/Estados Unidos, 1982)
 Peça composta durante uma bolsa concedida pela Fundação Rockfeller (Estados Unidos)

Meio expressivo: duas vozes femininas junto a pianos elétricos, violino eletrônico, contrabaixo e percussão (sinos de mão, tímpanos, *talking drum*, vibrafone, amolador de facas, pau-de-chuva, gongos, bolas de pingue-pongue, quatro tom-tons)
Duração: não especificada
Edição: manuscrito (11 páginas duplas)
Local de obtenção: Arquivo MH

Nesta peça as realizações vocais e instrumentais são apresentadas de forma esquemática, em "pedaços" de pentagrama sobre uma folha. Quando passagens devam ser repetidas, vêm circunscritas em quadros – por vezes, deve-se alternar entre dois ou três destes. Além disso, há instruções verbais diretamente na partitura esclarecendo a execução de muitos dos procedimentos solicitados. Algumas sequências de notas com ou sem o ritmo determinado constituem-se no principal material, manipulado de forma a obter variações de texturas e densidades. Para as partes vocais, a autora solicita sons multifônicos, efeitos de surdina com as mãos sobre os lábios, trêmulos obtidos batendo as mãos sobre os lábios, controle da oclusão labial de forma a realçar harmônicos. Utiliza ainda como notação elementos gráficos e iconográficos. Ao final da peça, as cantoras deverão sair do palco e caminhar por entre o público executando algumas notas com os sinos de mão.

175. *Ouço vozes que se perdem nas veredas que encontrei* (s. l., 1981)
Meio expressivo: uma ou mais vozes femininas com amplificação e efeitos eletrônicos
Duração: variável
Edição: manuscrito (uma página dupla)
Anexo: três páginas datilografadas em inglês, com instruções
Local de obtenção: Arquivo MH

Peça de caráter aleatório constituída de 38 fragmentos ou "chamadas" apresentados em trechos de pentagramas, que deverão ser executados pela(a) intérprete(s) em sua totalidade, porém em qualquer ordem. Há duas possibilidades de realização: a primeira, com três vozes femininas (ou mesmo uma dupla a mais) usando microfones, com um dispositivo que envie o sinal de cada microfone para diferentes alto-falantes espalhados na sala criando um efeito de espacialização e de movimento; as cantoras poderão se colocar por entre o público, longe umas das outras – segundo a autora, uma situação ideal seria a disposição das intérpretes em diferentes torres de igrejas para que o público, nas ruas, ouvisse os cânticos vindo de vários lugares. Na segunda versão, apenas uma cantora executa todas as passagens, com um dispositivo de amplificação que produza efeitos de espacialização e movimentação. Em ambos os casos deverão ser acrescidos efeitos de *delay* e *loopings*, a partir da gravação e reprodução dos fragmentos executados em tempo real. Todas as passagens deverão ser cantadas de forma lenta e calma, sem vibrato e produzindo por vezes sons multifônicos; a autora pede ainda que a(s) intérprete(s) tenha(m) em mente os ornamentos e melismas da música islâmica para a realização desta peça. Como notação, apresenta elementos simbólicos e gráficos, prevalecendo o caráter esquemático da partitura.

Obs.: acompanha esta partitura um esquema do que parece ser uma instalação, com indicações de diversos eventos sonoros e também de iluminação, projeção de imagens, raios laser, esculturas luminosas, narrações e partes cantadas. Em um momento, este esquema indica a realização desta peça vocal; porém, não há qualquer outra indicação mais precisa sobre sua montagem.

OLIVEIRA, Willy Correa de

176. *Cicatristeza* (São Paulo, fevereiro de 1973)
TEXTO: Augusto de Campos
DEDICATÓRIA: "to Jacobo Romano"
MEIO EXPRESSIVO: voz feminina
DURAÇÃO: variável
EDIÇÃO: S. D. P ECA-USP (cód. 018) (seis páginas)

ANEXO: instruções verbais
LOCAL DE OBTENÇÃO: Fonoteca da ECA-USP

Nesta peça, a intérprete deverá estabelecer as frequências e as relações intervalares a partir de um feixe de dez linhas, sobre o qual o autor dispõe as notas (às vezes com ritmos determinados, outras vezes reunidas em grupos) sem divisões de compasso ou marcações cronométricas. Há uma proposta de realização aleatória (uma melodia qualquer) segundo indicações, e dois trechos com realização tradicional em pentagramas (em um deles, "tango", o autor sugere a audição de gravações de Carlos Gardel para uma melhor interpretação, além de acompanhar-se com palmas). O texto é constituído pela palavra-título quase sempre decupada em fonemas transformados em melismas. Em um pequeno trecho, são solicitados dois tipos de trêmulos: com a palma da mão batendo na boca e com os dedos vibrando no pescoço, abaixo do queixo. A peça é dividida em oito seções e deve ser cantada linearmente com a intérprete postada em um dos lados do palco. Após a primeira realização, ela deve se dirigir ao outro lado do palco, onde oito estantes dispostas em círculo contêm, cada uma, uma das seções da peça. A cantora deverá, então, executar aleatoriamente trechos de cada seção por um período de tempo aproximado, a partir de instruções verbais, algumas delas dispostas espacialmente junto aos procedimentos musicais notados na partitura.

177. *Exit* (Prados/MG, 31 de dezembro de 1978) (SP)
TEXTO: Haroldo de Campos
DEDICATÓRIA: "esta peça está dedicada ao Haroldo de Campos como agradecimento pela tradução dos cantos do *Paraíso* de Dante"
MEIO EXPRESSIVO: soprano e percussão (*glockenspiel*, vibrafone, marimba, cinco sinos, *jingles*, cinco triângulos, quatro pratos suspensos, tam-tam, cinco *temple blocks*, berra-boi, dois bongôs, três congas, caixa-clara, bateria, cinco tímpanos, *bass-drum*, chocalho, sete apitos, flauta artesanal ou de brinquedo, *sistrum*, duas cuícas)

DURAÇÃO: não especificada
EDIÇÃO: São Paulo, Novas Metas, 1979 (18 páginas)
ANEXO: quatro páginas com parte em separado para os tímpanos, comentários e instruções
LOCAL DE OBTENÇÃO: Arquivo CK

Nesta peça a cantora, além de cantar, deverá executar alguns instrumentos para ela determinados na partitura (berra-boi, apitos, chocalhos). No geral, as divisões temporais são marcadas de várias formas: compassos tradicionais, valores estipulados metronomicamente, indicações cronométricas. A parte dos tímpanos é apresentada separadamente e trata-se de uma linha a ser repetida quantas vezes for necessário até o final da peça. Seções com ritmos e melodia mensuráveis alternam-se com outras nas quais formas de articulação diversas, efeitos sonoros e citações do *Bolero* de Ravel servem para criar tramas e texturas tímbricas variadas. Nesses momentos a notação apresenta elementos simbólicos e gráficos para determinados instrumentos. No início da peça o autor prescreve um trecho de livre improvisação com instruções verbais.

178. *Hipervolumen* (s. l., s. d.)
TEXTO: Hector Olea
MEIO EXPRESSIVO: coro misto (SCTB)
DURAÇÃO: não especificada
EDIÇÃO: São Paulo, Novas Metas, 1980 (oito páginas)
ANEXO: uma página com instruções
LOCAL DE OBTENÇÃO: Arquivo CK

A peça (de características atonais) é escrita e realizada de forma preponderantemente tradicional – apenas com a ausência das barras de compasso. Em alguns trechos marcados cronometricamente o autor utiliza uma frase a ser falada (com ritmo determinado), atuações pontilhistas em *staccato* (em diversas regiões da tessitura), *clusters* e pequenos e numerosos glissandos individuais formando perfis melódicos ascendentes e descendentes, utilizando para tanto notação gráfica.

179. **Kyrie – In Memoriam Klaus-Dieter Wolff** (São Paulo, 18 de julho de 1976)
DEDICATÓRIA: "para Celso 'feliz' Delneri e Luiz Antonio Milanesi"
MEIO EXPRESSIVO: coro misto (SCTB)
DURAÇÃO: não especificada
EDIÇÃO:SÃO PAULO, NOVAS METAS, 1980 (QUATRO PÁGINAS)
ANEXO: uma página com comentários
LOCAL DE OBTENÇÃO: Fonoteca da ECA-USP (cód. 3.815)

A peça (de caráter atonal) apresenta em seu trecho central quatro divisões no naipe de contraltos, organizadas em pequenas células melódicas representadas com notação simbólica e gráfica sendo dispostas espacialmente em diagramas (um para cada divise) estabelecendo regiões de execução e perfis melódicos resultantes, tendo alguns ataques conjuntos determinados ritmicamente. Esses procedimentos são realizados simultaneamente a um pedal com três notas sustentadas e uma linha melódica determinada (outros naipes e solo de soprano), e cada cantora poderá escolher entre três fonemas indicados para sua realização.

180. **Life: Madrigal** (São Paulo, outubro de 1971)
TEXTO: poema visual de Décio Pignatari
DEDICATÓRIA: "para os dez anos do Madrigal Ars Viva, para Klaus-Dieter Wolff e Luiz Heitor C. de Azevedo"
MEIO EXPRESSIVO: coro misto (SSCCTTBB)
DURAÇÃO: não especificada
EDIÇÃO: São Paulo, Ed. da ECA-USP, 1971 (28 páginas)
ANEXO: seis fichas
LOCAL DE OBTENÇÃO: Arquivo CK

Obs.: há uma edição complementar (São Paulo, ECA-USP, 1973, nove páginas) com a redução desta obra para dois pentagramas, além de comentários em português e inglês.

Esta peça inicia e termina com duas citações: no início, um madrigal de Carlo Gesualdo; ao final, um hino protestante norte-

-americano. Ao longo de sua execução, deverão ser erguidas as seis fichas que constituem o poema, correspondentes a cada seção da peça musical. A partir da organização gráfica do poema (a letra I que se desenvolve para as outras do poema: L, F, E, um símbolo resultado da "soma visual" de todas as letras e a palavra LIFE) o autor estabelece correspondências com o material sonoro por meio de procedimentos de desenvolvimento e recuperação de elementos em vários momentos ("...e muitas outras recordações – como na vida real – estão espalhadas pela obra"). O autor intercala procedimentos notados e realizados de forma tradicional a outros, tais como interpretação exagerada de fragmentos ("A repetição do I eroticamente; o L gargarejado; o S soprado; o riso sobre o E "), trecho indeterminado com articulação intensa de quatro notas (notado graficamente), perfis melódicos notados graficamente (funcionando apenas como estímulo a diversas possibilidades melódicas), trechos rítmicos com fonemas determinados e um trecho, ao final, que deve ser improvisado a partir de alguns estímulos fornecidos pelo autor. Na partitura não há fórmula de compassos, apenas barras divisórias orientando a leitura e execução.

181. *Memos* (Campos do Jordão/SP, fevereiro de 1977) (SP)
    MEIO EXPRESSIVO: soprano e percussão (xilofone, vibrafone, sinos, *finger cymbals*, guizos, cincerros, triângulos, pratos suspensos, tam-tam, *temple blocks*, claves, *wood blocks*, *wood chimes*, queixada, chaleira, maracas, berra-bois, tamborim, bongôs, caixa-clara, congas, *tenor drum*, tom-tons, tímpanos e bumbo)
    DURAÇÃO: não especificada
    EDIÇÃO: São Paulo, MCA do Brasil Ed. Musical, 1977 (11 páginas)
    ANEXO: comentários e instruções
    LOCAL DE OBTENÇÃO: Arquivo CK

    Esta peça divide-se em três partes que devem ser executadas sem interrupção. A primeira parte apresenta apenas roteiro verbal e é totalmente livre: os instrumentistas entram aos pouco no palco e improvisam com citações do repertório erudito ou popular; deverão cantar em *bocca chiusa* melodias marcantes de suas vidas – sempre as referências que estiverem fixadas em suas memórias. A segunda parte é formada por 21 módulos para percussão e 42 módulos para a cantora. Os instrumentistas executarão uma sequência determinada pelo autor, enquanto a cantora deverá ajustar seus procedimentos aos dos percussionistas, escolhendo sua sequência e correspondência entre eles. Na parte instrumental são apresentados recursos gráficos e simbólicos, e um módulo em notação iconográfica (efeitos de palmas junto ao rosto, com variação da abertura da boca); na parte vocal, diagramas indicam alturas aproximadas das células apresentadas. A terceira parte apresenta procedimentos realizados de forma tradicional, utilizando notação tradicional e a comumente usada para percussão – em algumas passagens temos pequenos perfis melódicos aproximados – com a ausência de barras de compasso. A soprano tem realização e notação totalmente tradicionais, e os berra-bois deverão ser executados junto ao público.

182. *Passos da paixão* (s. l., s. d.)
TEXTO: Affonso Ávila
DEDICATÓRIA: "in memoriam Murilo Mendes"
MEIO EXPRESSIVO: coro misto (SCTB)
DURAÇÃO: não especificada
EDIÇÃO: Rio de Janeiro, Funarte, s. d. (11 páginas)
ANEXO: uma página com comentários e instruções
LOCAL DE OBTENÇÃO: Fonoteca da ECA-USP

Esta peça é dividida em seis seções (ou passos); cada um deles deverá ser indicado com um cartaz, uma faixa ou uma projeção de *slides*. Alguns deles são notados e realizados tradicionalmente enquanto outros apresentam, em atuações solistas, explorações sonoras em forma de realizações rítmicas com variações microtonais com alturas aproximadas (não sujeitas à divisão da oitava em 12 semitons). Em dois deles, o restante do coro realiza vários *clusters* mantidos como uma faixa sonora, ou articulados ritmicamente. Outro dos passos apresenta roteiro verbal com texto a ser lido ao microfone e instruções para repetições aleatórias de trechos anteriores, tudo isso simultaneamente a um "projeto sonoro" com ritmos determinados e alturas aproximadas (o autor realça a característica de "projeto", com resultado não necessariamente fiel à notação apresentada). Na última seção um quarteto solista realiza trechos tradicionais enquanto o coro executa um responsório sobre texto dado, a ser lido de forma salmodiada. São realizadas ainda duas citações de obras de Manoel Dias de Oliveira, compositor mineiro do século XVIII.

183. ***Três canções*** (São Paulo, janeiro/abril de 1970) (SP)
TEXTOS: Augusto de Campos (primeira canção), Décio Pignatari (segunda) e Haroldo de Campos (terceira)
DEDICATÓRIA: "in memoriam Arnold Schoenberg" (primeira canção)
MEIO EXPRESSIVO: voz masculina e piano
DURAÇÃO: não especificada
EDIÇÃO: São Paulo, Ricordi, 1970 (cinco páginas)
ANEXO: uma página com instruções
LOCAL DE OBTENÇÃO: Fonoteca da ECA-USP (cód. 2.127)

Nestas três peças o autor apresenta os procedimentos musicais em pentagramas, porém sem barras de compasso ou figuras rítmicas; as durações das notas são dadas por sua localização espacial na partitura e por linhas horizontais que delas partem, indicando sustentação. Além disso, o autor substitui as alterações cromáticas (sustenidos e bemóis) por símbolos específicos tornando visualmente a partitura um gráfico pontilhista, mantidas, no entanto, as indicações tradicionais de dinâmicas. Como resultado, a dimensão temporal encontra-se razoavelmente elástica, sem qualquer indicação de andamentos.

184. ***Um movimento, para coro misto a capella*** (s. l., 1962)
DEDICATÓRIA: "dedicated to the Madrigal Ars Viva"
MEIO EXPRESSIVO: coro misto (SCTB)
DURAÇÃO: cc. 1'30"
EDIÇÃO: manuscrito (três páginas)

ANEXO: instruções (em inglês)
LOCAL DE OBTENÇÃO: Arquivo CK

Esta peça se organiza em oito momentos e sua partitura gráfica utiliza como suporte papel milimetrado no qual um centímetro corresponde na vertical a um segundo e na horizontal ao intervalo de um tom. Tendo como eixo principal a nota Dó (C3) o autor explora os extremos grave e agudo em procedimentos pontilhistas e de glissandos de maior ou menor abrangência, sempre de forma constante (sem apresentar perfis ou variações melódicas, apenas direcionamentos). Em um pequeno trecho, o autor apresenta um diagrama indicando regiões aproximadas com ritmos proporcionais.

Obs.: as instruções encontram-se incompletas na cópia obtida, impedindo uma abordagem mais completa.

185. *Und wozu Dichter in durftiger Zeit?* (São Paulo, dezembro de 1971) (SP)
TEXTO: poema de Haroldo de Campos
DEDICATÓRIA: 'dedicated to Pro-Musica Köln – Johannes Hoemberg, Fred Mensdorf"
MEIO EXPRESSIVO: soprano, violão, quarteto de cordas, contrabaixo
DURAÇÃO: não especificada
EDIÇÃO: S. D. P ECA-USP (cód. 017) (16 páginas)
ANEXO: uma página com instruções
LOCAL DE OBTENÇÃO: Fonoteca da ECA-USP

A peça é organizada em duas canções, com organização e estruturas independentes. Na primeira, o autor alterna mensuração tradicional com momentos marcados cronometricamente, nos quais prevalecem eventos tímbricos puros ou mesclados a passagens livres e tramas melódicas de tempos aproximados. Estes eventos constituem-se na exploração sonora por vezes inabituais como a fricção do arco junto ao corpo do instrumento, objetos de metal raspados nas cordas, *pizzicati* aleatórios em determinadas regiões. Para a cantora, há trechos com perfis melódicos aproximados, de livre realização; em um trecho, os instrumentistas também deverão usar a voz, pronunciando alguns fonemas. A notação, predominantemente tradicional, emprega para esses procedimentos formas gráficas e simbólicas. A segunda canção apresenta poucos elementos informais, destacando-se os tempos relativamente livres, as durações organizadas espacialmente e o uso de símbolos específicos para representar alterações nas alturas (sustenidos e bemóis).

186. *Vyvyam a cartesiana* (s. l., s. d.)
TEXTO: poema de Florivaldo Menezes
MEIO EXPRESSIVO: coro misto (SCTB)
DURAÇÃO: não especificada
EDIÇÃO: São Paulo, Novas Metas, 1979 (nove páginas)
ANEXO: uma página com instruções
LOCAL DE OBTENÇÃO: Arquivo CK

Da primeira à quarta página, a peça tem leitura normal. Ao final desta, a partitura deverá ser invertida de ponta-cabeça, com a leitura assim efetuada de forma retrógrada (e com sentido inverso). Com isso, a página 4 transforma-se na 5, a 3 na 6, e sucessivamente, com a inversão dos naipes: a parte de soprano cabendo ao baixo, a de contralto ao tenor etc. Esta mudança não deverá interromper o fluxo contínuo da obra, caracterizado pela ausência de barras de compasso. Nas páginas 4 e 5 há intervenção de solistas (dois por naipe) com ritmos escritos e alturas aproximadas (regiões). Nesse trecho, o coro deve propor as dinâmicas para sua realização. O texto constitui-se basicamente dos fonemas /a/ e /o/, dispostos em vocalise. As linhas melódicas apresentam cromatismos constantes, sem polarização tonal e escritas de forma tradicional.

PENALVA, José

187. *Ágape – segunda parte: Dóxa* (Curitiba, 1976-77)
OBS.: obra escrita para o IX Festival Internacional de Curitiba/PR

Meio expressivo: coro masculino (T, Br, B)
Duração: não especificada
Edição: manuscrito em cópia heliográfica (seis páginas duplas)

Esta é a segunda parte de uma peça de maior porte, cuja cópia incompleta impossibilita dizer se se trata de uma composição exclusivamente para coro ou com instrumentos. Seu início e final apresentam-se de forma tradicional (porém com características atonais), enquanto sua seção central explora sonoridades da voz falada, com grandes crescendos e decrescendos com o texto escrito diretamente nos pentagramas de forma gráfica. A variação em outros parâmetros, como andamento, alturas e agógica, ficam por conta do regente; a distribuição dos procedimentos pelos naipes é apenas uma sugestão, podendo ser modificada de acordo com o conjunto de que se dispõe.

188. *Ágape – terceira parte: Eiréne* (Curitiba, 1976-77)
Obs.: obra escrita para o IX Festival Internacional de Curitiba/PR
Meio expressivo: coro misto (SSCCTTBB) e instrumentos
Duração: não especificada
Edição: manuscrito em cópia heliográfica (sete páginas duplas)

Esta é a terceira parte de uma peça de maior porte, cuja cópia incompleta impossibilita dizer se se trata de uma composição exclusivamente para coro ou com instrumentos. Esta parte traz a inscrição "parte do coro", o que permite supor também uma parte instrumental. Em seu trecho inicial, o autor utiliza partitura esquemática com textos falados manipulados na dinâmica e no caráter (determinado por instruções verbais), como em um jogral. Há ainda aqui presença de elementos gráficos na organização da partitura. O restante da peça (de caráter atonal) apresenta-se de forma tradicional quanto à escrita e realização.

189. *Diagramas elementares* (Curitiba, setembro de 1970 – Roma, 1972)
Texto: poema de Félix de Athayde

Meio expressivo: coro misto (SCTB) ou solistas
Duração: não especificada
Edição: S. D. P ECA-USP (cód. 649) (três páginas)
Local de obtenção: Fonoteca da ECA-USP (cód. 5.376)

Esta peça divide-se em três partes, com características distintas: a primeira (*Sertão*) compõe-se de uma partitura gráfico/esquemática de forma quadriculada com marcações de dinâmicas (feitas de modo tradicional) e indicações de ataques (sílabas do texto) nos quadros correspondentes sem qualquer indicação de altura; a segunda (*Hyle*) é um segmento utilizando notação gráfica indicando contornos melódicos e densidades. Algumas alturas estão marcadas de forma referencial, assim como algumas células rítmicas a serem realizadas; a terceira (sem título) é composta por círculos concêntricos entre os quais figuram as partes do texto a serem realizadas por três vozes com variações das sílabas e de dinâmicas enquanto a quarta voz realiza *pizzicati* com quaisquer das sílabas. Os círculos devem ser "girados", alternando assim as dinâmicas referentes a cada parte do texto. Em um segundo momento o autor dispõe o texto espacialmente para ser realizado como em um jogral; o tamanho das letras serve aqui como indicativo de variação de dinâmica.

190. *Drummondiana* (Curitiba, 1981)
Texto: poemas de Carlos Drummond de Andrade
Meio expressivo: coro feminino (três vozes) e piano
Duração: não especificada
Edição: S. D. P ECA-USP (cód. 536) (14 páginas)
Local de obtenção: Fonoteca da ECA-USP (cód. 4.817)

Notada e realizada de forma preponderantemente tradicional, a peça (dividida em quatro pequenas canções) apresenta alguns elementos informais: na terceira canção uma parte do texto deverá ser falada em jogral, com o texto disposto diretamente à partitura com indicações de interpretação; além disso, uma passagem de dois compassos poderá ser repetida quantas vezes se quiser. Em seu trecho final, o coro dever passar do canto a exclamações de gritos, acompanhados de *clusters* ao piano. No trecho final da quarta, um texto deverá ser falado intercaladamente às outras vozes.

191. **Percussão I** (s. l., 1986) (SP)
DEDICATÓRIA: "pensando em minha Família do Diálogo"
MEIO EXPRESSIVO: dois declamadores (homem e mulher) e percussão (*glockenspiel*, xilofone, prato, três *blocks* chineses, um chocalho, piano, dois gongos, três tom-tons, três tímpanos)
DURAÇÃO: não especificada
EDIÇÃO: manuscrito (12 páginas)
ANEXO: uma página com indicações dos instrumentos
LOCAL DE OBTENÇÃO: arquivo do autor

Esta peça é dividida em três partes (*Encantamento, É noite* e *Mais forte que a morte*). O texto é declamado por um casal, alternadamente, enquanto a percussão pontua e acompanha a fala por meio de pequenas células ou motivos escritos tradicionalmente e por procedimentos mais extensos – muitas vezes de caráter aleatório – notados de forma gráfica.

192. **Segredo** (s. l., 1978)
TEXTO: poema de Carlos Drummond de Andrade
MEIO EXPRESSIVO: coro misto (SCTB)
DURAÇÃO: não especificada
EDIÇÃO: Rio de Janeiro, Funarte (coleção "Nova Música Brasileira para Coro") (nove páginas)
LOCAL DE OBTENÇÃO: Arquivo CK

A peça é baseada em três estruturas harmônicas básicas com características atonais, desenvolvidas rítmica e melodicamente de forma tradicional. O autor indica sugestões para a expressão corporal, de forma optativa, em instruções verbais. Em um trecho, vozes femininas realizam exclamações misturadas e irregulares com variações de densidades, alturas dinâmicas, utilizando para isso elementos gráficos. Algumas frases deverão ser faladas; outras, com ritmo determinado, faladas de modo aspirado.

PITTA, Míriam Rocha

193. *Protesto infantil* (Rio de Janeiro, 1982)
Peça de Confronto – categoria "Corais Infantis" do 8º Concurso de Corais do Rio de Janeiro. Sala Cecília Meireles, out/1982.
MEIO EXPRESSIVO: coro infantil
DURAÇÃO: não especificada
EDIÇÃO: in: *Peças de confronto do 8º Concurso de Corais do Rio de Janeiro*. Funarte, RJ, 1982 (cinco páginas)
ANEXO: uma página com comentários e instruções
LOCAL DE OBTENÇÃO: Fonoteca da ECA-USP (cód. 5.396)

Em sua primeira parte, a peça apresenta um jogral (texto com ritmo determinado) que pode também ser realizado cenicamente, a critério do regente; as dinâmicas poderão ser modificadas em função da interpretação. O final individual de cada procedimento é repetido por cada criança, criando um "fundo sonoro" para cada nova frase dita (utiliza, para isso, de notação esquemática). A segunda parte é notada e realizada de forma tradicional, apenas em três passagens frases do texto – com ritmos determinados – deverão ser interpretadas com diversos caracteres.

RAMOS, Marco A. Silva

194. *Acaso* (s. l., s. d.)
TEXTO: poema de Augusto de Campos
DEDICATÓRIA: "a Paulo Portella Filho"
MEIO EXPRESSIVO: coro misto (SCTB)
DURAÇÃO: não especificada
EDIÇÃO: manuscrito (cópia heliográfica e páginas datilografadas) (12 páginas)
ANEXO: duas páginas com instruções e comentários
LOCAL DE OBTENÇÃO: Arquivo CK

Obra de caráter aleatório, dividida em dez seções (conforme os dez blocos de texto que constituem o poema). Apresenta duas naturezas distintas de realização: um grupo de blocos com resultado um pouco mais determinado (quatro blocos) e outro com intenso caráter aleatório (seis blocos organizados de forma intercalada). O primeiro grupo apresenta notação simbólica e gráfica (com trigramas determinando regiões de alturas e marcações cronométricas), exploração de sonoridades de fragmentos do texto, manipulando-os nos parâmetros básicos de altura, duração, timbre e intensidade. No último bloco dessa série o autor concentra os procedimentos básicos de toda a peça, reunindo os eventos anteriormente apresentados. Na série de blocos aleatórios, são utilizados roteiros verbais para conduzir as mais variadas atuações vocais (solistas ou em grupo), instruindo o regente e/ou o grupo nas proposições de realização: procedimentos improvisatórios e com alto índice de aleatoriedade estão aqui presentes. O autor propõe, durante toda a peça, diversos efeitos: emissão de som com o nariz tapado com a mão, sons aspirados, diversos tipos de trêmulos (diafragmático, com os dedos na traqueia e batendo com a mão na boca), emissão de som com um pente coberto por papel junto aos lábios, palmas, esfregar de mãos ou esfregar as mãos nas roupas.

195. *Noigrandes (Moteto, quasi una fantasia)* (São Paulo, setembro de 1982)
TEXTO: poemas de Arnaut Daniel e Federico García Lorca
DEDICATÓRIA: "ao coral da Univ. Fed. de S. Carlos, ao coral do Colégio N. Sra. das Graças"
MEIO EXPRESSIVO: coro misto (SCTB) e fita magnética
DURAÇÃO: variável
EDIÇÃO: S. D. P ECA-USP (cód. 739) (21 páginas)
ANEXO: duas páginas com agradecimentos e um poema (não identificando o autor)
LOCAL DE OBTENÇÃO: Fonoteca da ECA-USP (cód. 5.761)

Trata-se de uma proposta de criação coletiva que deverá contar com a participação do grupo coral e de seu regente de forma ativa na criação e manipulação do material musical a ser apresentado posteriormente, envolvendo processos de gravação e manipulação de fita magnética e de improvisação. O autor indica todo o processo de organização sonora a partir do deslocamento do grupo a um ambiente silvestre ou rural, onde os sons da natureza possam ser ouvidos. Envelopes com instruções serão distribuídos para que cada coralista determine individualmente sua contribuição musical para a proposta com base em uma das palavras do poema "Noigrandes", de Arnaut Daniel. O regente deverá gravar todas as proposições individuais que servirão de material de base sobre o qual o grupo realizará improvisações (uma das partes da peça a ser montada), e também mostrar ao grupo uma série de gravações e textos indicados pelo autor montando uma "tradução" do poema em provençal a partir das sensações individuais sobre cada palavra dele. A partir dessas vivências coletivas, o autor propõe uma melodia a ser aprendida por todo o grupo e organiza em cinco partes (com instruções específicas para cada uma delas) a apropriação desse material pelo coro, transformando-o e utilizando-o como ponto de partida para a realização coral. Apenas a quinta e última parte tem resultado determinado – um trecho escrito e realizado tradicionalmente.

196. *Polióptico* (s. l., 27 de junho de 1978)
DEDICATÓRIA: "ao Museu Lasar Segall; ao Coro do Museu Lasar Segall, motor, combustível e protagonista deste trabalho"
MEIO EXPRESSIVO: coro misto (SCTB) e piano a quatro mãos
DURAÇÃO: não especificada
EDIÇÃO: manuscrito (16 páginas)
ANEXO: oito páginas com comentários e instruções
LOCAL DE OBTENÇÃO: Fonoteca da ECA-USP (cód. 3.999)

Nesta peça as partes do piano estão organizadas de forma mais determinada, enquanto as atuações corais são quase totalmente aleatórias. Na partitura do piano há indicações (marcadas por letras, de A a Z) para as intervenções vocais, que se orientam por instruções verbais fornecidas à parte. O grande motivador para essas atuações é o questionamento do que seria ou não música, resultando em ações sonoras escolhidas individualmente e organizadas em procedimentos coletivos por vezes improvisatórios, juntamente ou não à atuação instrumental. Em um trecho, o grupo deverá ser dividido em grupos menores, cada um deles interpretando alguma(s) peça(s) de autores indicados. Em outra passagem, o regente deverá fazer uma surpresa ao coro, em plena apresentação, gerando um clima de hesitação frente à proposta desconhecida; em outra, ainda, o regente deverá fazer gestos de regência (seguindo indicações fornecidas) com o grupo em silêncio.

Na parte instrumental, o autor faz uso também de instruções verbais dispostas ao longo da partitura, indicando citações de obras específicas ou instruindo ações de caráter também indeterminado, por vezes com exploração tímbrica por meio da preparação do piano.

197. ***Tres historietas del viento*** (s. l., 1980)
    TEXTO: poema de Federico García Lorca
    MEIO EXPRESSIVO: coro misto (SCTB), oboé, cincerros e flautas de êmbolo
    DURAÇÃO: não especificada
    EDIÇÃO: manuscrito (vinte páginas)
    ANEXO: três páginas com comentários e instruções
    LOCAL DE OBTENÇÃO: Arquivo CK

    Esta obra divide-se em três peças, entremeadas por dois *intermezzos* e tendo, ao final, uma coda. Nas três peças o autor faz uso de procedimentos notados e realizados de forma tradicional, por vezes integrados a outras atuações menos determinadas (isso acontece de forma crescente da primeira para a terceira peça): trechos improvisados (segundo instruções verbais), um em que os próprios coralistas tocam os cincerros e algumas ações cênicas. Nos *intermezzos* e na coda são apresentados diversos recursos com grande índice de informalidade: deslocamento das vozes masculinas para o fundo da plateia, onde executarão um trecho com as flautas de êmbolo seguindo uma partitura gráfica (*intermezzo* I); execução de uma partitura gráfica com 11 cincerros, pelos próprios coralistas; disposição de vários copos com água em uma mesa, e bater neles com facas (*intermezzo*

II) – este procedimento deverá prosseguir por toda a terceira peça, ao final da qual são esvaziados e lançados ao chão para que se quebrem. Na parte final (coda, apresentada em forma de roteiro verbal), o autor indica algumas melodias a serem assobiadas como imitação de cantos de pássaros ao mesmo tempo em que uma soprano varre os cacos de vidro (com indicações rítmicas fornecidas por sinais de ritmo poético) enquanto cantarola uma melodia e sai do palco.

REGO, Keiler Garrido

198. *Romaria* (s. l., setembro de 1979, revisão abril de 1981)
TEXTO: Poema de Carlos Drummond de Andrade
MEIO EXPRESSIVO: coro misto (SCTB)
DURAÇÃO: não especificada
EDIÇÃO: manuscrito (oito páginas)
ANEXO: uma página com indicações de estreia
ESTREIA: Igreja da Saúde, Salvador/BA, 29 de março de 1980, Grupo Ictus; regente: o autor
LOCAL DE OBTENÇÃO: Fonoteca da ECA-USP (cód. 4.337)

Notada e realizada de forma preponderantemente tradicional, a peça apresenta alguns trechos em que os coralistas executam texto falado, murmurado e também salmodiado (sobre notas determinadas), dispostos diretamente à partitura. Há uma passagem com marcações cronométricas em que são exploradas variações de densidades.

199. *Signo* (s. l., junho de 1981)
DEDICATÓRIA: "ao coral da Juventude do Mosteiro de São Bento"
MEIO EXPRESSIVO: coro misto (quatro grupos, sem distinção de vozes)
DURAÇÃO: não especificada
EDIÇÃO: manuscrito (três páginas)
ANEXO: instruções verbais para um trecho
LOCAL DE OBTENÇÃO: Fonoteca da ECA-USP (cód. 4.338)

O autor divide o coro em quatro grupos, indistintamente. O primeiro trecho é apresentado de forma gráfica e simbólica com durações proporcionais (não há marcações cronométricas ou metronômicas) dos fonemas que servem como texto, havendo também uma passagem falada e outra com um bloco sonoro (grito coletivo) que se fragmenta em procedimentos pontilhistas. Em um segundo trecho são apresentadas duas células rítmicas, uma pequena frase e uma sequência de três notas para serem manipuladas segundo instruções verbais. A passagem final é totalmente tradicional, com a possibilidade de os cantores saírem do palco e tentarem fazer o público também cantar o trecho.

REZENDE, Marisa

200. *As infibraturas do Ipiranga* (Recife, 1981) (SP)
Texto: Mário de Andrade
Meio expressivo: soprano, órgão, coro misto (quatro grupos) e orquestra
Duração: cc. 20'
Edição: manuscrito (86 páginas)
Estreia: Teatro Sta. Izabel, Recife, 1981. Carmela Mattoso, soprano; Coro da UFPE, Orquestra Sinfônica do Recife. Clóvis Pereira, regente
Local de obtenção: arquivo da autora

Esta obra é organizada em diversas cenas e recitativos. Essas partes repetem-se e se alternam com variações ao longo de toda a obra. A escrita é basicamente a tradicional, e os elementos informais presentes são uma batucada de samba com andamentos livres e três momentos de realizações livres realizadas a partir de instruções verbais. A parte de soprano contém basicamente procedimentos realizados e notados tradicionalmente, com alguns trechos falados (ritmos determinados). O coro intervém com realizações tradicionais, trechos com textos declamados sem alturas definidas e, ao final da peça, o coro fica espalhado pela plateia e outros pontos diversos do teatro, com gargalhadas e vaias.

RIBEIRO, Agnaldo

201. *In puris naturalibus, op.38* (Salvador, maio de 1981)
     TEXTO: Atenodoro Ribeiro
     MEIO EXPRESSIVO: coro misto (SCTB)
     DURAÇÃO: cc. 4'
     EDIÇÃO: S. D. P ECA-USP (cód. 507) (nove páginas)
     ANEXO: duas páginas com texto e comentários
     LOCAL DE OBTENÇÃO: Fonoteca da ECA-USP

     Esta peça apresenta notação e realização preponderantemente tradicionais, com a informalidade baseada na possibilidade de reorganização dos naipes na execução de algumas linhas (são oferecidas três opções, referentes às vozes de soprano e tenor) e na indicação de duas opções de final: o primeiro naipe, notado e realizado de forma tradicional, e o segundo apresentando roteiro verbal indicando a saída do regente e do coro do palco em direção ao público, tentando que este cante a nota final da peça (um Dó), não voltando ao palco nem determinando o final do som, que se dará por vontade individual de cada um presente no ambiente.

RICHTER, Frederico

202. *Aleluia* (Canadá/Brasil, s. d.)
     DEDICATÓRIA: "dedicado a Zobeida Folgearini Prestes"
     MEIO EXPRESSIVO: coro misto (SSCCTTBB)
     DURAÇÃO: não especificada
     EDIÇÃO: manuscrito (sete páginas)
     LOCAL DE OBTENÇÃO: arquivo do autor

     Peça de caráter minimalista, cujo texto-título é dividido em sílabas com entradas sucessivas distribuídas pelos naipes. A montagem do texto é feita de forma acumulativa: a segunda sílaba só é acrescida em uma voz quando todas as vozes já tiverem enunciado a primeira, e procede-se desse modo até que toda a palavra seja apresentada.

O autor dá sugestão de início, com dois acordes notados de forma tradicional. As alturas são livres, devendo ser diferentes entre os naipes. Os andamentos estão indicados, bem como sua variação. Não há marcações de compasso, apenas uma linha para cada naipe, com as pulsações marcadas – todos os eventos seguem estritamente essas marcações, gerando um clima de recorrência em grande parte da obra. O regente poderá atrasar as mudanças fonéticas e as entradas de cada voz, mantendo porém a proporcionalidade entre elas e a ordem de entrada. No trecho final é solicitado o uso de material melódico composto por tons inteiros e de configuração aleatória, além da pulverização dos naipes em notas individualmente escolhidas.

203. *Ismália* (Santa Maria/RS, 1978)
DEDICATÓRIA: "a Mara Campos"
MEIO EXPRESSIVO: coro misto (SCTB)
DURAÇÃO: não especificada
EDIÇÃO: manuscrito (oito páginas)
LOCAL DE OBTENÇÃO: arquivo do autor

Esta peça apresenta notação e realização preponderantemente tradicionais. Em dois trechos (o primeiro apenas para sopranos, o segundo para todos os naipes) os coralistas realizam gemidos e onomatopeias. No segundo trecho o autor faz uso de marcação cronométrica e elementos gráficos.

204. *Segredo* (Montreal/Canadá, 1981)
TEXTO: poema de Carlos Drummond de Andrade
DEDICATÓRIA: "a Ellen Rolim"
MEIO EXPRESSIVO: voz, clarinete Bb e piano
DURAÇÃO: não especificada
EDIÇÃO: S. D. P ECA-USP (cód. 563) (sete páginas)
ANEXO: uma página com bula
LOCAL DE OBTENÇÃO: Fonoteca da ECA-USP (cód. 4.845)

A parte vocal apresenta em sua quase totalidade alturas livres (o pentagrama funciona como pauta de regiões) com ritmos determinados ou aproximados (acelerandos e *rallentandi*) e efeitos de trêmulo com batidas da mão à boca (como índio). Não há marcações cronométricas ou de compasso, com leitura aproximada das durações a partir da disposição gráfica dos elementos. Na parte instrumental há procedimentos mais tradicionais e determinados justapostos a outros mais livres (principalmente para o clarinete).

205. *Som* (s. l., 25 de agosto de 1971)
TEXTO: poema de Cecília Meireles
DEDICATÓRIA: "dedicado a Lory Keller"
MEIO EXPRESSIVO: voz e piano
DURAÇÃO: não especificada
EDIÇÃO: manuscrito (duas páginas)
ESTREIA: Instituto de Artes da UFRGS, Porto Alegre, s. d. Anna Maria Kaufmann, soprano
LOCAL DE OBTENÇÃO: arquivo do autor

Peça notada de forma tradicional, apenas sem marcação de compassos. O autor pede que o cantor se coloque bem perto do piano, que deverá estar com a tampa aberta. Ao final, o pianista usa o pedal para que a voz ressoe junto à caixa e às cordas do instrumento. Em uma passagem há liberdade para o pianista improvisar acordes não consonantes para acompanhar o canto.

SANTORO, Cláudio

206. *Ciclo Brecht n.1* (s. l., 17 de setembro de 1973)
TEXTO: Bertold Brecht
MEIO EXPRESSIVO: quarteto vocal misto (SCTB) e piano
DURAÇÃO: não especificada
EDIÇÃO: Rio de Janeiro/Heildelberg, Savart, 1973 (oito páginas)
LOCAL DE OBTENÇÃO: Centro Cultural São Paulo (p.2251)

Peça de caráter serial em que a apresentação do material harmônico é feita preponderentemente pelo piano, reservando às vozes a realização de diversos efeitos: sustentação de fonemas, trechos em *sprechgesang*, trechos falados com variação de caracteres (murmurado, recitado muito rápido), perfis melódicos aproximados. Os trechos falados encontram-se dispostos diretamente na partitura. Não há indicações cronométricas nem barras de compasso, e o pianista deverá também executar alguns efeitos, como tocar as cordas diretamente (com as unhas e com os dedos) e produzir sons harmônicos, além da realização de procedimentos tradicionais.

207. *Divertimento, para um público jovem e orquestra* (s. l., 1972) (SP)
Meio expressivo: orquestra sinfônica (madeiras, metais, cordas e percussão) e público
Duração: livre
Edição: Heildelberg/Rio de Janeiro, Savart, s. d. (cinco páginas)
Anexo: três páginas com comentários e instruções
Estreia: Congresso Mundial das Juventudes Musicais. Ausburg/RFA, 1972. Regente: o autor
Local de obtenção: Centro Cultural São Paulo (p.2238)

Peça aleatória com estrutura aberta. A "pré-partitura" (segundo o autor) é um guia para o regente e consiste em um gráfico comportando oito grupos instrumentais e o público, que poderá ou não participar da montagem. Tais grupos têm cada um dez procedimentos sonoros, cada um com um caráter e articulação próprios. O último é uma proposta de livre improvisação, sem qualquer indicação. A sequência de tais procedimentos é de livre escolha do regente, bem como a organização geral da peça (ele poderá fazer isso em tempo real, durante o concerto, ou preparar tudo com o grupo anteriormente). Para a notação dos procedimentos o autor faz uso de sinais diversos da escrita tradicional, bem como grafismos e comandos verbais. Alguns eventos são notados de forma gráfica.

208. **Drei Madrigalen** (Schriesheim, Alemanha, 9 de março de 1977)
DEDICATÓRIA: "für Kegelmann"
MEIO EXPRESSIVO: coro misto (SSCCTTBB)
DURAÇÃO: não especificada
EDIÇÃO: Rio de Janeiro/Heildelberg, Savart, s. d. (15 páginas)
LOCAL DE OBTENÇÃO: Arquivo CK

Peça de caráter atonal cuja primeira e terceira partes (primeiro e terceiro madrigais) apresentam notação e realização tradicionais, apesar da ausência de barras de compasso. No segundo madrigal o autor apresenta três quadros nos quais constam diversos procedimentos a serem realizados com dinâmica *ad libitum* e divididos em cinco momentos. O material sonoro é composto por frases faladas, onomatopeias, blocos acordais (em notação tradicional) e estalos de dedos. Utiliza como notação o texto aplicado diretamente a uma linha de referência (não há pentagramas) e instruções verbais. Não há qualquer indicação que oriente a organização dos quadros afora sua numeração, o que parece indicar a sequência de realização.

SANTOS, Luis Carlos

209. **Canto esponjoso** (s. l., julho de 1981)
TEXTO: Carlos Drummond de Andrade
DEDICATÓRIA: "à minha Pétala Fluminense"
MEIO EXPRESSIVO: coro misto (SSCCTTBB)
DURAÇÃO: não especificada
EDIÇÃO: S. D. P ECA-USP (cód. 559) (15 páginas)
LOCAL DE OBTENÇÃO: Fonoteca da ECA-USP (cód. 4.841)

Nesta peça o autor por vezes intercala, por vezes justapõe trechos notados e realizados de forma tradicional a outros de diversas naturezas: exploração aleatória de fonemas com notação gráfica, imitação de uma câmara de eco, passagem a ser improvisada livremente com marcações cronométricas e instruções verbais, perfis melódicos aleatórios em notação gráfica, uma seção com marcações cronométricas e roteiro verbal apresentada em um quadro, *ostinato* melódico realizado em copos (alturas determinadas) acompanhando toda a parte final da peça, como um pedal.

210. ***Sol de vidro*** (s. l., julho de 1981)
    TEXTO: Carlos Drummond de Andrade
    DEDICATÓRIA: "ao madrigal Klaus-Dieter Wolff"
    MEIO EXPRESSIVO: coro misto (SCTB)
    DURAÇÃO: não especificada
    EDIÇÃO: S. D. P ECA-USP (cód. 421) (seis páginas)
    ANEXO: uma página com instruções e bula
    LOCAL DE OBTENÇÃO: Fonoteca da ECA-USP (cód. 3.949)

    A peça intercala trechos notados e realizados de forma tradicional a outros em que estão presentes diversos procedimentos: estalos de língua (simultaneamente à emissão de sons nasais), frases faladas (ritmo dado com alturas aproximadas), frases gritadas (em uma passagem, por alguém na plateia ou pelo regente), trechos em *sprechgesang*, *clusters* sustentados com variação de tessitura, ruídos produzidos por papéis amassados e plásticos (com indicações) e, ao final, atirar um saco com lâmpadas ao chão (alguém na plateia), cujo ruído determinará o final da peça. Utiliza, além da notação tradicional, elementos simbólicos e gráficos.

SEINCMAN, Eduardo

211. ***Sommer*** (São Paulo, 26 de maio de 1979) (SP)
    TEXTO: poesia de Georg Trakl
    DEDICATÓRIA: "in memoriam Padre José Maurício Nunes Garcia; Marco Antonio Silva Ramos, Terão Chebl, Paulo César de Amorin Chagas e Mônica Rios Magalhães, do Edu"
    MEIO EXPRESSIVO: soprano, viola e percussão (tímpano, prato e triângulo – um percussionista)
    DURAÇÃO: não especificada

EDIÇÃO: manuscrito (25 páginas)
LOCAL DE OBTENÇÃO: Fonoteca da ECA-USP (cód. 4.070)

A peça é dividida em duas seções, e a segunda é intitulada "in memoriam"; nela, o autor emprega um tema originário de outra obra, de autoria do padre José Maurício Nunes Garcia. Embora mensurada e com andamentos determinados, não existem divisões de compasso (estas aparecem apenas na citação do tema acima mencionado) e no plano das alturas sua notação é tradicional, com exceção das notas com alturas livres a serem cantadas pela soprano (utiliza aqui elementos simbólicos). São empregados vários recursos pelos intérpretes para a manipulação tímbrica de seus instrumentos, a saber: surdina para a viola e também para a voz (com as mãos em forma de concha frente à boca), papel alumínio para a vibração da voz e a utilização de triângulo e prato sobre a pele do tímpano, além do uso do próprio corpo como outro instrumento percussivo. Todos esses procedimentos utilizam também notação simbólica. Cabe ainda ao tímpano um uso maior de contornos melódicos aleatórios obtidos por meio de glissandos feitos com os pedais, notados de forma gráfica.

SILVESTRE, Lourival

212. *Anjos da queda* (Belo Horizonte, 23 de maio de 1974) (SP)
TEXTO: fragmentos de F. T. Marinetti (*Manifesto futurista*), Oswald de Andrade (*Manifesto antropofágico*) e Sérgio Sant'anna (*Notas de Manfredo Rangel, repórter*)
MEIO EXPRESSIVO: narrador, coro misto (SCTB), violão, cordas (violinos, viola e violoncelo), percussão (tan-tan chinês ou gongo) e piano
DURAÇÃO: cc. 15'
EDIÇÃO: manuscrito (15 páginas)
ANEXO: duas páginas com textos e instruções para a realização
LOCAL DE OBTENÇÃO: Fonoteca da ECA-USP (cód. 832)

A peça apresenta basicamente notação tradicional, porém há um largo uso de símbolos e formas indiciais para representar a exploração tímbrica presente, por vezes utilizando elementos esquemáticos. Sons sustentados, direções de glissandos e contornos melódicos são notados graficamente. O narrador e o coro atuam de forma quase teatral, e o coro intervém com gritos, aplausos, estalos de língua e outros ruídos vocais, além de declamar trechos dos textos empregados; quando atuam cantando, utilizam clave de regiões determinando alturas aproximadas. Há instruções verbais ao longo de toda a peça orientando o caráter das intervenções e as movimentações do narrador pelo palco.

213. ***Le Dit des Parties*** (Santana, 7 de setembro de 1974)
TEXTO: Adão Ventura
MEIO EXPRESSIVO: coro misto (SCTB)
DURAÇÃO: cc. 7'35"
EDIÇÃO: manuscrito (quatro páginas)
ANEXO: duas páginas com bula e texto
LOCAL DE OBTENÇÃO: Fonoteca da ECA-USP (cód. 831)

Utilizando marcações cronométricas, a peça explora variados efeitos vocais, como sons guturais, ressonâncias, glissandos e sons nasais, assobio e canto simultâneos e onomatopeias. O texto não é totalmente realizado pelo grupo, apenas alguns trechos são repetidos em momentos distintos. Cada naipe realiza sua execução com a leitura de uma única linha sobre a qual são escritos símbolos específicos ou elementos gráficos que constituem em sua maioria a notação empregada. Ao final o autor utiliza passagens em pentagramas com grupos acordais determinados.

214. ***Poema de sete faces*** (Uberlândia/MG, 1983)
TEXTO: poema de Carlos Drummond de Andrade
DEDICATÓRIA: "ao Coral da UFU"
MEIO EXPRESSIVO: coro misto (SCTB) e piano
DURAÇÃO: cc. 6'10"
EDIÇÃO: S. D. P ECA-USP (cód. 860) (11 páginas)

ESTREIA: Uberlândia Clube, 18 de abril de 1985. Coral da UFU.
Regente: Edmar Ferretti
LOCAL DE OBTENÇÃO: Fonoteca da ECA-USP (cód. 6.561)

Nesta peça o autor intercala trechos notados e realizados de forma tradicional a outros utilizando notação gráfica para representar sons sibilados (com manipulação da emissão) e vogais sustentadas. Alguns trechos falados têm o texto aplicado diretamente a uma linha de referência (às vezes com e às vezes sem ritmos determinados). Também verbalmente o autor pede em um trecho a realização de batidas com os pés no chão.

215. *Visões sonoras* (Belo Horizonte, março de 1974) (SP)
MEIO EXPRESSIVO: canto e piano
DURAÇÃO: cc. 5'
EDIÇÃO: manuscrito (quatro páginas)
ANEXO: uma página com bula para os símbolos utilizados
LOCAL DE OBTENÇÃO: Fonoteca da ECA-USP (cód. 824)

Esta peça trata da exploração de sonoridades do instrumento e da voz por meio de diversos procedimentos: uso de baquetas e das mãos diretamente nas cordas do piano; sussurros e a utilização da respiração e de diferentes exclamações na parte vocal (incluindo gargalhadas, expressões de dor etc.). Sua notação é basicamente a simbólica, com os procedimentos instrumentais apresentados sobre três pentagramas (os dois comumente usados com as claves tradicionais e um terceiro com clave de regiões para os procedimentos realizados junto às cordas) e os vocais em um pentagrama utilizando clave de regiões. Não há divisão de compassos, e apenas em alguns momentos o autor faz uso de marcações cronométricas.

SOUZA, Rodolfo Coelho de

216. *Auto-móbile* (s. l., s. d.) (SP)
MEIO EXPRESSIVO: percussão (quaisquer instrumentos, de um a quatro instrumentistas), cordas (quaisquer instrumentos, de

um a seis instrumentistas), voz ou sopros (idem), eletrodomésticos (aspirador de pó, televisão, liquidificador), um diretor de cena e música, um ator, projetor de *slides*
DURAÇÃO: indeterminada
EDIÇÃO: S. D. P ECA-USP (cód. 435) (nove páginas)
ANEXO: uma página com esquema para o regente
LOCAL DE OBTENÇÃO: Fonoteca da ECA-USP

Peça aleatória dividida em seis seções que, internamente, têm estrutura modular. Sua instrumentação é formada por três grupos dispostos no palco segundo critérios do autor, e cada um tem para si um eletrodoméstico. Há um roteiro verbal estabelecendo a forma de atuação dos intérpretes e outro para o ator. O regente deve se guiar por um esquema que indica as diversas possibilidades de combinação dos instrumentos em cada uma das seções. Cada intérprete, ou grupo de intérpretes (percussão, sopros, cordas), possui uma partitura distinta comportando cinco módulos de livre escolha, utilizando grafismos. O ator, por sua vez, deverá criar um jogo corporal de relação com os aparelhos eletrodomésticos (inclusive acionando-os) e também com a plateia. Durante a execução são projetados três *slides*, cada um com uma frase que dá a tônica da ação do ator nas seções em que aparece. Além da disposição de palco, o autor estabelece ainda a iluminação a ser utilizada.

217. *Estudo n.1* (s. l., 1977) (SP)
TEXTO: Guimarães Rosa (extraído de *Grande sertão: veredas*)
MEIO EXPRESSIVO: violão e narrador
DURAÇÃO: não especificada
EDIÇÃO: São Paulo, Novas Metas, 1981 (quatro páginas)
ANEXO: uma página com comentários e instruções
LOCAL DE OBTENÇÃO: Fonoteca da ECA-USP (cód. 3.925)

Esta peça pode ser apresentada em quatro versões: violão solo, narrador solo, violão e narrador com o texto integral e com o texto codificado. A parte do violão é apresentada de forma tradicional, requerendo apenas o uso de uma régua (ou objeto semelhante) a ser utilizada como um arco junto às cordas. Na versão para violão e narrador, o texto é apresentado em blocos (de A a M: cada bloco tem a forma de uma letra, formando uma grande frase, dentro da qual o autor insere, em letras menores, passagens selecionadas do texto), para ser declamados em sincronia com certos procedimentos do violão. A leitura dever ser feita aleatoriamente, selecionando as sílabas, vocábulos e letras presentes nas passagens respectivas, também em sincronia com o violão (versão para violão e narrador, com o texto codificado).

218. *Estudo n.2* (s. l., 1978)
MEIO EXPRESSIVO: vozes solistas ou coro (SCTB)
DURAÇÃO: livre
EDIÇÃO: São Paulo, Novas Metas, 1981 (cinco páginas)
ANEXO: uma página com comentários
ESTREIA : setembro de 1981. Madrigal Ars Viva. Regente: Roberto Martins
LOCAL DE OBTENÇÃO: Arquivo CK

A peça (de caráter aleatório) é formada por quatro textos-poema, compostos por letras de diversos tamanhos e formatos recortadas de revistas. Eles podem ser interpretados como estímulos fonéticos e/ ou conceituais, podem representar ordens ou instruções ("ecoar, latir, sussurrar"), podem ser lidos diretamente e podem ainda ser superpostos a linhas cantadas e/ou a efeitos sonoplásticos, havendo também a liberdade para o uso de amplificação ou processamento eletrônico por sintetizador. Não há indicações para a ordem de sua realização.

219. *3 Ñe'eng* (s. l., 1978)
MEIO EXPRESSIVO: piano, violino, violoncelo e as vozes dos instrumentistas
DURAÇÃO: não especificada
EDIÇÃO: manuscrito (16 páginas)
ANEXO: uma página com comentários
LOCAL DE OBTENÇÃO: Arquivo CK

Peça de caráter atonal, aproveitando alguns elementos formais do universo musical da tribo Kamaiurá. Em meio a procedimentos instrumentais notados e realizados de forma tradicional, os instrumentistas deverão cantar (em qualquer altura) ou falar (de acordo com o caráter do texto musical) algumas palavras que aparecem escritas diretamente junto à partitura.

SUKORSKI, Wilson

220. *Música para pessoas I* (São Paulo, agosto de 1981)
   Meio expressivo: vozes (qualquer número de pessoas, divididas em qualquer número de grupos)
   Duração: livre
   Edição: manuscrito (uma página datilografada e oito fichas)
   Anexo: instruções para a realização
   Local de obtenção: Fonoteca da ECA-USP

   Nesta peça (com alto índice de aleatoriedade), os materiais musicais a serem apresentados são de livre escolha dos grupos, cujos integrantes devem realizá-los individualmente de acordo com as instruções dadas em fichas. Estas incluem indicações para a manipulação do material escolhido (dinâmicas, variação de timbres, pontilhismos, organização som/silêncio) e para o deslocamento do grupo no espaço, criando uma movimentação e um entrelaçamento das fontes sonoras, com resultados diferentes de acordo com as posições de escuta. Sua duração e estrutura são livres, de acordo com a realização dos grupos.

TACUCHIAN, Ricardo

221. *Garitacara Gumané* (Rio de Janeiro, 17 de julho de 1983)
   Meio expressivo: coral a quatro vozes iguais e expressão corporal
   Duração: não especificada
   Edição: manuscrito (seis páginas)

ANEXO: instruções verbais ao longo da partitura
LOCAL DE OBTENÇÃO: Arquivo CK

Esta peça constitui-se em uma grande exploração de efeitos sonoros diversos, com alto índice de indeterminância e informalidade. A partitura é apresentada em papel quadriculado e os procedimentos vocais são escritos sobre trigramas com marcações cronométricas e claves de regiões determinando perfis melódicos e alturas apenas aproximadas. Os efeitos empregados variam grandemente: perfis melódicos sem ritmos determinados, assobios quase soprados, notas curtas em falsete, cochichos, estalidos de língua, imitação de beijos, sopro prolongado (como que apagando uma vela), batidas de palmas com ritmos escritos organizadas em *ostinati*, gargalhadas, utilização de folhas de papel (balançadas, amassadas e rasgadas) e diversas expressões cênicas no decorrer da peça. O autor indica os momentos de ação cênica do coro, e deixa ao regente a possibilidade de determinar outras ações. Todos os efeitos sonoros de cada voz serão produzidos com os ritmos individuais de cada coralista. Em um trecho o autor determina as alturas na formação de um acorde sustentado (LáM) (sobre pentagramas), logo substituído por outros efeitos. Há a utilização de diversos recursos notacionais: elementos gráficos, iconográficos e simbólicos, além de instruções verbais ao longo da partitura.

222. *Libertas quae sera tamen* (s. l., 1978) (SP)
MEIO EXPRESSIVO: três flautas-doces (soprano, contratenor e tenor), guitarra, percussão (atabaque, agogô, sino, guizos, triângulo), narrador e público
DURAÇÃO: não especificada
EDIÇÃO: manuscrito (cinco páginas)
LOCAL DE OBTENÇÃO: Arquivo CK

A peça apresenta basicamente escrita tradicional, embora sem barras de compasso. Alguns procedimentos rítmico-melódicos são apresentados de forma esquemática, outros graficamente. As durações mais extensas e alguns efeitos de pontilhismo utilizam notação gráfica.

As flautas devem ser também percutidas ou tocadas apenas em seus bocais. O texto deverá ser escolhido pelo grupo, sendo declamado pelo narrador postado no meio do público, que também participará da execução. O regente deverá realizar um "ensaio" com os expectadores para esse fim antes da apresentação (porém o autor não fornece outras indicações sobre a participação do público).

223. *Para o aviador* (s. l., 1974) (SP)
Texto: Olga Savary
Meio expressivo: público, solistas, fita magnética e *slides*
Duração: livre
Edição: original datilografado (uma página)
Local de obtenção: Arquivo CK

Peça de caráter aleatório em que o autor estabelece apenas sua estrutura (entradas de solistas, intervenções do público etc.). Os solistas (em número variável) entram em cena um após outro e executam o que as imagens projetadas em *slides* lhes sugerirem. Assim que todos estiverem em cena, é iniciado o trabalho com o público, que deverá ser dividido em pelo menos dois grupos, produzindo quatro efeitos distintos. Simultaneamente à obra, uma fita magnética será difundida – o autor sugere a gravação de outra peça sua, *Estruturas sincréticas*. Em um dado momento, um grande silêncio dever ser feito, e todos os participantes deverão ler o poema "Para o Aviador", de Olga Savary. Os *slides* que servem de estímulo para os solistas deverão apresentar temas cósmicos. O autor utiliza apenas um roteiro verbal com instruções para a montagem da peça.

TERRAZA, Emílio

224. *Peça coral n.1* (Brasília, 1981)
Texto: poema de Cassiano Nunes
Dedicatória: "Ao doutor Arakaki"
Meio expressivo: coro misto (SSCCTTBB)

DURAÇÃO: não especificada
EDIÇÃO: série Música Nova do Brasil, para coro *a cappella*. RJ, Funarte, s. d. (13 páginas)
ANEXO: uma página com instruções
LOCAL DE OBTENÇÃO: Fonoteca da ECA-USP

Esta peça alterna passagens notadas e realizadas tradicionalmente a outras em que o autor utiliza alguns procedimentos informais: exploração tímbrica por meio da variação de fonemas em notas sustentadas, efeito geral de murmúrio (apresentando notação gráfica). Em seu início, um trecho apresenta apenas ritmo determinado, sem alturas, com texto a ser falado. Ao final, retoma o mesmo efeito, porém com "ritmo relativo, não tendo o mesmo sentido que no início", e é apenas uma orientação – será então falado normalmente, simplesmente recitando o poema.

VALLE, Raul do

225. *Rosa rosae* (Campinas/SP, setembro de 1978)
MEIO EXPRESSIVO: coro misto (SCTB)
DURAÇÃO: não especificada
EDIÇÃO: série Música Nova do Brasil, para coro *a cappella*. Rio de Janeiro, Funarte, 1982 (seis páginas)
ANEXO: uma página com comentários
LOCAL DE OBTENÇÃO: Arquivo CK

A peça apresenta um caráter de continuidade estabelecido pela exploração tímbrica de fragmentos do texto, notas sustentadas, *clusters* e glissandos e contornos melódicos. Em contraste a ele, várias atuações solistas apresentam frases do texto em rápidas intervenções faladas. Na parte final, um trecho falado pode ser realizado de diferentes formas (falado, entoado, "rezado" etc.), e dois compassos da passagem final podem ser repetidos *ad libitum*. Utiliza a notação tradicional e alguns elementos gráficos.

VAZ, Gil Nuno

226. ***Goethoven*** (s. l., 1977)
Meio expressivo: narrador, ator, dois pianistas, voz feminina, grupo de atores, fita magnética
Duração: não especificada
Edição: S. D. P ECA-USP (cód. 191) (oito páginas)
Anexo: instruções e bula para montagem da fita magnética
Local de obtenção: Fonoteca da ECA-USP (cód. 3.029)

    Teatro musical apresentado como um roteiro verbal. A peça é estruturada em forma de sonata, correspondendo cada parte a uma cena. A ação passa-se no século XIX (entre 1815 e 1825), sendo necessário um cenário específico, e desenvolve-se inicialmente a partir de um encontro entre Goethe e Beethoven. Há também outras personagens (da época atual: professor, aluno, grupo de estudantes). O autor propõe um roteiro de ações cênicas sublinhadas por procedimentos musicais, alguns deles gravados em fita, outros realizados ao vivo (notados e realizados de forma tradicional). Os pianistas executam trechos de peças de Beethoven segundo indicação do autor, e a cantora deverá executar uma melodia baseada em uma sonata, também de Beethoven. Há indicações para a montagem da fita magnética, composta também por trechos determinados de obras do mesmo autor.

227. ***Gravitando*** (s. l., 1970-78)
Meio expressivo: coro misto (SCTB)
Duração: não especificada
Edição: S. D. P ECA-USP (cód. 152) (15 páginas)
Anexo: sete páginas, uma com instruções e seis com texto explicativo
Local de obtenção: Fonoteca da ECA-USP (cód. 2.307)

    Esta é a segunda versão da peça homônima composta em 1970. Notada e realizada de forma preponderantemente tradicional, apresenta três passagens com elementos informais: na primeira, metade do coro sustenta a repetição prolongada de um compasso enquanto os outros coralistas realizam, aleatoriamente, elementos extraídos da peça; na segunda, o grupo repete o mesmo procedimento, porém os elementos realizados aleatoriamente deverão ser estranhos à peça; na terceira, sopranos e baixos executam (também de forma aleatória) os motivos expostos em dois compassos, variando ritmo, intensidade e timbre. Ocorrem também passagens de *clusters* a uma única nota (e vice-versa), sendo utilizada para isso notação gráfica.

228. *Luz mediterrânea* (s. l., 1978)
MEIO EXPRESSIVO: coro misto (SCTB), violino, violão, bandolim, duas flautas, percussão (tambor e pandeiro) e fita magnética (opcional)
DURAÇÃO: não especificada
EDIÇÃO: manuscrito (15 páginas)
ANEXO: duas páginas com textos e instruções
LOCAL DE OBTENÇÃO: Fonoteca da ECA-USP (cód. 4.001)

    Nesta peça o texto é constituído de duas partes: uma grande frase discursiva e uma frase retrogradável ("A UNA RETA AZUL A REVIVER A LUZ À TERRA NUA"), organizadas de forma que a palavra "reviver" (também retrogradável) seja o centro de ambas, como em um eixo de coordenadas. A peça é composta de três partes: primeira (páginas -6 a -1), como apresentação do material sonoro; a segunda (página 0) traz seis círculos concêntricos com realização instrumental: em sua primeira metade, a cada faixa entre os círculos correspondem motivos constantes nas páginas numeradas correspondentemente (positivas ou negativas); em sua segunda metade, devem ser realizados os mesmos motivos em ordem inversa. Na terceira parte (páginas +1 a +6) não há um processo retrógrado estrito, prevalecendo o uso de mesmas densidades e caráter dos materiais e motivos. Os coralistas, além de realizações tradicionais, deverão executar *clusters* com diversos caracteres (gritos, exclamações, gemidos, suspiros), estalos de dedos, assobios, sopros e palmas, sendo utilizada para esses procedimentos notação tradicional e também gráfica. Na terceira parte o regente poderá, a seu critério, suspender o fluxo musical pela supressão de uma ou mais notas de uma, algumas ou todas as vozes. Nesse caso, os executantes deverão fingir estar tocando/cantando normalmente. O autor indica a opção para o uso de fita magnética (gravação de palmas e estalos de dedos) e sintetizador (realização da página central).

229. *Os coraleiros* (s. l., 1978)
Meio expressivo: coro misto (SCTB)
Duração: não especificada
Edição: S. D. P ECA-USP (cód. 030) (nove páginas)
Anexo: uma página com texto (sem indicação de autor)
Local de obtenção: Fonoteca da ECA-USP (cód. 1.975)

Os trechos inicial e final desta peça são notados e realizados de forma preponderantemente tradicional, enquanto em sua parte central são apresentados diversos procedimentos de caráter informal: ritmos escritos com textos falados/sussurrados, alturas relativas (em intervalos de semitom), palavras a serem repetidas ininterruptamente e um quadro esquemático em que vários materiais são apresentados e postos à disposição dos intérpretes para uma realização aleatória em quatro momentos indicados. Além disso, há a presença de instruções verbais ao longo da partitura.

230. *Rebole a bola* (s. l., s. d.)
Textos: Carlos Drummond de Andrade, Cecília Meireles, Gil Nuno Vaz, trechos de canções infantis
Meio expressivo: coro infantojuvenil a três vozes
Duração: não especificada
Edição: S. D. P ECA-USP (cód. 460) (dez páginas)
Anexo: três páginas com textos e instruções para montagem
Local de obtenção: Fonoteca da ECA-USP (cód. 3.897)

Escrita e realizada de forma preponderantemente tradicional, o caráter informal desta peça apresenta-se na proposição do autor para que o grupo interfira em três momentos na determinação dos materiais a serem executados. No primeiro, deve-se escolher o texto (com ritmo e melodia determinados); no segundo, deve-se determinar o texto e a melodia (tendo apenas os ritmos determinados); por fim, no último trecho, o autor propõe grupos de compassos totalmente em branco. Todos os elementos faltantes deverão ser preenchidos pelos coralistas coordenados pelo regente – como em um jogo de completar – a partir de um tema escolhido entre canções ou brincadeiras infantis.

231. *Seis poemas* (s. l., 1984)
TEXTO: poemas de Carlos Drummond de Andrade, Álvaro de Sá, e. e. Cummings e Gil Nuno Vaz
MEIO EXPRESSIVO: três vozes femininas e fita magnética
DURAÇÃO: cc. 9'30"
EDIÇÃO: S. D. P ECA-USP (cód. 192) (18 páginas)
ANEXO: 13 páginas com textos, instruções para montagem e bula para notação
LOCAL DE OBTENÇÃO: Fonoteca da ECA-USP (cód. 3.030)

Esta peça apresenta alto grau de aleatoriedade e grande variedade de elementos informais. É dividida em três partes: na primeira, em notação em forma de gráfico e com medidas cronométricas, os parâmetros altura, dinâmica, duração e tipos de articulação são determinados segundo instruções verbais, e a realização rítmica é aproximada (também seguindo instruções). As três vozes solistas em cena realizam o texto simultaneamente; duas delas cantando e a terceira em *sprechstimme*. Na segunda parte, somente duas solistas em cena realizam interpretações vocais diferentes: uma segue a partitura como na primeira parte, e a outra atua livremente a partir dos contornos das letras do poema "Alfabismo", de Álvaro de Sá, superpostos à partitura. Para as duas solistas são sugeridos "motivos visuais" a serem desenvolvidos corporalmente por elas para acompanhar os "motivos sonoros" propostos pelo autor. Nessa parte há, ainda, um jogo cênico a ser realizado pelas cantoras. A terceira parte constitui-se de um solo, no qual cada elemento de um poema de e. e. Cummings é representado por um sinal gráfico, com realização vocal e elaboração corporal apenas sugeridas pelo autor, com ampla liberdade de criação pela intérprete.

A partitura resulta da reunião de grafismos em várias figuras, dispostas espacialmente (planimetricamente) na página. A gravação em fita magnética é utilizada durante quase todo o transcorrer da peça. Deverá ser gravada por um grupo coral (preferivelmente), segundo instruções apresentadas, a partir de trechos dos textos utilizados. Na primeira parte deverá ser apenas um fundo sonoro; na segunda deverá passar ao mesmo plano sonoro das duas solistas; na terceira deverá se sobrepor à solista restante, que procurará então reforçar os aspectos visuais em sua atuação. A partitura da última parte seria, assim, como uma partitura para a expressão corporal da solista.

VINHOLES, L. C.

232. *Instrução 61* (Tóquio, dezembro de 1961) (SP)
   Dedicatória: "adaptação ao programa 'Cancrizanz' realizado pelo Madrigal Ars Viva"
   Meio expressivo: quatro instrumentos quaisquer e quatro colaboradores/versão para coro e solistas
   Duração: livre
   Edição: in: *O Estado de S. Paulo*, 16 de maio de 1962 (uma página)
   Estreias: 1) versão instrumental – Tóquio, 31 de dezembro de 1961. Grupo Nova Música Tomohisa Nakajima; 2) versão vocal – Santos/SP, s. d., Madrigal Ars Viva
   Local de obtenção: Arquivo CK

   Peça aleatória em todos seus parâmetros, incluindo sua estrutura e duração total. O autor utiliza fichas como suporte para a notação (pontos, linhas e cartões em branco) que podem ser lidas horizontal ou verticalmente. Para cada instrumentista (na versão instrumental) existem 25 cartões, divididos em quatro grupos distintos. Um colaborador para cada intérprete deverá embaralhar as fichas e mostrá-las a eles, e a ordem e o tempo de exposição de cada uma, bem como seu número, são determinados por ele. Há ainda a versão vocal, que pelo que indica o esquema de organização será realizada simultaneamente à versão instrumental. Não há instruções ou explicações, mas depreende-se do esquema uma organização estrutural dividida entre instrumentos e vozes com determinação de Parte I e Parte II.

233. Peça/Pessa para fazer psiu – Peça/Pessa para fazer xi (Ottawa/Canadá, 3 de maio de 1979) (SP)
DEDICATÓRIA: "ao Madrigal Ars Viva. Homenagem a todas as crianças no seu Ano Internacional"
MEIO EXPRESSIVO: grupo coral
DURAÇÃO: livre
EDIÇÃO: manuscrito (uma página)
ESTREIA: Semana de Música Coral. Santos/SP, 28 de outubro de 1979. Madrigal Ars Viva. Regente: Roberto Martins
LOCAL DE OBTENÇÃO: Fonoteca da ECA-USP

As duas peças trabalham exclusivamente as interjeições "psiu'e "xi", respectivamente na primeira e na segunda. As instruções verbais dadas pelo autor são as únicas indicações para sua realização. Timbre, duração, altura e intensidade são totalmente indeterminados e ficam, assim como a determinação do início, a duração total e o próprio caráter da realização, a critério dos intérpretes e/ou do regente.

234. Tempo-espaço VIII (Tóquio, outono de 1974) (SP)
TEXTO: do autor
MEIO EXPRESSIVO: flauta, piano, percussão (caixa de madeira, gongos grande e pequeno, tam-tam e prato suspenso), voz e violão (opcional)
DURAÇÃO: cc. 7'
EDIÇÃO: Brasília, Ed. da UNB, coleção Música Brasileira n.1, dezembro de 1979 (duas páginas)
ANEXO: poema e instruções
LOCAL DE OBTENÇÃO: Centro Cultural São Paulo (p.10.855)

Esta peça está estruturada em seis módulos que podem ser executados em qualquer ordem, dando-se um intervalo de no mínimo 15 segundos para que se leia uma linha do poema. Havendo repetições dos módulos, deve-se ler o texto em outros idiomas. Está escrita de forma tradicional e caracteriza-se pelo atonalismo, com presença também de *clusters* diatônicos ao piano e pequenas intervenções da percussão.

235. ***Tempo-espaço XIV*** (Ottawa/Canadá, 1978) (SP)
TEXTO: poema "Suk a ...", de Bill Bisset
MEIO EXPRESSIVO: flauta e vozes (dez pessoas ou grupos de pessoas)
DURAÇÃO: livre
EDIÇÃO: manuscrito (seis páginas)
ANEXO: quatro páginas com poema e instruções
LOCAL DE OBTENÇÃO: Fonoteca da ECA-USP (cód. 3.485)

Nesta obra, a realização instrumental deverá acontecer simultaneamente à leitura do poema "Suk a ...". O autor estabelece uma correspondência entre as letras utilizadas no texto e uma escala cromática, criando assim módulos equivalentes às palavras/vocábulos, e que podem ser executados na sequência e intensidade desejadas pelo intérprete. A possibilidade de repetição de cada um dos módulos depende do número de vezes que as palavras/vocábulos equivalentes aparecem na poesia. A notação utilizada aqui é a tradicional, e determinadas notas podem ser executadas em qualquer oitava. Para a leitura do poema o autor criou uma partitura esquemática a partir de sua espacialização por meio da divisão por sílabas ou letras em dez linhas, cabendo a cada pessoa ou grupo de pessoas a leitura horizontal de uma delas. Timbres, alturas, intensidades e andamentos ficam a critério dos intérpretes. A formação vocal é livre, podendo ocorrer qualquer mistura de vozes masculinas, femininas e infantis. A ordem de leitura do poema é fixa, e o autor sugere que seja feita em um crescendo lento e gradual.

236. ***Tempo-espaço XVI*** (Ottawa/Canadá, 3 de janeiro de 1980) (SP)
TEXTO: Haroldo de Campos, extraído do livro *Xadrez de estrelas*. São Paulo, Perspectiva, 1976

MEIO EXPRESSIVO: flauta ou oboé e voz
DURAÇÃO: livre
EDIÇÃO: São Paulo, Novas Metas, 1980 (dez páginas)
ANEXO: duas páginas com instruções
ESTREIA: Conservatório Musical do Brooklin Paulista (São Paulo/SP), 28 de agosto de 1982. Marco Antonio Canvioloncelo, flauta; João Carlos do Amaral de Souza, baixo.
LOCAL DE OBTENÇÃO: Fonoteca da ECA-USP (cód. 5.900)

Nesta peça, o texto é dividido em duas partes, sendo apresentado duas vezes; para cada vocábulo há um módulo instrumental correspondente. Na primeira apresentação do poema a voz segue a duração dos sons instrumentais e, na segunda, determina este mesmo parâmetro. Para o instrumentista, os módulos podem ser intercambiáveis, ter duas ou três variantes rítmicas da mesma linha melódica ou ser totalmente livres metricamente. Cabe ainda aos intérpretes a determinação das intensidades e fraseados.

WIDMER, Ernst

237. *Clamor* (s. l., 1974)
MEIO EXPRESSIVO: coro misto (SCTB)
DURAÇÃO: 6'
EDIÇÃO: manuscrito (dez páginas)
LOCAL DE OBTENÇÃO: Fonoteca da ECA-USP (cód. 837)

Notada e realizada de forma preponderantemente tradicional a peça utiliza, em dois trechos, claves de regiões, *clusters* e frases a serem faladas em diferentes idiomas (individualmente), com densidade anotada em notação simbólico-gráfica.

238. *Diário confessional n.3* (s. l., 3 de novembro de 1974)
DEDICATÓRIA: "Para Moacyr del Picchia e o Coral da FGV"
MEIO EXPRESSIVO: coro misto (SCTB)

Duração: cc. 3'
Edição: manuscrito (uma página)
Local de obtenção: Fonoteca da ECA-USP (cód. 392)

Obs.: no arquivo em que foi obtida, esta peça vem juntamente a outra, *Diário Confessional n.2.*

Nesta peça, duas passagens têm seu andamento determinado pela frequência dos batimentos cardíacos de cada coralista, que os executam individualmente; nelas, a afinação não precisa ser exata, e o autor indica cronometricamente sua duração. São apresentadas em notação esquemática e simbólica.

239. *Festa no brejo* (s. l., 1975)
Texto: poema de Carlos Drummond de Andrade
Meio expressivo: coro misto (SCTB)
Duração: cc. 3'
Edição: manuscrito (sete páginas)
Local de obtenção: Fonoteca da ECA-USP (cód. 2.072)

Em meio a realizações totalmente tradicionais, são utilizados alguns efeitos onomatopaicos e de exploração tímbrica, com notas sustentadas e glissandos acentuados. O trecho inicial apresenta marcações cronométricas (quando duas das vozes deverão imitar o coaxar de sapos).

240. *Mamãe máquina* (s. l., 25 de novembro de 1979)
Meio expressivo: uma voz e três percussionistas
Duração: 11'
Edição: manuscrito (13 páginas)
Anexo: instruções ao longo da partitura
Local de obtenção: arquivo Piap/Unesp

Nesta peça os percussionistas, além de atuar instrumentalmente, também executam passagens faladas, sussurradas, com flautas de êmbolo, assobios, percussão junto às bochechas e estalos de língua.

A parte vocal apresenta tanto realização e notação tradicionais quanto outros procedimentos, como trechos falados e sussurrados e contornos melódicos. O autor indica movimentação em palco (principalmente para o intérprete vocal) e posturas a serem adotadas por todos. Em uma passagem, o material musical pode ser repetido de 11 a 17 vezes, à escolha dos intérpretes (utilizando notação esquemática). Há instruções verbais ao longo de toda a partitura, bem como a utilização de elementos iconográficos para a determinação de certos procedimentos instrumentais e vocais.

241. *Nêga Lourença* (s. l., s. d.)
MEIO EXPRESSIVO: coro misto (SCTB)
DURAÇÃO: 1'30"
EDIÇÃO: manuscrito (quatro páginas)
LOCAL DE OBTENÇÃO: Fonoteca da ECA-USP (cód. 1.836)

Trata-se de um arranjo coral para um tema folclórico notado e realizado de forma preponderantemente tradicional. Em alguns trechos utiliza alturas livres apenas com ritmos escritos, sons onomatopaicos (imitando cuícas) e sons o mais grave e agudo possível, utilizando para isso notação simbólica.

242. *Re-trato op.133* (s. l., 1982)
TEXTO: dois sonetos de Gregório de Mattos Guerra
DEDICATÓRIA: "escrito sob medida e dedicado ao conjunto Percussão Agora"
MEIO EXPRESSIVO: voz feminina e quatro percussionistas (três tom-tons, pandeiro, caixa-clara, bombo, crotalos, três *cowbell*, mola (reco-reco), triângulo, duas maracas, chicote, *holztrommel*, xilofone, *glockenspiel*, sirenes, quatro apitos de madeira, berimbau, papel celofane, lixas, matracas, caxixis, rolos de estanho, *vibraslap*, guizos, sete pares de pedras, *temple bells*, chocalho de lata, *jew's harp*)
DURAÇÃO: 10'

EDIÇÃO: manuscrito (19 páginas)
ANEXO: duas páginas com instruções e texto
LOCAL DE OBTENÇÃO: Arquivo MH

Esta peça apresenta alguns elementos informais em meio a procedimentos com notação e realização tradicionais. Ação cênica, partes faladas para os instrumentistas, instruções verbais diretamente à partitura, uso de elementos iconográficos, gráficos e simbólicos na notação e utilização de fontes sonoras não convencionais (papel celofane, pedras, som de água enchendo um recipiente, latas). Em um trecho final as atuações cênicas dos intérpretes intensificam-se, e o autor se utiliza de um roteiro verbal para organizar todos os acontecimentos. Por vezes o texto a ser falado aparece escrito diretamente nos pentagramas, sem qualquer indicação rítmica ou melódica. Em seu trecho final, uma figuração rítmico-melódica poderá ser realizada em conjunto com a plateia, com repetições *ad libitum*.

YUDO, Luis Henrique

243. *Amor* (São Paulo, 20 de abril de 1983)
MEIO EXPRESSIVO: duas vozes (tenor e baixo ou duas outras vozes quaisquer)
DURAÇÃO: não especificada
EDIÇÃO: S. D. P ECA-USP (cód. 499) (uma página)
LOCAL DE OBTENÇÃO: Fonoteca da ECA-USP (cód. 6.188)

Nesta peça, um pequeno poema é realizado pelas duas vozes, simultaneamente. Pequenas frases (total de seis) servem de estímulo a realizações vocais, a partir de seu significado. O autor utiliza partitura gráfica com contornos melódicos sem qualquer indicação de alturas.

244. *Axial* (Barretos/SP, 25 de julho de 1983)
MEIO EXPRESSIVO: 13 fontes sonoras quaisquer
DURAÇÃO: não especificada

EDIÇÃO: S. D. P ECA-USP (cód. 819) (14 páginas)
ANEXO: uma página com comentários e instruções
LOCAL DE OBTENÇÃO: Fonoteca da ECA-USP (cód. 6.086)

Obs.: esta peça faz parte de uma coleção intitulada *Composições para uma oitava*, guardando características semelhantes entre todas elas: cada fonte sonora emite uma única nota. As notas estão separadas por um semitom, completando assim o total cromático no âmbito de uma oitava. A organização rítmica é totalmente determinada e escrita de forma convencional sobre linhas com divisão de compassos, ficando à escolha dos intérpretes as fontes sonoras (vozes ou quaisquer instrumentos – menos percussão, por não poder sustentar sons pelo tempo desejado) e as notas determinantes da oitava a ser utilizada. O autor indica ainda a distribuição dos intérpretes e do regente pelo palco e plateia ou corredor central (regente).

O autor utiliza 13 fontes sonoras (oitavando a nota mais grave) formando pares entre quase todas as fontes sonoras de forma que possuam a mesma organização rítmica com alturas diferentes.

245. ***Desenvolvimento*** (Barretos/São Paulo, 26 de julho de 1983)
MEIO EXPRESSIVO: 12 fontes sonoras quaisquer
DURAÇÃO: não especificada
EDIÇÃO: S. D. P ECA-USP (cód. 820) (11 páginas)
ANEXO: uma página com comentários e instruções
LOCAL DE OBTENÇÃO: Fonoteca da ECA-USP (cód. 6.087)

Obs.: esta peça faz parte de uma coleção intitulada *Composições para uma oitava*, guardando características semelhantes entre todas elas: cada fonte sonora emite uma única nota. As notas estão separadas por um semitom, completando assim o total cromático no âmbito de uma oitava. A organização rítmica é totalmente determinada e escrita de forma convencional sobre linhas com divisão de compassos, ficando à escolha dos intérpretes as fontes sonoras (vozes ou quaisquer instrumentos – menos percussão, por não poder sustentar sons pelo tempo desejado) e as notas determinantes da oitava a ser utilizada. O autor indica ainda a distribuição dos intérpretes e do regente pelo palco e plateia ou corredor central (regente).

246. *Ego flos campi* (São Paulo, 21 a 27 de setembro de 1984)
Meio expressivo: coro misto (SCTB)
Duração: não especificada
Edição: S. D. P ECA-USP (cód. 841) (quatro páginas)
Local de obtenção: Fonoteca da ECA-USP (cód. 6.121)

Com texto em latim, a peça apresenta notação e realização preponderantemente tradicionais. Em seu trecho final explora vibratos (com até meio tom) e o ataque do fonema /t/ com variação de densidades, utilizando para isso elementos gráficos sobre os pentagramas.

247. *Fluxo* (São Paulo, 2 a 8 de agosto de 1984)
Meio expressivo: 12 fontes sonoras quaisquer
Duração: não especificada
Edição: S. D. P ECA-USP (cód. 823) (20 páginas)
Anexo: uma página com comentários e instruções
Local de obtenção: Fonoteca da ECA-USP

Obs.: esta peça faz parte de uma coleção intitulada *Composições para uma oitava*, guardando características semelhantes entre todas elas: cada fonte sonora emite uma única nota. As notas estão separadas por um semitom, completando assim o total cromático no âmbito de uma oitava. A organização rítmica é totalmente determinada e escrita de forma convencional sobre linhas com divisão de compassos, ficando à escolha dos intérpretes as fontes sonoras (vozes ou quaisquer instrumentos – menos percussão, por não poder sustentar sons pelo tempo desejado) e as notas determinantes da oitava a ser utilizada. O autor indica ainda a distribuição dos intérpretes e do regente pelo palco e plateia ou corredor central (regente).

Em um trecho o autor solicita por meio de instruções verbais que os intérpretes improvisem livremente indicando formas de ataques (sempre *sforzando*, cada vez mais rápidos) e andamento (*accelerando* sempre).

248. **Inversão** (São Paulo, 08 a 13 de junho de 1984)
    Meio expressivo: 12 fontes sonoras quaisquer
    Duração: não especificada
    Edição: S. D. P ECA-USP (cód. 822) (14 páginas)
    Anexo: uma página com comentários e instruções
    Local de obtenção: Fonoteca da ECA-USP

    Obs.: esta peça faz parte de uma coleção intitulada *Composições para uma oitava*, guardando características semelhantes entre todas elas: cada fonte sonora emite uma única nota. As notas estão separadas por um semitom, completando assim o total cromático no âmbito de uma oitava. A organização rítmica é totalmente determinada e escrita de forma convencional sobre linhas com divisão de compassos, ficando à escolha dos intérpretes as fontes sonoras (vozes ou quaisquer instrumentos – menos percussão, por não poder sustentar sons pelo tempo desejado) e as notas determinantes da oitava a ser utilizada. O autor indica ainda a distribuição dos intérpretes e do regente pelo palco e plateia ou corredor central (regente).

    Ao final da partitura os intérpretes deverão recomeçar a leitura invertendo a sequência dos números de cada fonte sonora: a primeira lerá então a última linha, a segunda, a penúltima, e assim sucessivamente.

249. **Progressão** (São Paulo, 29 de maio de 1984)
    Meio expressivo: 13 fontes sonoras quaisquer
    Duração: não especificada
    Edição: S. D. P ECA-USP (cód. 821) (sete páginas)
    Anexo: uma página com comentários e instruções
    Local de obtenção: Fonoteca da ECA-USP (cód. 6.088)

    Obs.: esta peça faz parte de uma coleção intitulada *Composições para uma oitava*, guardando características semelhantes entre todas elas:

cada fonte sonora emite uma única nota. As notas estão separadas por um semitom, completando assim o total cromático no âmbito de uma oitava. A organização rítmica é totalmente determinada e escrita de forma convencional sobre linhas com divisão de compassos, ficando à escolha dos intérpretes as fontes sonoras (vozes ou quaisquer instrumentos – menos percussão, por não poder sustentar sons pelo tempo desejado) e as notas determinantes da oitava a ser utilizada. O autor indica ainda a distribuição dos intérpretes e do regente pelo palco e plateia ou corredor central (regente).

Ao final da leitura, os intérpretes deverão virar a partitura de cabeça para baixo, retornando ao início com a inversão da ordem de leitura das vozes (a primeira torna-se a última, a segunda, a penúltima, e assim sucessivamente).

Conclusão

A primeira constatação que surgiu do estudo do material é que a produção de música informal aqui apresentada abarca praticamente todas as possibilidades expressivas, de notação e de organização estrutural presentes nos movimentos de renovação da linguagem musical que aconteceram nos grandes centros mundiais de cultura a partir da década de 1950. A única exceção diz respeito à música composta com o auxílio de computadores, pois até o ano limite pesquisado – 1985 inicialmente, com a posterior inclusão de algumas peças compostas até 1989 –, a disponibilidade desse equipamento para os compositores brasileiros era quase nula.

O material constitui um conjunto amplo de peças, quer por sua variedade, quer por seu caráter quantitativo: são 249 obras de 70 autores, com uma média entre três e quatro peças por compositor. Dos compositores presentes, 43 são representados com até três peças e 26 com mais de quatro peças. Vinte e seis compositores têm apenas uma peça representada, e apenas seis deles têm oito ou mais peças. O compositor com o maior número de peças relacionadas no catálogo é Gilberto Mendes, com 18 peças.

O levantamento das datas de composição das peças apontou 35 obras sobre as quais não foi possível determinar essa informação (14,4%). Das 214 peças restantes, com data de composição especificada, apenas 12 (5,6%) foram compostas na década de 1960, estando esparsamente distribuídas entre 1961 e 1969. Durante a década de 1970, porém, foram compostas 124 obras (57,9%) – mais de dez vezes mais que na década anterior e mais da metade de toda a coleção aqui apresentada. Essa parte significativa do conjunto de obras encontra-se distribuída por entre todos os anos da década, sendo 1978 o ano de maior número de composições (21). Já na década de 1980 foram localizadas 78 obras (36,5%), o que enseja um comentário mais específico: entre 1980 e 1985 foram localizadas 67 peças (ou 31,3%), distribuídas de maneira razoavelmente uniforme (respectivamente: 13, 15, 8, 11, 11 e 9 obras). Conforme já mencionado na introdução, a inclusão das 11 peças compostas entre 1985 e 1989 demonstra que o interesse por essas categorias de recursos expressivos não se manteve após seu vertiginoso aumento verificado na década de 1970 – pelo contrário, experimentou sensível declínio. Os motivos pelos quais isso aconteceu, bem como quais novas propostas ou tendências estéticas e criativas tomaram lugar, merecem, com certeza, estudo aprofundado que, espero, possa ser realizado brevemente.

De forma mais específica, são apresentadas abaixo algumas considerações organizadas a partir dos dados presentes no índice remissivo e no próprio corpo de obras. Cabe ressaltar que este livro não se coloca como completo ou capaz de abranger a totalidade da produção aqui caracterizada como música informal brasileira. Nossa realidade, apesar de intensamente dinâmica, ainda não nos permite afirmar que atingimos condições suficientemente favoráveis de catalogação, organização e sistematização de acesso às informações sobre os compositores brasileiros e suas obras – mesmo reconhecendo o grande esforço empreendido por diversos grupos em iniciativas por todo o País. Assim, e dentro dessa perspectiva, pode-se afirmar que este conjunto de peças apresenta e também representa, de forma significativa, todas as tendências e variantes expressivas que estiveram presentes no decorrer daquele período de tempo enfocado.

1) **Meio expressivo:** a preferência deu-se pela formação coral *a cappella* (72 obras – 29%) e pela utilização de voz(es) solista(s) juntamente a instrumento(s) (63 obras – 25%). Em menor número, mas

significando cada uma cerca de 10% do total, aparecem formações como coro e instrumentos (26 obras), vozes e outras fontes sonoras (26 peças) e ainda peças que se utilizam da voz falada dos cantores (23 peças), quer como declamação, quer como narração. Pode-se especular sobre a preferência dos compositores por essas formações: as duas primeiras, por serem as mais tradicionais, e as seguintes, em certa medida, as mais disponíveis e acessíveis dentro das condições médias brasileiras. Não se dispõe de elementos para afirmar que a pouca utilização de formações como vozes e fita magnética (18 obras no total, englobando coro ou vozes solistas e fita) ou mesmo meios expressivos livres (dez obras incluindo a possibilidade vocal) tenha sido determinada por algum tipo de preconceito, conservadorismo ou barreira estética, ainda que, tratando-se de uma vertente musical considerada de vanguarda, pudessem ser esperados números mais significativos. Uma suposição mais aceitável refere-se à pouca divulgação desse tipo de conjunto, aliada às precárias condições técnicas e de disponibilidade de equipamentos, como bem observou o professor José Maria Neves (ver capítulo 1). A pouca divulgação das possibilidades expressivas da voz juntamente com outras fontes sonoras pode ser considerada como fator influente, uma vez que muitas das peças que se utilizam dessa formação o fazem por meio de materiais muito acessíveis (papéis, vidros, eletrodomésticos e objetos diversos). A mesma suposição pode ser aplicada ao pequeno número de peças que exploram os recursos da voz falada de instrumentistas (quer como declamação, quer como narração).

2) **Níveis gerais de informalidade:** neste quesito a divisão mostrou-se muito mais equilibrada, com 21% do total de peças (53 obras) apresentando pouca incidência de elementos informais, 38% (94 obras) constituído de peças com considerável informalidade e 41% (102 obras) representando uma produção totalmente vinculada às concepções informais. Se considerarmos o segundo e o terceiro níveis, 79% da produção estudada apresenta um índice significativo de elementos informais, o que parece demonstrar um grande interesse dos compositores ligados a essa vertente em explorar a fundo esse universo expressivo. Pode-se considerar, também, que nos 21%

restantes os autores não consideraram, para essas peças específicas, o universo informal como maior responsável por sua caracterização expressiva, ou mesmo que a utilização parcimoniosa desses elementos em uma peça possa ser o resultado de uma preferência específica por um ou outro procedimento considerado de vanguarda (notações com resultado aproximado, certa liberdade na organização das alturas, livre determinação de uma sequência rítmica, por exemplo). Resta ainda como possibilidade uma pequena familiaridade com esses elementos ou pouco contato com este tipo de produção.

3) **Incidência da aleatoriedade:** nas obras catalogadas, chama a atenção o elevado número de peças nas quais são utilizados processos de indeterminância (220 obras, ou 88%), ainda que o resultado esteja dentro do esperado para o tipo de música discutido. Na verdade, o que salta aos olhos é a discrepância entre a presença desse elemento informal – resultado da flexibilização do controle do resultado por parte do compositor por meio de escolhas oferecidas aos intérpretes ou certa liberdade na realização de notações aproximadas – e a pouca incidência da improvisação como proposta explícita (49 obras, ou 19,5%). Não há como afirmar que a preferência pelo primeiro recurso resulta da vontade dos compositores em manter algum nível de domínio sobre o material e a *performance*; porém, a pouca utilização de processos improvisatórios (e caracteristicamente mais aleatórios, sendo necessariamente variáveis a cada execução) deixa entrever claramente certa predileção por outros procedimentos. Outro dado interessante pode corroborar essa consideração: das 49 obras que apresentam processos improvisatórios, 43 apresentam também processos de indeterminância de outros tipos; apenas seis obras trazem a improvisação como principal elemento informal e único gerador de aleatoriedade.

4) **Notação:** aqui, três subcategorias surgiram com maior destaque: elementos simbólicos (84 peças, cerca de 34%), elementos gráficos (112 obras, ou 45%) e a notação verbal em todas as suas modalidades (roteiro verbal, instruções verbais e/ou verbal estimulativa – 101 obras, ou 40%), lembrando que em muitas peças ocorre a presença simultânea de mais de um elemento distinto. A alta incidência de

elementos simbólicos e gráficos poderia ser considerada como uma evidência da manutenção das funções básicas da notação como agente transmissor das ideias do compositor para a manipulação do material sonoro. A relativa pouca utilização de elementos esquemáticos (36 obras, ou menos de 15%) e mesmo de roteiros verbais (também 36 obras), que por sua natureza podem agir sobre a estruturação e organização das peças, poderia indicar uma pequena predisposição por parte dos compositores em ampliar as funções da notação, ao menos no conjunto da produção estudada; mesmo a razoável presença de instruções verbais (53 peças, ou 21%) parece mostrar uma preferência por indicar a forma de transformação do material. Outros tipos de notação estão pouco presentes: notações estimulativas (visual ou verbal – 16 peças, ou pouco mais de 6%), elementos iconográficos (13 obras, ou 5%) e, por último, grafismos (6 peças, ou 2,5%). Ao mesmo tempo em que parece demonstrar certo interesse dos músicos na utilização de elementos visuais em suas partituras, não parece haver uma efetiva incorporação de técnicas de desenho, pintura ou outras formas de comunicação visual mais elaboradas nessa produção.

5) **Técnicas estendidas:** um grande número de obras apresenta em sua realização elementos de exploração tímbrica, basicamente pela adoção de técnicas interpretativas não tradicionais – aqui classificadas como *técnicas atendidas* –, atingindo o número de 142 peças (57%). Esse elevado índice reflete o interesse por parte dos compositores em buscar novas possibilidades expressivas pela ampliação do repertório de técnicas e efeitos vocais, solicitando do(s) intérprete(s) uma postura diferenciada frente a esse tipo de material.

6) **Princípios aleatórios na estruturação formal:** outra indicação bem clara diz respeito ao emprego desse recurso composicional dentro do conjunto das peças coletadas e analisadas – neste caso, pelo lado oposto: um pequeno número de obras traz consigo propostas de organização formal que contemplam o acaso ou a livre escolha por parte do(s) intérprete(s). Apenas 13 obras (5%) têm estrutura aberta ou livre, e 15 (6%) oferecem possibilidade de mobilidade estrutural (formas modulares). Sem dúvida, é um indicativo do pouco interesse despertado por esse tipo de procedimento.

7) **Recursos extramusicais:** nota-se um razoável número de peças que solicitam de seus intérpretes ações cênicas (58 peças, ou 23%), caracterizadas por movimentações no palco, distribuição espacial no palco e fora dele, gestualidade, expressão corporal e interatividade nessas ações com os outros intérpretes e mesmo com o público. Um número menor de peças (32, ou cerca de 13%) inscreve-se de maneira completa nas propostas do teatro musical. Além disso, a utilização de outros recursos cênicos e outros equipamentos, como projetores, sistemas de amplificação e efeitos, mostra-se também mais modesta (13% e 9%, respectivamente). O emprego de outras fontes sonoras foi encontrado em 41 peças (16%), o que significa que, se não se estabeleceu como viés expressivo, a inclusão de instrumentos inusitados e por vezes de criação própria por diversos autores não pode ser desconsiderada.

8) **Interatividade:** finalmente, um número pequeno de peças apresenta características de interatividade com a plateia, no sentido de derrubar a "quarta parede" que separa muitas vezes palco e plateia (12 obras, ou menos de 5%). Em algumas das obras o(s) intérprete(s) deve(m) sair do palco e caminhar ou atravessar a plateia, ou mesmo vir da plateia atuando por entre os presentes, estabelecendo um contato direto; em outras, o público é estimulado a participar ativamente, quer seja de improviso, quer seja mesmo "ensaiando" com os executantes. Há ainda seis peças apresentando caráter propositadamente humorístico, número que não chega a ser significativo para indicar qualquer interesse coletivo nesse aspecto, principalmente se considerarmos que essas seis peças foram escritas por três compositores (um compôs três peças, outro duas e um terceiro apenas uma), o que reforça o caráter pontual desse elemento.

A análise dos dados levantados no índice remissivo permite afirmar que a maioria dos compositores representados no catálogo não expressou, nas obras estudadas, um intenso engajamento a uma ou outra vertente específica do pensamento musical de vanguarda. Assim, poucas obras se valem exclusivamente de improvisações ou de estruturas modulares ou livres, ou mesmo de elementos de notação mais consistentemente aleatórios, sendo também pequeno o número de peças totalmente concebidas como teatro musical. Ao contrário, prevalecem em sua maioria procedimentos exploratórios e de efeitos tímbricos, uso de ação cênica e alguns adereços, utilização de alguns elementos simbólicos e gráficos na notação, muitas vezes dispersos em cada partitura e sem se caracterizar como procedimentos que possam realmente alterar as estruturas compositivas tradicionais.

As razões que levaram a esse cenário poderão, com certeza, suscitar novas e importantes pesquisas sobre a música brasileira contemporânea; não faltam lacunas a serem preenchidas. Por exemplo: não foi possível realizar alguns cruzamentos de informações, como a possível concentração da composição de um determinado tipo de peças em um ano ou época específica, pois apenas cerca de metade das obras catalogadas puderam ter suas datas de composição ou mesmo de estreia determinadas. Outros cruzamentos poderão ser feitos futuramente comparando, por exemplo, os níveis de informalidade com os outros quesitos, e revelando talvez novas e importantes informações.

A carência de bibliografia sobre a produção de música informal brasileira, em particular e sobre a produção musical brasileira contemporânea de forma geral, torna-se não só um obstáculo a ser transposto, mas principalmente a confirmação da oportunidade e da necessidade de estudos que visem à compreensão dos mecanismos histórico-sociais que permitiram o florescimento de movimentos musicais que se propunham revolucionar – e que, em certa medida, efetivamente revolucionaram – as atribuições dos papéis de "autor" e "intérprete", alterando significativamente até mesmo o conceito de "música".

REFERÊNCIAS BIBLIOGRÁFICAS

Bibliografia

O *corpus* da bibliografia levantada pôde ser dividido em três categorias básicas, organizadas segundo sua especificidade e função.

1. Catálogos de bibliotecas, editoras, centros de documentação e trabalhos específicos de pesquisadores ou compositores (sobre obras de sua autoria), que permitem um mapeamento inicial das informações sobre autores e obras passíveis de figurarem no catálogo.

ANTONIO, I.; RODRIGUES, R. de C., BAUAB, H. H. (Orgs.). *Bibliografia da música brasileira 1977-1984*. São Paulo: ECA/USP (Serviço de Biblioteca e Documentação), Centro Cultural São Paulo (Divisão de Pesquisas), 1988.

CATÁLOGO DO SERVIÇO DE DIFUSÃO DE PARTITURAS. São Paulo: ECA/USP, 1986.

CATÁLOGO GERAL. Curitiba: Musas Editora e Distribuidora Ltda., 1988.

CATÁLOGO GERAL. DF: Musimed Editora e Distribuidora Musical Ltda., 1988.

CATÁLOGO GERAL. Rio de Janeiro: Funarte/Instituto Nacional de Música, 1989.

CATÁLOGO GERAL DE OBRAS PARA PIANO E VIOLÃO. São Paulo: Irmãos Vitale Editores, s/d.

COMPOSITORES BRASILEIROS: catálogo de obras. Brasília: Ministério das Relações Exteriores, 1975-79.

ENCICLOPÉDIA DA MÚSICA BRASILEIRA. 2ª ed. rev. e atual. São Paulo: Art Editora/Publifolha, 1998.

GUIA PRÁTICO E TEMÁTICO. São Paulo: Ed.Ricordi do Brasil, s/d, (vols. 1 e 2).

KATER, C. (Org.). *H. J.Koellreutter*: catálogo de obras. Belo Horizonte: Fundação de Educação Artística / Fapemig, 1997.

KERR, D. M. *Catálogo de peças para órgão*. São Paulo, s.d.

MENDES, G. *Uma odisséia musical*: dos mares do sul à elegância *pop/art déco*. São Paulo: Edusp, 1994.

RIPPER, J. G. (Org.). *Música brasileira para orquestra*: catálogo geral. Rio de Janeiro: Funarte/Instituto Nacional de Música – Projeto Orquestra, 1988.

2. Obras de referência teórico-conceitual que tratam de questões relativas ao projeto de pesquisa, tais como: o uso de recursos extramusicais, notações não convencionais, indeterminismo e formas estruturais abertas e/ou modulares. Neste estudo tenho como objetivo entender conceitos teóricos importantes para a abordagem e análise do material pesquisado.

ADORNO, T. W. Musique et Nouvelle Musique. In : _____. *Quasi una Fantasia*. Trad. francesa de Q. F.Surhkamp. Paris : Gallimard, 1982.

_____. Vers une musique informelle. In : _____. *Quasi una Fantasia*. Trad. francesa de Q. F.Surhkamp. Paris : Gallimard, 1982.

ANTUNES, J. *A correspondência entre os sons e as cores*. Brasília: Thesaurus Ed., 1982 (Série Pedagogia Musical, 5).

ANAIS DO I SIMPÓSIO INTERNACIONAL DE COMPOSITORES. São Paulo: I.A.P./Unesp, 1977.

ANDRADE, M. de. *O banquete*. São Paulo: Livraria Duas Cidades, 1977.

BOULEZ, Pierre. *A música hoje*. 3 ed. São Paulo: Editora Perspectiva, 1986.

CAMPOS, H. de; CAMPOS, A. de; PIGNATARI, D. *Teoria da poesia concreta*. São Paulo: Livraria Duas Cidades, 1975.

CHEW, G. Non mensural and specialist notations. In: STANLEY, S. (Ed.). *The new grove dictionary of music and musicians*. London, Macmillan Publishers, 1980 (repr.1995), v.13, p.415-17.

FRANCHETTI, P. *Alguns aspectos da teoria da poesia concreta*. Campinas: Editora da Unicamp, 1989.

GRIFFITHS, P. Aleatory. In: STANLEY, S. (Ed.). *The new grove dictionary of music and musicians*. London, Macmillan Publishers, 1980 (repr.1995), v.1, p.237-42.

HAMM, C. Cage. In: STANLEY, S. (Ed.). *The new grove dictionary of music and musicians*. London, Macmillan Publishers, 1980 (repr.1995), v.3, p.597-603.

KASSLER, M.; HOWE JR., H. Computer and Music. In: STANLEY, S. (Ed.). *The new grove dictionary of music and musicians*. London, Macmillan Publishers, 1980 (repr.1995), v.4, p.603-15.

KOELLREUTTER, H. J. *Introdução à estética e à composição musical contemporânea*. 2 ed. Zagonel, B.; Chiamulera, S. M. la (Orgs.). Porto Alegre, Edições Movimento, 1987.

_____. *Terminologia de uma nova estética da música*. Porto Alegre: Ed. Movimento, 1990.

MENEZES, F. (Org.). *Música eletroacústica*: história e estéticas. São Paulo: Edusp, 1996.

NARMOUR, E. *Beyond Schenkerism. The need of alternative in music analysis*. Chicago: University of Chicago Press, 1977.

NATTIEZ, J.-J. *Musicologie Générale et Sémiologie*. Paris: Christian Bourgois Éditeur, 1987.

NYMAN, M. *Experimental music*. New York: Schimer Books/McMillan Publishing Co.Inc., 1974.

PIGNATARI, D. *Poesia Pois É Poesia & POETC*. São Paulo: Brasiliense, 1986.

RUWET, N. *Langage, Musique, Poésie*. Paris : Ed. du Seuil, 1972.

SCHAEFFER, P. *Traité des objets musicaux*. Paris: Ed. du Seuil, 1966.

SEIXO, M. A. (Org.). *Semiologia da música*. Lisboa: Vega, s.d.

SOUZA, E. A. De (Org.). *Edição comemorativa dos 30 anos do manifesto da poesia concreta*. Salvador: Ed. Código 11, 1986.

SPARSHOTT, F. E. Aesthetics of music. In: STANLEY, S. (Ed.). *The new grove dictionary of music and musicians*. London, Macmillan Publishers, 1980 (repr.1995), v.1, p.121-134.

STOÏANOVA, I. *Geste-texte-musique*. Paris : Union générale d'éditions, 1978.

ZAGONEL, B. *O que é gesto musical*. São Paulo: Brasiliense, 1992 (Primeiros passos).

ZAMPRONHA, E. S. *Notação, representação e composição*: um novo paradigma da escritura musical. Tese de Doutorado apresentada à PUC/SP. São Paulo, 1998.

3. Obras de referência histórica. Com isso, é possível estabelecer contornos cronológicos mais nítidos e determinar algumas correntes estilísticas na produção musical brasileira e internacional.

APPLELBY, D. *Music in Brazil*. Austin: University of Texas Press, 1983.

Atlas de Música II (del Barroco hasta hoy). Madrid: Alianza Editorial, 1994.

BEHÀGUE, G. *Music in Latin American*. New Jersey: Prentice Hall Inc., 1979.

COPE, D. H. *New directions in music*. Dubuque: WM.C. Brown Company Publishers, 1978.

Dez anos de órgão: edição comemorativa dos 10 anos de criação da Associação Paulista de Organistas. São Paulo: APO, 1987.

GRIFFITHS, P. *A música moderna*: uma história concisa e ilustrada de Debussy a Boulez. Rio de Janeiro: Jorge Zahar Editor, 1987.

KIEFER, B. *História da música brasileira*. 3 ed. Porto Alegre: Edições Movimento, 1977.

MARIZ, V. *Figuras da música contemporânea*. 2 ed. Distrito Federal: Universidade de Brasília, 1970.

NEVES, J. M. *Música contemporânea brasileira*. São Paulo: Ricordi Brasileira, 1981.

PAZ, J. C. *Introducción a la música de nuestro tiempo*. Buenos Aires: Editorial Nueva Visión, 1955.

SALZMAN, E. *Introdução à música do século XX*. Rio de Janeiro: Zahar Editores, 1970.

Partituras

ANTUNES, J. *Mascara-bes-cos*. São Paulo: Musicalia Cultura Musical, 1977.

CARDOSO, L. *Aleluia*. s. l., s. n., s. d. (manuscrito).

COZZELLA, D. *Ruidismo dos pobres*. s. l., s. n., s. d. (manuscrito).

ESCOBAR, A. *Dois contornos sonoros, para dois coros.* São Paulo: Novas Metas, 1979.
FLUSSER, V. *Dez minipeças, para coro infantil.* s. l., s. n., s. d.
MARTINEZ, J. L. *Fichas.* São Paulo: Edição do SDP-ECA/USP, 1984.
MENDES, G. *Der Kuss.* São Paulo: Edição SDP-ECA/USP, 1976.
_____. *Vai e vem.* s. l., s. n., 1969.
OLIVEIRA, W. C. de. *Ouviver a Música.* São Paulo: Edição SDP-ECA/USP, 1978.
SOUZA, R. C. de. *Estudo n.2, para vozes.* São Paulo: Novas Metas, 1981.

Apêndice bilbiográfico

É apresentada abaixo uma lista de periódicos especializados que, quer seja pelo seu conjunto de artigos veiculados, quer seja por um número específico, oferecem uma maior variedade de enfoques e linhas de pesquisa, além de proporcionar maior atualidade no que se refere a trabalhos em andamento ou recém-elaborados. Ela não se pretende completa ou exaustiva, mas um apanhado de publicações que destinam espaço à discussão de questões relacionadas à produção musical brasileira contemporânea em suas mais diversas manifestações.

ANAIS DOS ENCONTROS ANUAIS da Associação Brasileira de Educação Musical.
ANAIS DOS ENCONTROS NACIONAIS DA ANPPOM, Associação Nacional de Pesquisa e Pós-Graduação em Música.
ART. Salvador: Escola de Música e Artes Cênicas da UFBa.
BOLETINS INFORMATIVOS DA ANPPOM, Associação Nacional de Pesquisa e Pós-Graduação em Música
BRASILIANA. Rio de Janeiro: Academia Brasileira de Música.
CADERNOS DE ESTUDO: Análise Musical. São Paulo: Atravez Associação Artístico-Cultural.
CADERNOS DE ESTUDO: Educação Musical. São Paulo/Belo Horizonte: Atravez/Escola de Música da UFMG.
EM PAUTA. Porto Alegre: Serviço de Pós-graduação do Instituto de Artes da UFRGS.

MÚSICA HOJE. Belo Horizonte: NAPq (Núcleo de Apoio à Pesquisa)/ CPMC (Centro de Pesquisa em Música Contemporânea), Escola de Música da UFMG.

OPUS. Revista da Associação Nacional de Pesquisa e Pós-Graduação em Música.

REVISTA MÚSICA. São Paulo: Departamento de Música, ECA-USP.

ÍNDICE REMISSIVO

As indicações numéricas presentes neste índice correspondem aos verbetes presentes no catálogo ordenados de 1 a 249. As entradas de remetência contemplam as categorias e subcategorias estudadas (presença de informalidade quanto à estruturação, notação ou realização) e também outras como meio expressivo e nível geral de informalidade de cada peça. Dada a multiplicidade de propostas verificada em muitas delas, seus números de remetência poderão ser encontrados em mais de uma subcategoria (obras que utilizem mais de um tipo de notação ou que possibilitem diversas versões com diferentes meios expressivos, por exemplo).

Meio expressivo

Coro adulto misto *a capella*
1, 3, 9, 11, 16, 17, 20, 23, 34, 37, 39, 44, 46, 50, 52, 58, 69, 70, 71, 72, 76, 77, 84, 90, 92, 94, 97, 105, 108, 112, 118, 122, 125, 126, 133, 136, 138, 141, 152, 153, 162, 164, 178, 179, 180, 182, 184, 186, 189, 192, 194, 198, 199, 201, 202, 203, 208, 213, 218, 220, 221, 224, 225, 227, 229, 233, 237, 238, 239, 241, 246.

Coro masculino
187, 220, 235.

Coro feminino
28, 29, 74, 144, 190, 220, 235.

Coro e solista(s) vocal(is)
2, 220, 232, 235.

Coro infantil/juvenil
12, 18, 22, 24, 25, 26, 27, 28, 40, 96, 101, 120, 132, 193, 220, 230, 235.

Coro e instrumentos(s)
19, 21, 32, 33, 43, 55, 56, 73, 78, 79, 80, 82, 100, 102, 139, 144, 188, 190, 196, 197, 212, 214, 235.

Coro, solista(s) e intrumento(s)
    30, 41, 74, 81, 92, 121, 148, 167, 200.

Coro e materiais gravados (com ou sem instrumentos)
    13, 69, 156, 160, 170, 195, 228.

Coro e outras fontes sonoras (com ou sem instrumentos ou materiais gravados)
    42, 86, 118, 145, 148, 159, 168, 171, 209, 210.

Voz(es) solista(s) *a capella*
    6, 54, 75, 91, 115, 128, 130, 137, 176, 189, 218, 220, 243.

Voz(es) solista(s) e instrumento(s)
    4, 5, 8, 10, 31, 35, 36, 48, 49, 51, 57, 59, 60, 62, 66, 67, 85, 95, 99, 104, 106, 107, 109, 110, 111, 123, 116, 127, 128, 131, 142, 143, 147, 154, 157, 161, 163, 165, 166, 177, 181, 183, 185, 191, 204, 205, 206, 211, 215, 217, 234, 235, 236, 240, 242.

Voz(es) solista(s) e materiais gravados (com ou sem instrumentos)
    69, 103, 117, 128, 155, 223, 226, 231.

Voz(es) solista(s) e outras fontes sonoras (com ou sem instrumentos)
    36, 45, 113, 124, 142, 146, 149, 150, 151, 171, 173, 174, 175, 216.

Vozes gravadas
    69, 83, 87, 88, 89, 114, 140, 175.

Peças que se utilizam da voz dos intérpretes instrumentistas
    7, 15, 38, 47, 48, 53, 54, 55, 61, 63, 64, 65, 68, 83, 87, 88, 89, 98, 107, 123, 140, 161, 163, 172, 181, 185, 219, 240, 242, 244.

Peças que apresentam recursos da voz falada (atuação, declamação, narração e outros sons vocais)
    4, 14, 19, 51, 62, 80, 81, 98, 111, 115, 118, 120, 123, 127, 131, 142, 143, 152, 155, 157, 182, 190, 191, 198, 200, 210, 212, 217, 222, 224, 226, 234.

Peças com meio expressivo livre (podendo incluir vozes)
    121, 134, 135, 149, 158, 169, 207, 232, 244, 245, 247, 248, 249.

Incidência de elementos informais

Caracterização de aleatoriedade na performance por:

Processos de indeterminância
    1, 2, 3, 5, 6, 7, 8, 9, 10, 11, 12, 13, 14, 15, 16, 18, 19, 20, 21, 23, 24, 25, 26, 30, 31, 32, 33, 34, 35, 36, 38, 39, 40, 41, 42, 43, 46, 47, 48, 49, 50, 51, 52, 53, 54, 55, 56, 57, 58, 59, 60, 62, 63, 64, 65, 66, 67, 68, 69, 71, 72, 73, 74, 75, 76, 77, 78, 79, 80, 81, 82, 83, 84, 85, 86, 87, 88, 89, 90, 92, 93, 94, 96, 97, 98, 100, 101, 102, 103, 104, 105, 106, 107, 108, 109, 110, 111, 112, 113, 114, 115, 116, 116, 118, 119, 120, 121, 122, 124, 125, 126, 127, 128, 129, 130, 131, 132, 133, 134, 135, 136, 137, 138, 139, 140, 141, 142, 143, 146, 147, 148, 149, 150, 151, 152, 153, 155, 156, 157, 158, 159, 161, 162, 163, 164, 165, 166, 167, 168, 169, 170, 171, 173, 174, 175, 176, 177, 178, 179, 180, 181, 182, 183, 184, 185, 186, 187, 188, 189, 190, 191, 192, 193, 194, 195, 196, 197, 198, 199, 200, 201,

202, 203, 204, 206, 207, 208, 209, 210, 211, 212, 213, 214, 215, 216, 217, 218, 219, 220, 221, 222, 223, 225, 227, 228, 229, 230, 231, 232, 233, 234, 235, 236, 237, 238, 240, 241, 242, 243, 244, 245, 247, 248, 249.

Processos de improvisação
14, 15, 18, 27, 28, 29, 36, 59, 61, 63, 65, 68, 74, 83, 85, 101, 102, 106, 113, 116, 118, 120, 121, 122, 124, 135, 157, 168, 170, 172, 176, 177, 181, 191, 194, 195, 196, 197, 205, 207, 209, 247.

Presença de notações não convencionais

Grafismos
58, 110, 121, 171, 181, 189, 199, 207, 216, 218, 231.

Elementos iconográficos
10, 11, 15, 168, 170, 173, 174, 181, 221, 240, 242.

Elementos plásticos/estimulativos
134, 135, 169, 171, 180, 223, 232.

Elementos simbólicos
1, 2, 3, 6, 7, 8, 9, 13, 20, 21, 22, 24, 25, 26, 32, 33, 34, 36, 37, 38, 40, 42, 43, 49, 52, 53, 56, 58, 59, 60, 61, 63, 65, 66, 67, 69, 70, 72, 74, 75, 76, 77, 78, 79, 82, 84, 85, 86, 87, 88, 95, 98, 100, 101, 110, 111, 117, 121, 122, 125, 126, 127, 131, 137, 141, 144, 146, 152, 157, 164, 166, 167, 168, 170, 171, 172, 175, 177, 179, 181, 183, 185, 194, 199, 207, 210, 211, 212, 213, 215, 221, 229, 231, 237, 238, 240, 241, 242.

Elementos esquemáticos
7, 12, 14, 15, 19, 21, 33, 34, 50, 51, 52, 56, 62, 65, 67, 71, 101, 108, 113, 114, 120, 121, 122, 139, 142, 148, 158, 159, 165, 169, 170, 173, 174, 175, 179, 181, 188, 189, 193, 207, 208, 212, 215, 216, 220, 222, 228, 229, 232, 235, 238, 240.

Elementos gráficos
4, 9, 11, 13, 19, 22, 23, 25, 27, 30, 32, 33, 34, 35, 36, 40, 41, 42, 43, 48, 51, 53, 57, 60, 65, 68, 69, 70, 71, 73, 75, 76, 77, 79, 80, 81, 82, 84, 85, 87, 88, 95, 96, 97, 98, 101, 102, 103, 104, 110, 111, 112, 119, 120, 121, 122, 127, 129, 130, 131, 136, 137, 138, 147, 148, 156, 160, 162, 165, 166, 167, 168, 169, 170, 171, 173, 174, 175, 177, 178, 179, 180, 181, 183, 184, 185, 187, 188, 189, 191, 192, 194, 197, 199, 203, 204, 207, 209, 210, 211, 212, 213, 214, 217, 221, 222, 224, 225, 227, 228, 231, 237, 239, 242, 243, 246.

Leitura polivalente
186.

Notação verbal, apresentando as seguintes subdivisões:
– roteiro verbal
14, 19, 21, 54, 62, 109, 118, 121, 122, 124, 139, 140, 142, 143, 145, 149, 150, 151, 155, 157, 159, 168, 171, 181, 182, 194, 195, 197, 201, 209, 216, 223, 226, 242.

– instruções verbais
7, 18, 20, 28, 38, 47, 53, 55, 56, 58, 59, 60, 61, 63, 64, 65, 66, 67, 68, 69, 73, 74, 75, 76, 77, 79, 80, 81, 83, 86, 87, 88, 89, 91, 92, 93, 94, 96, 98, 100, 101, 103, 104,

105, 106, 107, 113, 114, 115, 116,
117, 120, 122, 123, 124, 131, 132,
133, 134, 139, 144, 146, 148, 152,
153, 154, 156, 157, 158, 160, 161,
163, 164, 167, 168, 169, 171, 172,
174, 175, 176, 188, 192, 196, 197,
199, 200, 207, 208, 209, 212, 214,
219, 220, 221, 222, 229, 233, 240,
242.

– verbal estimulativa
9, 44, 60, 90, 121, 128, 159, 180,
218, 243.

Exploração e proposição de técnicas extendidas

1, 2, 3, 5, 6, 8, 9, 10, 11, 13, 15,
18, 21, 22, 24, 25, 26, 33, 34, 36,
37, 38, 39, 40, 42, 44, 47, 48, 52,
53, 54, 56, 57, 58, 59, 60, 61, 62,
63, 64, 65, 66, 67, 68, 69, 70, 71,
72, 73, 74, 75, 76, 77, 78, 79, 80,
81, 82, 83, 84, 87, 88, 89, 90, 91,
96, 98, 99, 100, 101, 105, 107,
111, 113, 114, 115, 116, 117, 118,
119, 120, 122, 123, 128, 130, 137,
139, 141, 142, 146, 147, 148, 151,
152, 154, 156, 157, 161, 163, 164,
166, 167, 168, 169, 170, 171, 172,
173, 174, 175, 176, 180, 181, 185,
187, 190, 191, 192, 194, 197, 203,
204, 205, 206, 208, 209, 210, 211,
212, 213, 214, 215, 217, 218, 219,
221, 224, 225, 228, 229, 231, 239,
240, 241, 246.

A informalidade quanto à estruturação da peça

Peças com estrutura aberta ou livre
93, 124, 134, 135, 145, 146, 158,
163, 171, 175, 207, 218, 220, 232,
233.

Peças com estrutura modular
83, 87, 118, 121, 129, 148, 159,
171, 216, 234, 235, 236.

Peças de criação coletiva
148, 169, 195.

Presença de recursos teatrais/interpretativos

Ação cênica (movimentação, expressão corporal, distribuição pelo espaço cênico, ações sem caracterização de personagens)
15, 17, 18, 19, 33, 35, 36, 45, 46,
47, 58, 61, 64, 68, 70, 82, 87, 91,
94, 99, 100, 101, 106, 108, 109,
111, 115, 117, 122, 127, 131, 132,
133, 137, 139, 141, 144, 146, 148,
154, 156, 157, 159, 163, 169, 174,
175, 176, 181, 192, 193, 196, 197,
200, 201, 205, 210, 212, 220, 221,
222, 223, 231, 233, 240, 242, 244,
245, 247, 248, 249.

Peças de teatro musical
7, 14, 54, 62, 65, 67, 74, 80, 81,
103, 104, 107, 113, 116, 118, 120,
123, 124, 140, 142, 143, 145, 149,
150, 151, 153, 155, 168, 216, 226.

Utilização de recursos extramusicais

Elementos cênicos (iluminação, cenografia, adereços etc.)
7, 14, 19, 54, 59, 61, 62, 63, 64,
65, 67, 70, 74, 80, 81, 103, 104,
106, 107, 109, 112, 113, 114, 116,
117, 118, 122, 124, 134, 140, 141,
142, 143, 144, 155, 159, 168, 175,
180, 182, 197, 216, 226.

Outros equipamentos (projeção de imagens, vídeos, sistemas de amplificação etc.)

14, 81, 83, 87, 88, 89, 110, 112, 113, 114, 116, 117, 118, 121, 122, 124, 129, 134, 140, 142, 143, 148, 151, 153, 155, 156, 159, 160, 168, 169, 170, 172, 175, 195, 216, 223, 226, 228, 231.

Outras fontes sonoras (eletrodomésticos, sucata, rádios, metrônomos, toca-discos, papéis, etc.)

14, 15, 19, 36, 42, 45, 79, 80, 82, 86, 88, 111, 113, 118, 124, 134, 142, 145, 146, 148, 149, 151, 153, 156, 159, 168, 169, 171, 209, 210, 216, 221, 242.

Peças que apresentam interatividade com a plateia

18, 54, 90, 142, 154, 199, 201, 216, 222, 223, 242.

Peças com caráter humorístico

7, 44, 45, 46, 62, 133, 139, 141, 150.

Níveis gerais de informalidade

Incidência dos diversos elementos informais (estruturação, notação, recursos extramusicais etc.)

Primeiro nível: peças com pouca incidência de elementos informais

4, 5, 16, 22, 23, 26, 27, 28, 29, 30, 31, 41, 43, 48, 49, 50, 51,

78, 92, 95, 97, 99, 108, 125, 126, 132, 136, 152, 157, 160, 161, 162, 165, 166, 178, 198, 203, 206, 227, 237, 239, 241, 246,

Segundo nível: peças com razoável incidência de elementos informais

1, 2, 3, 6, 8, 9, 10, 11, 12, 13, 15, 17, 18, 19, 24, 32, 34, 35, 37, 38, 39, 40, 42, 44, 45, 46, 52, 55, 56, 59, 66, 68, 70, 71, 72, 73, 75, 76, 77, 79, 82, 84, 85, 86, 90, 91, 93, 94, 96, 98, 102, 105, 111, 117, 127, 129, 130, 131, 133, 137, 138, 141, 146, 147, 154, 163, 164, 167, 172, 177, 179, 180, 181, 182, 183, 184, 185, 186, 187, 188, 189, 190, 191, 192, 193, 196, 199, 200, 201, 202, 204, 205, 208, 209, 210, 211, 212, 213, 214, 215, 217, 219, 222, 224, 225, 228, 229, 230, 234, 236, 238, 240, 244, 245, 247, 248, 249.

Terceiro nível: peças com elevada incidência de elementos informais ou mesmo totalmente informais

7, 14, 20, 21, 25, 33, 36, 47, 53, 54, 57, 58, 60, 61, 62, 63, 64, 65, 67, 69, 74, 80, 81, 83, 87, 89, 100, 101, 103, 104, 106, 107, 109, 110, 112, 113, 114, 115, 116, 118, 119, 120, 121, 122, 123, 124, 128, 134, 135, 139, 140, 142, 143, 145, 148, 149, 150, 151, 153, 155, 156, 158, 159, 168, 169, 170, 171, 173, 174, 175, 176, 194, 195, 197, 207, 216, 218, 220, 221, 223, 226, 231, 232, 233, 235, 242, 243.

SOBRE O LIVRO
Formato: 14 x 21 cm
Mancha: 23,7 x 42,5 paicas
Tipologia: Horley Old Style 10,5/14
Papel: Offset 75 g/m² (miolo)
Cartão Supremo 250 g/m² (capa)
1ª edição: 2011

EQUIPE DE REALIZAÇÃO
Coordenação Geral
Marcos Keith Takahashi

Impressão e Acabamento
FARBE DRUCK
gráfica e editora ltda.